# ABITUR-TRAINING GEOGRAPHIE

Büttner · Dimpfl · Eckert-Schweins · Raczkowsky

## Geographie 2

**STARK**

ISBN 978-3-86668255-9

© 2012 by Stark Verlagsgesellschaft mbH & Co. KG
www.stark-verlag.de

Das Werk und alle seine Bestandteile sind urheberrechtlich geschützt. Jede vollständige oder teilweise Vervielfältigung, Verbreitung und Veröffentlichung bedarf der ausdrücklichen Genehmigung des Verlages.

# Inhalt

Vorwort

## Eine Welt – Merkmale und Ursachen unterschiedlicher Entwicklung ..... 1

**1 Merkmale des Entwicklungsstands** .......................................... 1
1.1 Die Gliederung der Welt – Ausdruck sich verändernder
    Sichtweisen ................................................................................ 1
1.2 Indikatoren zur Differenzierung des Entwicklungsstands
    von Staaten ................................................................................ 5
1.3 Abgrenzung unterschiedlich entwickelter Staatengruppen ............. 10
   **Übungsaufgaben:** Merkmale des Entwicklungsstands ..................... 14

**2 Entwicklungstheorien und -strategien** ..................................... 16
2.1 Grundlegende Entwicklungstheorien ............................................. 16
2.2 Strategien der Entwicklung .......................................................... 18
   **Übungsaufgaben:** Entwicklungstheorien und -strategien ............... 26

## Eine Welt – Bevölkerungsentwicklung .......................................... 29

**1 Globale und regionale Bevölkerungsverteilung** ........................ 29
1.1 Ungleichmäßige Verteilung .......................................................... 29
1.2 Bevölkerungsverteilung und Naturfaktoren ................................... 32
1.3 Bevölkerungsverteilung und Wirtschaftsfaktoren ........................... 37
   **Übungsaufgaben:** Globale und regionale Bevölkerungsverteilung ... 39

**2 Bevölkerungsentwicklung in Ländern
   unterschiedlichen Entwicklungsstands** ................................... 41
2.1 Natürliche Bevölkerungsbewegung ............................................... 41
2.2 Das Modell des demographischen Übergangs ................................ 44
2.3 Der Altersaufbau der Bevölkerung ................................................ 47
2.4 Bevölkerungspolitik ..................................................................... 50
   **Übungsaufgaben:** Bevölkerungsentwicklung in Ländern
   unterschiedlichen Entwicklungsstands .......................................... 52

| 3 | Bevölkerungsmobilität | 54 |
|---|---|---|
| 3.1 | Ursachen regionaler und grenzüberschreitender Wanderungen | 54 |
| 3.2 | Auswirkungen der Wanderungen | 58 |
| 3.3 | Bedeutung internationaler Flüchtlingsströme | 61 |
| | Übungsaufgaben: Bevölkerungsmobilität | 63 |

## Eine Welt – städtische Räume und deren Wandel … 65

| 1 | Verstädterung – ein Entwicklungsprozess und dessen globale Dimension | 65 |
|---|---|---|
| 1.1 | Forschungsgegenstand „Stadt" | 65 |
| 1.2 | Theorien zur Entstehung von Städten | 66 |
| 1.3 | Verstädterung und Urbanisierung als weltweite Prozesse | 66 |
| 1.4 | Ausgewählte Problemfelder der Verstädterung in den Industrie- und Entwicklungsländern | 71 |
| | Übungsaufgaben: Verstädterung – ein Entwicklungsprozess und dessen globale Dimension | 77 |
| 2 | Stadtentwicklung in unterschiedlichen Kulturräumen | 78 |
| 2.1 | Stadtmodelle | 78 |
| 2.2 | Kulturraumspezifische Stadttypen | 81 |
| | Übungsaufgaben: Stadtentwicklung in unterschiedlichen Kulturräumen | 91 |
| 3 | Megastädte und deren Entwicklungsprobleme | 93 |
| 3.1 | Metropolisierung und Megapolisierung | 93 |
| 3.2 | Probleme der Megastädte | 96 |
| | Übungsaufgaben: Megastädte und deren Entwicklungsprobleme | 101 |

## Eine Welt – Globalisierung … 103

| 1 | Globalisierung von Produktion und Absatz | 103 |
|---|---|---|
| 1.1 | Begriffsdefinition und Historie | 103 |
| 1.2 | Wirtschaftliche Hauptprozesse der Globalisierung | 104 |
| 1.3 | Wandel von Unternehmensstruktur und -organisation im sekundären und tertiären Sektor | 107 |
| 1.4 | Wirtschaftliche und soziale Rückwirkungen der Globalisierung auf den Wirtschaftsstandort Deutschland | 111 |
| | Übungsaufgaben: Globalisierung von Produktion und Absatz | 116 |

| 2 | Länder unterschiedlichen Entwicklungsstands im Prozess der Globalisierung | 117 |
|---|---|---|
| 2.1 | Begriffsproblematik | 117 |
| 2.2 | Stellung der Industrie- und Entwicklungsländer im internationalen Rohstoff-, Waren-, Dienstleistungs- und Kapitalverkehr | 117 |
| 2.3 | Chancen und Risiken der internationalen Arbeitsteilung | 124 |
| | **Übungsaufgaben:** Länder unterschiedlichen Entwicklungsstands im Prozess der Globalisierung | 127 |
| 3 | Ferntourismus | 128 |
| 3.1 | Grundlagen des Wachstums | 128 |
| 3.2 | Chancen und Risiken touristischer Erschließung in Entwicklungsländern | 131 |
| 3.3 | Kultureller Einfluss des Ferntourismus | 137 |
| 3.4 | Probleme der Tragfähigkeit am Beispiel der Inseln Tao, Phangan und Samui in Thailand | 138 |
| | **Übungsaufgaben:** Ferntourismus | 142 |
| 4 | Versuche zur Steuerung des Globalisierungsprozesses | 144 |
| 4.1 | Zielsetzungen bedeutender Wirtschaftsblöcke und Staaten | 144 |
| 4.2 | Instrumente zur Steuerung des Welthandels | 146 |
| 4.3 | Wirksamkeit internationaler Handelsabkommen | 148 |
| | **Übungsaufgaben:** Versuche zur Steuerung des Globalisierungsprozesses | 149 |

## Deutschland – Raumstrukturen und aktuelle Entwicklungsprozesse ...... 151

| 1 | Raumwirksamkeit des demographischen Wandels | 151 |
|---|---|---|
| 1.1 | Deutschlands aktuelle Bevölkerungsentwicklung | 151 |
| 1.2 | Ursachen und Folgen regional unterschiedlicher Bevölkerungsentwicklung | 154 |
| 1.3 | Grenzüberschreitende Migration und ihre Folgen | 158 |
| | **Übungsaufgaben:** Raumwirksamkeit des demographischen Wandels | 163 |
| 2 | Entwicklungen in städtischen Räumen | 165 |
| 2.1 | Tertiärisierung | 165 |
| 2.2 | Wandel der Stadt-Umland-Beziehungen durch Suburbanisierung | 169 |
| 2.3 | Maßnahmen nachhaltiger Stadtentwicklung – Stadtumbau | 171 |
| | **Übungsaufgaben:** Entwicklung in städtischen Räumen | 173 |

| 3 | Wirtschaftsräume in Deutschland – Strukturen und Prozesse | 174 |
| --- | --- | --- |
| 3.1 | Wirtschaftsräumliche Disparitäten | 174 |
| 3.2 | Ursachen und Probleme der wirtschaftlichen Entwicklung in Ostdeutschland | 178 |
| 3.3 | Wirtschaftsdynamik in Wachstumsräumen | 180 |
| 3.4 | Neuorientierung altindustrieller Räume in Deutschland | 186 |
| 3.5 | Neubewertung ländlicher Räume – das „Niederbayerische Bäderdreieck" | 194 |
| | **Übungsaufgaben:** Wirtschaftsräume in Deutschland – Strukturen und Prozesse | 195 |
| **4** | **Tourismus in Deutschland** | 197 |
| 4.1 | Formen und Bedeutung des Tourismus | 197 |
| 4.2 | Tradition und Wandel in Fremdenverkehrsregionen | 200 |
| 4.3 | Nachhaltige Raumnutzung durch sanften Tourismus | 207 |
| 4.4 | Neue Freizeitangebote und deren Standortfaktoren | 209 |
| | **Übungsaufgaben:** Tourismus in Deutschland | 212 |

**Lösungen** ............ **213**

Stichwortverzeichnis ............ 239
Quellennachweis ............ 241

**Autoren:** Wilfried Büttner, Dr. Hans Dimpfl,
Werner Eckert-Schweins, Bernd Raczkowsky

# Vorwort

Liebe Schülerinnen und Schüler,

im Geographie-Unterricht der Jahrgangsstufe 12 rücken kulturgeographische Themen in den Vordergrund. Die Formulierung „Eine Welt" bildet die inhaltliche Klammer für die Betrachtung entwicklungs-, bevölkerungs- und stadtgeographischer Themen. Vor dem Hintergrund der zunehmenden Globalisierungsprozesse geht es auch um Raumstrukturen und aktuelle Entwicklungen in Deutschland.

Mit all diesen Themen will Sie das vorliegende Buch *Abitur-Training Geographie 2* vertraut machen. Eine **optimale Vorbereitung auf Klausuren und das Abitur** garantiert auch der übersichtliche Aufbau des Buchs:

- In fünf Großkapiteln sind **sämtliche abiturrelevanten Inhalte der Jahrgangsstufe 12** gut verständlich aufbereitet.
- In den einzelnen Kapiteln wird großer Wert auf Veranschaulichung in Form von **Schaubildern, Karten, Statistiken und Fotos** gelegt.
- Wichtige Definitionen und Erklärungen finden Sie in blauen **Merkkästen** übersichtlich zusammengestellt – ideal fürs schnelle Nachschlagen und Wiederholen.
- Vielfältige **Übungsaufgaben** am Ende jedes Kapitels ermöglichen eine gezielte Wiederholung des prüfungsrelevanten Stoffs.
- Ihren Lernerfolg können Sie mithilfe des **Lösungsteils** am Ende des Bandes schnell und einfach überprüfen.
- Ein **Stichwortverzeichnis** ermöglicht Ihnen einen raschen Überblick und den sicheren Zugriff auf relevante Informationen.

Viel Erfolg beim Arbeiten und Lernen mit diesem Buch wünschen Ihnen

Wilfried Büttner     Dr. Hans Dimpfl     Werner Eckert-Schweins     Bernd Raczkowsky

# Eine Welt – Merkmale und Ursachen unterschiedlicher Entwicklung

Der Begriff Entwicklung ist nicht allgemeingültig zu bestimmen. Er ist ideologisch besetzt und wandelt sich außerdem mit der Zeit: Die deutschen Philosophen Leibniz und Kant definierten im 17. bzw. 18. Jh. als **„menschliche Entwicklung"** einen Prozess, der es dem Menschen ermöglicht, seine Fähigkeiten durch Eigentätigkeit zu entfalten. Nach dem Zweiten Weltkrieg galt Entwicklung als ein Vorgang, durch immer bessere Nutzung der Natur- und Humanressourcen die wirtschaftlichen und in deren Folge auch die sozialen Lebensbedingungen der Menschen zu verbessern.

Heute geraten zusehends positive **Veränderungsprozesse von Gesellschaften** durch Gerechtigkeit und Gleichheit sowie Friedenssicherung in den Fokus der Entwicklungspolitik. Kritiker wenden jedoch ein, dass sich der Entwicklungsbegriff nicht am „fragwürdigen" Entwicklungsweg der heutigen Industrieländer orientieren, sondern für eigene, selbstbestimmte Wege offen sein soll. Im Sinne der Nachhaltigkeit sollen auch Veränderungen in den Industrieländern einbezogen werden.

## 1 Merkmale des Entwicklungsstands

### 1.1 Die Gliederung der Welt – Ausdruck sich verändernder Sichtweisen

Historisch gesehen gab es als Folge der Entdeckungsgeschichte nur zwei Welten: die **„Alte"** und die **„Neue Welt"**. Mit dem Ende des Zweiten Weltkriegs und damit auch der Kolonialzeit kamen für die neuen, unabhängig gewordenen Nationen bald Bezeichnungen wie **„Agrar-"** oder **„Rohstoffländer"** sowie **„rückständige"** (*backward countries*) oder **„unterentwickelte" Länder** (*underdeveloped countries*) auf.

### Entwicklungsländer

In der Fach- und Alltagssprache der Entwicklungspolitik wurden alle bisherigen Begriffe durch den Sammelbegriff **Entwicklungsländer** (*developing countries*) abgelöst. Damit werden Länder bezeichnet, die hinsichtlich ihrer wirtschaftlichen, sozialen und politischen Entwicklung einen relativ niedrigen Stand aufweisen bzw. im Sinne von „nachholender Entwicklung" einen erheblichen Rückstand gegenüber den reichen Industrieländern aufholen müssen.

Das Entwicklungsgefälle zwischen den ökonomisch reichen, in der gemäßigten Zone der Nordhalbkugel liegenden Industrieländern und den ökonomisch armen, in den Tropen liegenden Entwicklungsländern umschreibt man mit dem Begriff **„Nord-Süd-Konflikt"**. Im Nord-Süd-Konflikt geht es vor allem um wirtschaftliche Gegensätze und Abhängigkeiten sowie die grundlegende Ungleichheit von materiellen Ressourcen und Lebenschancen in Industrie- und Entwicklungsländern.

### „Dritte Welt" – Einteilung in Welten

Während des sogenannten Kalten Kriegs (1945 bis 1990) wurde die Weltpolitik von der Polarisierung zwischen den kommunistischen Wertvorstellungen und den westlichen, stark auf individuellen Freiheitsrechten und Wettbewerb basierenden Überzeugungen bestimmt. Man bezeichnete die westlichen Industrieländer mit freier Marktwirtschaft als **„Erste Welt"**, während die östlichen kommunistischen Planwirtschaftsländer als **„Zweite Welt"** galten.

Die Mehrzahl der Länder auf der Erde fühlte sich jedoch politisch keinem der beiden Blöcke zugehörig. 1955 gründeten deshalb im indonesischen Bandung 29 Staaten den Zusammenschluss der **„Blockfreien Staaten"**, welche sich nicht durch den Kalten Krieg ideologisch vereinnahmen lassen wollten.

In diesem sogenannten **„West-Ost-Konflikt"** suchten diese Staaten einen dritten Weg bzw. empfanden sich als dritte Kraft oder **„Dritte Welt"**, ein Begriff, der politisch gemeint ist. Er ist nicht etwa im Sinne einer Rangordnung als „drittrangig" zu verstehen. Der Begriff Dritte Welt wurde auch verwendet, um die Einheit dieser Ländergruppe zu betonen. Im Laufe der Jahrzehnte reduzierte sich in der öffentlichen Wahrnehmung die Dritte Welt jedoch auf alle Länder, in denen Armut herrschte. Die Teilgruppe der am wenigsten entwickelten Länder wurde im Nachhinein sogar noch als **„Vierte Welt"** ausgegliedert.

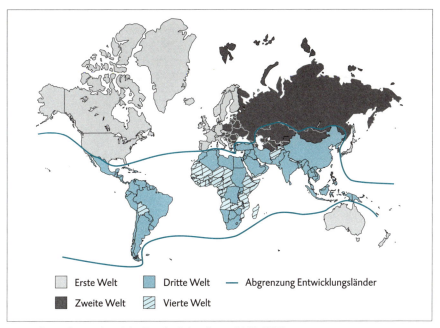

M 1: Welteinteilung während der Zeit des Kalten Kriegs (1945–1990)

## OPEC, G 77, G 8

Die Organisation Erdöl exportierender Länder, kurz **OPEC** (engl.: *Organization of Petroleum Exporting Countries*), ist eine 1960 in Bagdad gegründete internationale Organisation von Entwicklungsländern. Die OPEC-Mitgliedstaaten fördern etwa 40 % der weltweiten Erdölproduktion und verfügen über drei Viertel der weltweiten Erdölreserven. Das Ziel der OPEC ist es, durch Maßnahmen wie die künstliche Verknappung oder Steigerung der Ölförderung den Ölpreis auf dem Weltmarkt zu stabilisieren und gleichzeitig ihre eigenen Erdölgewinne zu sichern. Hierdurch konnten einige dieser Staaten wirtschaftlich von Entwicklungsländern zu sogenannten **Schwellenländern** aufsteigen.

1964 schlossen sich 77 Länder der „Dritten Welt" innerhalb der Vereinten Nationen (UN) zur **„Gruppe der 77"** (G 77) zusammen. Die heute mit 133 Staaten fast alle Entwicklungsländer umfassende Gruppe tritt in der UN in Belangen der Außenhandels- und der Entwicklungspolitik gemeinsam auf, um **fairen Handel** und **bessere Terms of Trade** (siehe S. 8 und 118 f.) durchsetzen zu können. Sie formulierten auch die Forderung nach einer „Neuen Weltwirtschaftsordnung (siehe S. 21 f.).

4 | Eine Welt – Merkmale und Ursachen unterschiedlicher Entwicklung

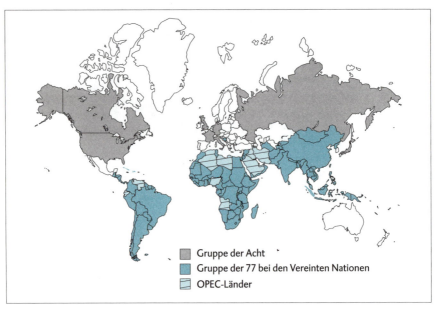

M 2: Die Welteinteilung nach Ländergruppen: OPEC, G 77, G 8

Die „Gruppe der Acht" (G 8) sieht sich selbst als ein „Abstimmungsforum", das Fragen bezüglich der Weltpolitik in gemeinsamer Verantwortung bearbeitet. Diesem 1975 entstandenen Forum zur Regelung von Finanz- und Währungsfragen gehören neben Deutschland, den Vereinigten Staaten von Amerika, Japan, Großbritannien, Kanada, Frankreich und Italien auch Russland an. Seither hat sich das Themenspektrum aber erheblich ausgeweitet, wodurch neben Wirtschafts-, Handels-, Gesundheits- und Bildungspolitik auch Fragen hinsichtlich globaler Bevölkerungsentwicklung, Umwelt, Klimawandel, internationalen Rechts und Terrorismus besprochen werden. Die G 8-Länder vereinigen nur etwa 14 % der Weltbevölkerung, aber etwa zwei Drittel des Welthandels und des Weltbruttonationaleinkommens (BNE).

„Eine Welt"

In den letzten 20 Jahren hat sich die Welt grundlegend verändert. Der ehemals kommunistische Staatenblock des Ostens hat sich völlig aufgelöst. Die Entwicklungsländer bzw. die „Dritte Welt" bestehen heute aus Staaten mit höchst unterschiedlichem Entwicklungsstand.

Moderne Verkehrs- und Kommunikationsmöglichkeiten haben zu weltweiten wirtschaftlichen und gesellschaftlichen Verknüpfungen geführt, bei denen Staatengrenzen kaum noch eine Rolle spielen. In Abstufungen erfasst diese

Verflechtung von Kapital, Waren und Dienstleistungen im Weltwirtschaftssystem alle Bereiche bis hin zur kulturellen Prägung. Diese sogenannte **Globalisierung** hat die Wirksamkeit nationaler politischer Steuerungsinstrumente eingeschränkt. Die wechselseitige Abhängigkeit der Staaten hat weltweit zugenommen.

Zum anderen bedrohen **wachsende globale Probleme** wie Wirtschaftskrisen, Bevölkerungswachstum, Ressourcenknappheit und Umweltzerstörung sowohl die reichen als auch die armen Länder, wenn auch in unterschiedlicher Weise und Intensität. Urheber der Störung des globalen Systems sind sowohl die Menschen in den Industrie- als auch in den Entwicklungsländern.

Die einst dreigeteilte Welt ist heute dem neuen globalen Entwicklungsmodell der **„Einen Welt"** gewichen. Die Vorstellung der Erde als Einheit hat ihre Wurzeln in der Erkenntnis, dass nur gemeinsames Handeln der Menschen aller Staaten die Zukunft der Menschheit auf Dauer nachhaltig sichern kann. Viele ehemalige „Dritte-Welt-Gruppen" nannten sich daraufhin in „Eine-Welt-Gruppen" um. Bei vielen Institutionen für Entwicklung und Zusammenarbeit wurden die Begriffe „Dritte-Welt-Länder" oder „Entwicklungsländer" in „Partnerländer" verändert.

## 1.2 Indikatoren zur Differenzierung des Entwicklungsstands von Staaten

Um die Länder der Erde zu vergleichen, verwendet man ökonomische, demographische, soziokulturelle, politische und ökologische Merkmale. Konkrete Zahlen, sogenannte **Indikatoren**, bilden hierbei eine vergleichbare Datengrundlage. Mithilfe von Indikatoren kann man auf indirektem Wege nicht unmittelbar erfassbare Aspekte der Raumstruktur und raumprägende Prozesse ermitteln und analysieren. Um ein einigermaßen zuverlässiges Bild vom Entwicklungsstand eines Landes zu gewinnen, muss eine möglichst große Zahl von Indikatoren herangezogen und zueinander in Beziehung gesetzt werden.

### Ökonomische Merkmale und Indikatoren

Als Maßstab für die Wirtschaftskraft eines Landes werden meist das durchschnittliche Bruttoinlandsprodukt (BIP) bzw. das Bruttonationaleinkommen (BNE) herangezogen.

> **Wichtige ökonomische Indikatoren**
>
> - **Bruttoinlandsprodukt (BIP):** Dieser Indikator umfasst die Summe aller von In- und Ausländern innerhalb eines Landes erwirtschafteten Einkommen, Güter und Dienstleistungen.
> - **Bruttonationaleinkommen (BNE)**, früher auch **Bruttosozialprodukt (BSP):** Dieser Indikator kennzeichnet alle von Bürgern eines Staates, auch im Ausland, erwirtschafteten Einkommen, Güter und Leistungen.
> - **Pro-Kopf-Einkommen (PKE):** BIP bzw. BNE pro Kopf der Bevölkerung eines Landes

Diese drei Indikatoren weisen jedoch **methodische Probleme** auf, die die Aussagekraft einschränken:

- Schwierigkeiten ergeben sich bei der Erfassung des BIP bzw. BNE, da es nur marktwirtschaftlich bewertete Güter und Dienstleistungen misst, **nicht** aber die in vielen Entwicklungsländern weitverbreitete **Subsistenzwirtschaft**, den **informellen Sektor** oder den **Tauschhandel**.
- Die Wechselkurse schwanken stark. Das verzerrt die eigentlich interessierende Größe, die Kaufkraft der Währungen. Deshalb hat die Weltbank sogenannte **Kaufkraftparitäten** entwickelt, bei denen für die Lebenshaltung der Bevölkerung repräsentative Warenbündel ermittelt und deren Preise miteinander verglichen werden. Die durchschnittliche Kaufkraft pro Kopf im Vergleich zum BNE pro Kopf lag danach in den Entwicklungsländern mehr als dreimal höher. Verantwortlich dafür sind die meist deutlich niedrigeren Preise des täglichen Bedarfs.
- Bei den verwendeten Daten handelt es sich um Durchschnittswerte. Das statistische Durchschnittseinkommen der Bevölkerung verrät nichts über die krasse Ungleichheit der Verteilung zwischen dem Jahreseinkommen einer sehr wohlhabenden Oberschicht und der Masse der armen Bevölkerung. Diese Disparität ist in den Entwicklungsländern sowohl regional als auch sozial sehr viel ausgeprägter als in den Industriestaaten. Ein Maß zur Darstellung extrem ungleicher Einkommens- und Vermögensverteilung ist der **Gini-Koeffizient**, bei dem Werte zwischen 0 (das Vermögen eines Staates ist auf alle Bewohner gleichmäßig verteilt) und 1 (das gesamte Vermögen eines Staates gehört einem einzigen Bewohner) ermittelt werden. Je näher der Gini-Koeffizient an 1 ist, desto größer ist die Ungleichheit in der Einkommensverteilung.

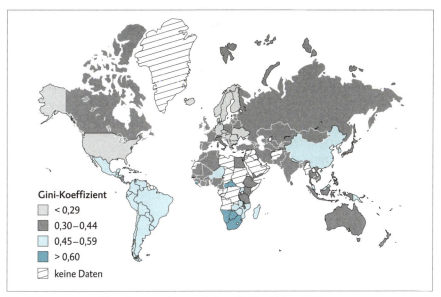

M 3: Einkommens- und Vermögensverteilung nach dem Gini-Koeffizient 2009

Ein weiteres ökonomisches Merkmal ist die **geringe Kapitalausstattung** vieler Entwicklungsländer. Da auch der größte Teil der Bevölkerung aufgrund der extrem geringen Einkommen nur eine geringe Sparrate hat, können diese die notwendigen Investitionen nicht aus eigener Kraft tätigen und sind auf Fremdkapital angewiesen. Der vermögende Teil der Bevölkerung hingegen schwächt die Investitionstätigkeit durch **Kapitalflucht**, indem er große Teile seines Geldes in den als sicherer eingeschätzten Industrieländern anlegt. Deshalb müssen viele Entwicklungsländer das Geld für Investitionen und den Import bei internationalen Banken verschaffen. Diese **Auslandsverschuldung** hemmt die eigene Entwicklung – insbesondere deshalb, weil die Länder den Schuldendienst (Zinsen und Tilgung) aus den Exporterlösen bestreiten müssen.

Der Produktionsbereich mit den meisten Erwerbstätigen in weniger entwickelten Ländern ist in der Regel der primäre Sektor und hier insbesondere die Landwirtschaft, in der volkswirtschaftlich keine große Wertsteigerung erzielt wird, denn aufgrund **veralteter Produktionsmethoden und -mittel** sind die Flächenerträge gering.

Neben extrem hoher Arbeitslosigkeit und einem großen Anteil des **informellen Sektors**, durch den viele Arbeitslose ihr Überleben sichern, spielen vor allem die schlechten Arbeitsbedingungen in Entwicklungsländern eine wichtige Rolle. Insbesondere die Kinderarbeit und die Schuldknechtschaft bzw. ungerechte Entlohnung sind grundlegende Probleme.

**Produktionsstruktur** und **Außenhandel** vieler Entwicklungsländer sind immer noch stark an den Märkten der Industrieländer orientiert. Dies führt oftmals zu starker Abhängigkeit von internationalen Konzernen der Industrieländer. Auch die Exportpalette der meisten Entwicklungsländer ist mit einem hohen Anteil mineralischer und agrarischer Rohstoffe, aber nur wenigen Halb- und Fertigwaren einseitig zusammengesetzt.

Die **Terms of Trade** sind das in gleichen Währungseinheiten ausgedrückte Austauschverhältnis von Exporten und Importen eines Landes. Eine preisbezogene Verschlechterung der Terms of Trade bedeutet, dass ein Land für die gleiche Menge seiner Exportgüter – z. B. Rohstoffe – nur eine geringere Menge von Importgütern – z. B. Fertigwaren – beziehen kann. Grund für die Verschlechterung der Terms of Trade sind weltweit steigende Preise für Industrieerzeugnisse bei gleichzeitigem Preisverfall der Rohstoffe auf dem Weltmarkt. Hieraus entsteht den Entwicklungsländern eine **negative Handelsbilanz** aus Exportgewinn und Importausgaben (siehe auch S. 118 f.).

| Dem Wert eines deutschen Lastkraftwagens/Ackerschleppers entsprachen: | 1985 | 2005 |
|---|---|---|
| Lastkraftwagen (6–10 t) | 6 t Kaffee | 32 t Kaffee |
| Ackerschlepper (37–59 kW) | 3 t Kaffee | 18 t Kaffee |

M 4: Darstellung der Terms of Trade

### Demographische Merkmale und Indikatoren

Eines der Schlüsselprobleme der Dritten Welt ist das hohe **Bevölkerungswachstum**. Die Bevölkerungsdynamik wird durch eine hohe Geburtenrate bestimmt, da Kinder soziale Absicherung, Altersversorgung, preiswerte Arbeitskräfte und soziales Ansehen bedeuten. Demgegenüber steht eine durch harte Lebensbedingungen und große Säuglings- und Kindersterblichkeit relativ hohe, im Zuge des medizinischen Fortschritts und zunehmender Hygiene aber stark rückläufige Sterberate. Die hohe Bevölkerungszahl und der Altersaufbau – 50 % der Bevölkerung unter 20 Jahren – bergen große Probleme hinsichtlich Nahrungssicherung, Bereitstellung von Wohnungen, Arbeitsplätzen und Infrastruktur sowie die Gefahr einer Überlastung der natürlichen Ressourcen. Aus einer unzureichenden Nahrungsmittelversorgung resultieren schlechte Gesundheitsverhältnisse, die wiederum die Arbeitskraft der Menschen einschränken, ihr Einkommen mindern und eine geringe Lebenserwartung verursachen. Obwohl die Geburtenrate in Städten und ländlichen Räumen der Entwicklungsländer beinahe gleich ist, ist der Bevölkerungszuwachs in den Städten sehr viel größer. Am **Städtewachstum** trägt mit etwa 30 % wesentlich die **Landflucht** gerade jüngerer Menschen bei.

### Soziokulturelle Merkmale und Indikatoren

Trotz der Dominanz des Agrarsektors herrscht in vielen Ländern eine unzureichende Nahrungsmittelversorgung. Dies führt zu einem schlechten Gesundheitszustand, der wiederum die Arbeitskraft der Menschen einschränkt und eine geringe Lebenserwartung verursacht. Die gesundheitliche Verfassung wird ebenso beeinflusst vom Gesundheitssystem, das durch eine mangelhafte Ausstattung mit Ärzten und Gesundheitseinrichtungen gekennzeichnet ist. Auch die Wohnverhältnisse, die unhygienischen Bedingungen sowie der Zugang zu **sauberem Trinkwasser** spielen eine Rolle.

Ein **unterentwickeltes Bildungssystem** mit geringen Einschulungsraten und kurzer Ausbildungsdauer sowie eine hohe Analphabetenquote bedingen einen Mangel an qualifizierten Arbeitskräften, wirken hemmend auf technische Innovationen und wirtschaftliche Produktivität. Besonders Frauen sind in den Entwicklungsländern erheblich benachteiligt. Sie stellen einen deutlich höheren Anteil unter den Ärmsten sowie den Analphabeten und die Einschulungsrate von Mädchen ist niedriger als die von Jungen. Frauen spielen aber bei Familienplanung, Kindererziehung, Gesundheitsvorsorge und wirtschaftlicher Erwerbstätigkeit eine Schlüsselrolle. Entwicklung ist daher in hohem Maße an die Verbesserung der Situation von Frauen geknüpft.

## Ökologische Merkmale und Indikatoren

Nach dem UN-Umweltprogramm UNEP fanden 90 % des weltweiten Artensterbens, der Bodenerosion und der Waldrodung in Entwicklungsländern statt. Ursache der gravierenden Umweltschäden ist die **Übernutzung** der verfügbaren Boden-, Wasser- und Vegetationsressourcen, um den Nahrungs- und Energiebedarf der wachsenden Bevölkerung zu decken. Hinzu kommt, dass es sich z. B. bei den Böden um besonders empfindliche, störanfällige Ökosysteme handelt. Die tropischen Regenwälder, die auf nur noch etwa sechs Prozent der Erdoberfläche ca. 40 % der biologischen Artenvielfalt beherbergen, gehen aufgrund Kolonisation, Edelholzeinschlag und Brandrodung dramatisch zurück. Aber auch **extreme Klimaverhältnisse** wie Niederschlagsmangel oder -variabilität, Dürreperioden oder Starkregen sind ein entwicklungspolitischer Einflussfaktor.

## Politische Merkmale

Die Rückständigkeit vieler Entwicklungsländer ist das Ergebnis undemokratischer Strukturen und des Unvermögens der politischen Eliten „schwacher" bzw. autoritärer Regimes. Deshalb hat die Bevölkerung eine geringe Akzeptanz bzw. kein Vertrauen in die politischen Institutionen. In autoritär regierten Entwicklungsländern oder Militärdiktaturen spielen Gerechtigkeit, Achtung der Menschenrechte und Rechtsstaatlichkeit noch eine untergeordnete Rolle. Dazu kommt **Korruption**, durch die Staatseinnahmen für unsachgemäße Zwecke verwendet werden. Die Bevölkerung in der Dritten Welt leidet auch unter zwischenstaatlichen und innerstaatlichen **gewaltsamen Konflikten**, die zu Tod, Flucht und Vertreibung führen.

## 1.3 Abgrenzung unterschiedlich entwickelter Staatengruppen

Eine weltweit verbindliche Klassifizierung existiert bisher nicht. Die **Weltbank** und die **Vereinten Nationen (UN)** gliedern zwar Ländergruppen aus, jedoch nach unterschiedlichen Kriterien und Zielsetzungen.

### Weltbank: Ländergruppen nach Einkommen und Verschuldung

Die Weltbank gruppiert alle Länder nach dem **Pro-Kopf-Einkommen** bzw. dem **BNE pro Kopf**. Sie unterscheidet dabei zwischen
- Ländern mit hohem Einkommen (HIC; *High Income Countries*),
- Ländern mit mittlerem Einkommen (MIC; *Middle Income Countries*),
- Ländern mit niedrigem Einkommen (LIC; *Low Income Countries*).

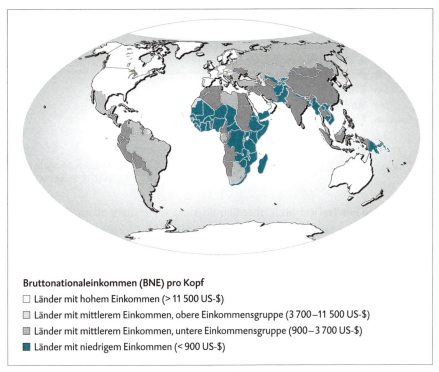

M 5: Abgrenzung nach dem Gliederungsschema der Weltbank, 2008

Die MIC werden dabei in eine untere und in eine obere Einkommensgruppe eingeteilt. Wegen der ausschließlichen Verwendung des Pro-Kopf-Einkommens hat die Weltbankeinteilung jedoch nur eine begrenzte Aussagekraft über den Entwicklungsstand. Das hat aber auch einen Grund: Die Weltbank benutzt diese Klassifizierung als Datenbasis hinsichtlich ihrer Kreditvergabe, und als Bank beschränkt sie sich eben nur auf ökonomische bzw. finanzielle Faktoren.

Aufgrund der **hohen Auslandsverschuldung** einiger Entwicklungsländer hat die Weltbank zusätzlich zwei Gruppen gebildet: hoch verschuldete Länder mit niedrigem Einkommen (*Severely Indebted Low-Income Countries* – SILIC) sowie hoch verschuldete Länder mit mittlerem Einkommen (*Severely Indebted Middle-Income Countries* – SIMIC). „Hoch verschuldet" bedeutet, dass eine kritische Marke bei drei der vier Kennziffern überschritten wird:
- Verhältnis zwischen Schuldenstand und BNE (50 %),
- Schuldenquote (275 %),
- Schuldendienstquote (30 %),
- Zinslast am Schuldendienst (20 %).

# Eine Welt – Merkmale und Ursachen unterschiedlicher Entwicklung

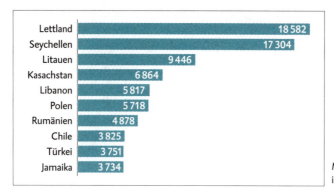

M 6: Schulden je Einw. in US-$, Stand 2008

1990 konnte ein Teil der SILIC ihre Schuldenlast nicht mehr allein tragen. Diese Länder wurden unter dem Begriff „HIPC" (*Heavily Indebted Poor Countries*) zusammengefasst und 1996 in eine von Weltbank und Internationalem Währungsfonds initiierte groß angelegte Entschuldungsinitiative aufgenommen.

**Weltbank und der Internationale Währungsfonds (IWF): Schwellenländer**

„**Newly Industrializing Economies**" sind Staaten, die wirtschaftlich an der Schwelle zum Industriestaat stehen. Eine verbindliche Liste der etwa 20 **Schwellenländer** gibt es jedoch nicht. Zu beachten ist aber, dass deren wirtschaftlicher Fortschritt nicht allen Teilen der Bevölkerung zugutekommt. Darüber hinaus bleiben die politische und soziokulturelle Entwicklung hinter dem wirtschaftlichen Erfolg zurück.

M 7: Schwellenländer

## UN: Ausgliederung der „am wenigsten entwickelten Länder"

Die UN gliederten auf Beschluss der Vollversammlung von 1971 unter allen Staaten die „am wenigsten entwickelten Länder" (**„Least Developed Countries" – LDC**) aus. Die Anerkennung als LDC berechtigt zu Vorzugsbedingungen bei Entwicklungshilfe und wirtschaftlicher Zusammenarbeit. Seit 1991 wird zur Einstufung ein Katalog von Kriterien angewendet, um die Strukturelemente der Armut möglichst breit zu erfassen:

- BIP pro Kopf von unter 900 US-$ im Drei-Jahres-Durchschnitt,
- Verwundbarkeit von Gesellschaften (Economic Vulnerability Index), erkennbar an der Instabilität der Agrarproduktion, an der Konzentration auf wenige Exportgüter, am Anteil von Industrie und Dienstleistungen am BIP sowie am Anteil der von Naturkatastrophen betroffenen Bevölkerung,
- physische Lebensqualität (Human Assets Index), gemessen mit Indikatoren für Ernährung, Gesundheit, schulische Erziehung sowie Alphabetisierungsrate der erwachsenen Bevölkerung,
- Einwohnerzahl von maximal 75 Mio. Einw. (damit Ausschluss Chinas und Indiens als LDC).

## United Nations Development Programm (UNDP): Einteilung nach dem Human Development Index (HDI)

Im Jahr 1990 wurde im Entwicklungsprogramm der UN ein Index entworfen, mit dem Länder nach dem **„Grad der menschlichen Entwicklung"** eingeordnet werden können. Er umfasst drei Teilelemente:

- Gesundheit – Indikator: Lebenserwartung bei Geburt,
- Bildung – Indikatoren: Dauer der Schulzeit bzw. der gesamten Ausbildung,
- Lebensstandard – Indikator: Bruttonationaleinkommen pro Kopf (reale Kaufkraft).

Für den Human Development Report 2010 wurden 169 Länder klassifiziert. Die Werte aller klassifizierten Länder werden auf eine Skala von 0 bis 1 projiziert. Aus dem Mittelwert der so erhaltenen Messwerte ergibt sich der HDI.

Im Human Development Report 2010 wurden Länder mit sehr hoher (HDI mindestens 0,788), hoher (HDI mindestens 0,677), mittlerer (HDI mindestens 0,488) und niedriger menschlicher Entwicklung (HDI unter 0,488) unterschieden.

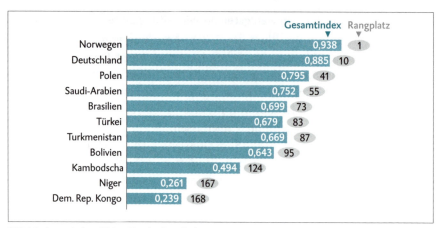

M 8: Länder nach dem HDI im Vergleich nach dem UN Human Development Report 2010

### Transformationsländer

Eine besondere Beachtung erfahren seit 1990 bei der Einteilung der Entwicklungsländer die ehemaligen sozialistischen Staaten der früheren Sowjetunion, die **Newly Declining Countries (NDC)**, die zwischen weiterem Abstieg und Stabilisierungsbemühungen stehen (z. B. Usbekistan). Folgende Gründe sprechen für eine eigene Ländergruppe:

- Sie leiden wirtschaftlich unter dem Zerfall der UdSSR und durchlaufen typische Probleme beim Übergang von der Plan- zur Marktwirtschaft.
- Sie besitzen ein hoch entwickeltes Humankapital, eine differenzierte Industriestruktur und ein technologisches Entwicklungspotenzial.
- Sie haben ein gut entwickeltes Bildungs- und Gesundheitswesen.

### Übungsaufgaben: Merkmale des Entwicklungsstands

**Aufgabe 1** Erklären Sie die Begriffe „Dritte Welt" und „Eine Welt".

**Aufgabe 2** Setzen Sie sich kritisch mit dem Merkmal Bruttonationaleinkommen pro Kopf der Bevölkerung als alleiniger Indikator zur Bestimmung der Lebensbedingungen der Bevölkerung eines Staates auseinander.

**Merkmale des Entwicklungsstands** 15

Aufgabe 3  M 9 zeigt den Entwicklungsstand dreier Staaten nach dem Human Development Index (HDI). Ordnen Sie die Dreiecke A, B, und C den Staaten Kirgisistan, Saudi-Arabien und D. R. Kongo zu und begründen Sie Ihre Zuordnung mit jeweils zwei Argumenten.

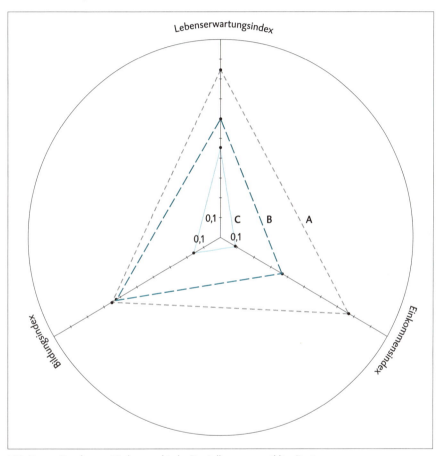

M 9: Human Development Index: graphische Darstellung ausgewählter Staaten nach dem UN Human Development Report 2010

## 2 Entwicklungstheorien und -strategien

Viele der genannten Problemfelder sind mitverantwortlich für den derzeitigen Entwicklungsstand der Entwicklungsländer. Sie sind aber auch Ansatzpunkte für Entwicklungshilfe, heute in der „Einen Welt" **Entwicklungszusammenarbeit** genannt. Entwicklungszusammenarbeit hat die Aufgabe, die Ursachen der Unterentwicklung zu ergründen, die Entwicklungsziele festzulegen, entsprechende Strategien zu erarbeiten und diese dann in geeignete Maßnahmen umzusetzen. Doch die Prioritäten der Entwicklungszusammenarbeit haben sich im Laufe der letzten Jahrzehnte immer wieder verändert.

### 2.1 Grundlegende Entwicklungstheorien

Im selben Maße, wie man durch viele unterschiedliche Merkmale Länder einem Entwicklungsstand zuordnet, gibt es auch viele Theorien, die die Unterentwicklung zu erklären versuchen. Doch keine dieser vielfach monokausalen Theorien hält für sich allein einer kritischen Betrachtung stand. Vielmehr muss als Begründung für Unterentwicklung ein Ursachenkomplex angenommen werden.

**Geodeterministische Theorie**

Dieser älteste Erklärungsansatz für Unterentwicklung sieht als Ursache **hemmende naturgeographische Faktoren** wie widrige klimatische Bedingungen, nährstoffarme Böden, ein labiles Ökosystem bzw. ungünstige Reliefverhältnisse. Aber auch die Gefährdung durch Naturkatastrophen, Binnenlage oder mangelhafte Ausstattung mit Ressourcen können Entwicklung behindern.

**Modernisierungs- oder Wachstumstheorie**

Nach dieser Theorie ist Unterentwicklung das Ergebnis von **endogenen** (im Land selbst liegenden) **sozioökonomischen und politischen Problemen**. Entwicklungsländer sind noch stark von traditionellen Gesellschaftsordnungen wie Großfamilien, Kastenwesen oder „Klientelismus" („Vetternwirtschaft") sowie von statischen Wirtschaftsformen wie Rentenkapitalismus oder Subsistenzwirtschaft geprägt. Das Festhalten an gewohnten Verhaltensweisen sowie **Fatalismus** – Glaube, dass man sein Schicksal nur wenig beeinflussen kann – lassen keine Eigeninitiative zu. Nach dieser Theorie hängen wirtschaftliches Wachstum und gesellschaftliche Modernisierung eng zusammen. Die Rückständigkeit wird demnach nicht als dauerhafter Zustand, sondern nur als eine frühe Stufe in der Entwicklung zur Industriegesellschaft gesehen. Daher sei die gezielte Industrialisierung nach dem Vorbild westlicher Industrieländer die wirksamste Maßnahme, um von einer agrarisch geprägten Gesellschaftsordnung zu einer industriell bestimmten, dynamischen Gesellschaft zu gelangen.

### Dependenztheorie

Unterentwicklung hat nach dieser Theorie **exogene** (außerhalb des Landes liegende) **Ursachen**. Sie ist das Ergebnis historisch gewachsener Abhängigkeit (= Dependenz), Fremdbestimmung und Ausbeutung durch die Staaten Europas und Nordamerikas im Zuge des Kolonialismus. Im heutigen Neokolonialismus tritt anstelle der politischen die wirtschaftliche Abhängigkeit vom Kapital und Einfluss internationaler Konzerne.

- Diese Abhängigkeit besteht zum einen durch die einseitige Einbindung der Entwicklungsländer in den **Welthandel**, in dem diese nur als Rohstofflieferant, Billiglohnproduzent oder Absatzmarkt eine Rolle spielen.
- Zum anderen resultiert die Abhängigkeit aus der Einbindung in die **Weltarbeitsteilung**, wodurch die Entwicklungsländer nicht auf ihre eigenen Bedürfnisse bzw. Märkte produzieren können, sondern ihre Produktion auf den Weltmarkt ausrichten müssen. Diese Dependenz führt zum Beispiel in der Landwirtschaft zur Vernachlässigung der Anbauflächen von Food Crops zur Deckung des Eigenbedarfs und zur Ausweitung des Cash-Crop-Anbaus für den Weltmarkt.
- Aber auch die **internen Gesellschaftsstrukturen** mit einer kleinen reichen Oberschicht und der Mehrheit der armen Bevölkerung sind das Resultat der kolonialzeitlichen Dependenz, die die traditionellen Wirtschafts- und Sozialstrukturen in den Entwicklungsländern zerstört bzw. für ihre Zwecke nutzt und verändert.

Als Folge der Dependenz ergibt sich auch eine strukturelle Abhängigkeit und Ungleichheit. Nach dem sogenannten **Zentrum-Peripherie-Modell**

- entstanden in den Entwicklungsländern **regionale Disparitäten** zwischen von den Kolonialmächten errichteten Entwicklungspolen, meist Haupt- und Hafenstädte, und den peripheren ländlichen Räumen,
- verschärften sich diese **sozialen Disparitäten**. Die Industrie- und Finanzzentren der Industrieländer verstehen es, die Führungsschichten der Entwicklungsländer durch gleichartige Interessen zu binden. Denn an der wirtschaftlichen Ausbeutung des Entwicklungslandes profitieren sowohl die Industrieländer als auch die Eliten der Entwicklungsländer. Der Abzug von

Kapital und Waren geschieht deshalb auf Kosten der ländlichen Peripherie sowie der Masse der Bevölkerung. Demgegenüber profitiert ein Großteil der Bevölkerung der Industrieländer von diesen Wirtschaftsbeziehungen,
- führt Dependenz auch zu **globalen Disparitäten**. In den Zentren des Welthandels konzentrieren sich immer mehr Kapital und Einfluss. Die Entwicklungsländer werden politisch und wirtschaftlich zunehmend an den Rand gedrängt und verelenden.

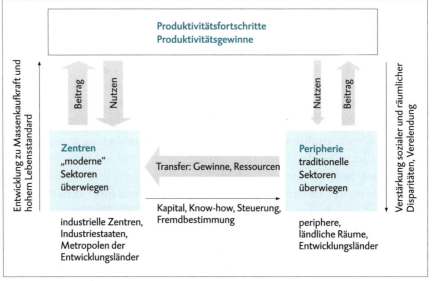

M 10: Entstehung von Unterentwicklung nach der Dependenztheorie

## 2.2 Strategien der Entwicklung

Wissenschaftler, multinationale (z. B. UN, OECD) und staatliche Institutionen (z. B. Bundesministerium für wirtschaftliche Zusammenarbeit) sowie Nichtregierungsorganisationen (z. B. Welthungerhilfe, Misereor, terre des hommes) setzen sich darüber auseinander, welcher Weg welche Art von Entwicklung am besten erreicht. Oft wurden auf der Grundlage der unterschiedlichen Theorien auch verschiedene Strategien von verschiedenen Akteuren nebeneinander praktiziert.

## Leitbild: Wachstum und Modernisierung (1950er-/1960er-Jahre)

**Ziele:** **wirtschaftliches Wachstum** durch Integration in die Weltwirtschaft und Welthandel („aid by trade"). Die Entwicklungsländer sollten sich durch **nachholende Industrialisierung** technisch und wirtschaftlich auf das Niveau der Industrieländer hinbewegen.

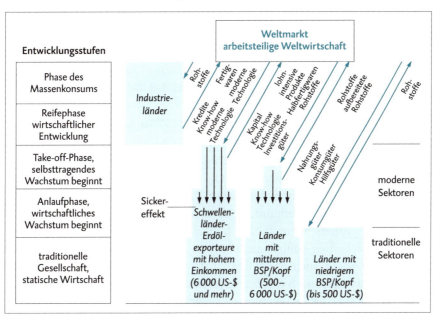

M 11: Ablauf der Modernisierung

**Maßnahmen:** **Kapitalhilfe** und **Technologietransfer** durch die Industrieländer. Hierbei wurden zwei Strategien verfolgt.

- **Strategie des ungleichgewichtigen Wachstums (Polarisierung)**
  Wegen der begrenzten Investitionsmittel sollte durch den Aufbau industrieller, infrastruktureller oder touristischer Großprojekte an sogenannten **Wachstumspolen** (Hauptstadt, Küste, Rohstofflagerstätten) ein Entwicklungsschub **von außen** („big push") eingeleitet werden. Diese Großprojekte lassen in Eigendynamik neben vielen Dienstleistungen, z. B. Verwaltung oder Instandsetzung, viele Zuliefer- und Nachfolgeindustrien entstehen („take off"). Die damit verbundenen positiven Arbeitsmarkt- und Einkommenseffekte sollten dann auf die breite Schicht der Bevölkerung und in die peripheren Passivräume durchsickern („Trickle-Down-Effekt"). Durch höhere Einkommen und Nachfrage würde dann Massenkonsum entstehen, an dem alle Bevölkerungsschichten und Regionen teilnehmen sollten.

- **Strategie des gleichgewichtigen Wachstums (Balanced Growth)**
  Diese Strategie ging davon aus, dass ein sich selbst tragendes Wirtschaftssystem nur erreicht werden kann, wenn eine Vielzahl kleinerer, aufeinander abgestimmter und räumlich **dezentralisierter Investitionen** getätigt werden. Diese Entwicklungsmaßnahme ist jedoch sehr kapitalintensiv.

  **Kritik:** Die Verbesserungen durch Durchsickereffekte für die Masse der Bevölkerung blieben aus, im Gegenteil – die Schere zwischen den wenigen Reichen und den vielen Armen in der Bevölkerung öffnete sich weiter. Die durch den Import von Maschinen und Treibstoffen extrem gestiegene Auslandsverschuldung vieler Entwicklungsländer offenbarte den Misserfolg dieser Strategie.

### Leitbild: Befriedigung der Grundbedürfnisse (1970er-Jahre)

**Ziele:** Da Wachstum und Modernisierung die Armut der Bevölkerung nicht überwinden konnten, galt nun „Befriedigung der Grundbedürfnisse" als wichtige Voraussetzung für Entwicklung. Die Masse der Armen sollte einen **gesicherten Zugang zu lebenswichtigen** materiellen **Gütern** („basic needs": Nahrung, Kleidung, Unterkunft, Trinkwasser, Energie) haben. Aber auch immaterielle Dienstleistungen („basic human needs") wie Bildung, Gesundheit und Rechtssicherheit sollten nicht nur zu einem menschenwürdigen Leben beitragen, sondern auch das Potenzial der Menschen wecken. Wirtschaftswachstum kann demnach erst beginnen, wenn Armut zurückgedrängt und die Grundversorgung der Bevölkerung gesichert ist.

**Maßnahmen:** Das Konzept setzte auf Mitverantwortung der Menschen in den Entwicklungsländern. Deshalb wurden Selbstorganisation und eigene Anstrengungen im Sinne von **„Hilfe zur Selbsthilfe"** angestrebt. Günstige Kleinkredite, aber auch personelle und technische Hilfe von außen galten hingegen dann nur als sinnvoll, wenn sie sich auf die Verbesserung der Lebensbedingungen beschränken. Mit diesem Selbsthilfe-Konzept „von unten" sollten die lokalen Ressourcen (Arbeitskraft, Boden, Rohstoffe, überliefertes Wissen) produktiv genutzt und die elementaren Lebensbedingungen aus eigener Kraft gesichert werden. Eine weitere Maßnahme war der Einsatz speziell auf die Bedürfnisse und Möglichkeiten der Entwicklungsländer angepasster Technologie: Sie sollte lokale Ressourcen und Materialien verwenden, geringe Kapitalkosten erfordern, viele Arbeitsplätze schaffen und von der örtlichen Bevölkerung leicht zu bedienen sein.

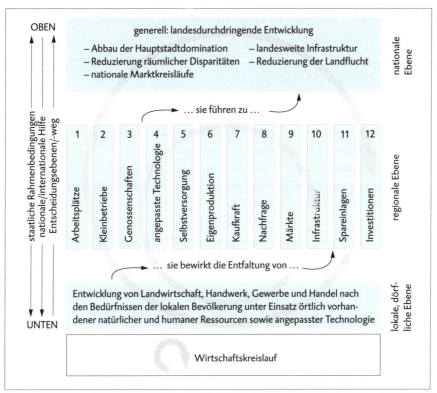

M 12: Entwicklung von unten

**Kritik:** Viele Entwicklungsländer warfen den Industriestaaten vor, Letztere wollten mit „Hilfe zur Selbsthilfe" und angepassten Technologien den Entwicklungsländern Innovationen und moderne Technologien vorenthalten. Zudem ermutige die Entwicklung „von unten" viele Regierungen in Entwicklungsländern, sich von Entwicklungsaufgaben zurückzuziehen und diese der Bevölkerung zu überlassen. Eine Renaissance erfuhr das Konzept jedoch im Leitbild der „nachhaltigen Entwicklung" sowie in den „Millenniumsentwicklungszielen".

**Leitbild: Neue Weltwirtschaftsordnung (1960er-/1970er-Jahre)**
**Ziele:** Die stetig steigende Auslandsverschuldung und die großen Unterschiede in Wirtschaftskraft und Lebensbedingungen von Industrie- zu Entwicklungsländern führte seitens der „Gruppe der 77" zur Forderung nach einer neuen Wirtschaftsordnung. Diese **Neue Weltwirtschaftsordnung** (NWWO; engl. *New International Economic Order*), die sich aus der Dependenztheorie ablei-

tet, wurde 1973 von der UN-Generalversammlung verabschiedet (siehe auch S. 146 f.).

**Maßnahmen:** Zur Reformierung der internationalen Wirtschaftsbeziehungen forderten die Entwicklungsländer u. a.
- gerechtere Austauschbeziehungen (Terms of Trade);
- stabilere Rohstoffpreise durch Ausgleichslager (sogenannte „buffer stocks"), d. h. durch Aufkauf von Rohstoffen bei niedrigem Weltmarktpreis und Verkauf derselben bei hohem Weltmarktpreis;
- Verfügungsgewalt über die heimischen Ressourcen;
- Verlagerung arbeits-, rohstoff-, energieintensiver Produktion in ihre Länder;
- eine allgemeine Schuldenentlastung.

Darüber hinaus sollte generell erreicht werden:
- Abbau der Vorzugsstellung der sich bereichernden Eliten und demokratische Machtstrukturen in den Entwicklungsländern;
- Reduktion des Ressourcenverbrauchs, generelle Umorientierung des Anspruchsdenkens sowie eine obere Wohlstandsgrenze in den Industriestaaten.

**Kritik:** Alle diese Forderungen wurden ernsthaft diskutiert. Doch blieb es letztlich nur bei verbalen Bekundungen. Ein Abkommen zur Preisstabilisierung durch Ausgleichslager existiert zurzeit nur für Kautschuk. Die Industriestaaten befürchteten durch die NWWO einen extremen Kostenanstieg in der industriellen Produktion, der sich dann auf die Preise für die Endverbraucher niederschlagen würde.

**Leitbild: Abkoppelung vom Weltmarkt und autozentrierte Entwicklung (1970er-/1980er-Jahre)**

**Ziele:** Die Kritik der Dependenztheoretiker an der einseitigen Einbindung der Entwicklungsländer in den Welthandel führte zur Forderung, Entwicklungsländer zeitweilig aus **dem Welthandelssystem abzukoppeln** (Dissoziation) und dann durch eigenständige, unabhängige, **„autozentrierte" Entwicklung** („self-reliance") eine eigenständige, lebensfähige Wirtschaft aufzubauen, die sich auf die einheimischen Ressourcen stützt und sich an den Bedürfnissen der eigenen Gesellschaft orientiert.

**Maßnahmen:** Hierzu musste das Land, das sich industriell entwickeln will,
- aus der internationalen Arbeitsteilung ausscheren,
- sich durch Zoll und Handelsschranken vor dem Weltmarkt schützen,
- seine auf Export orientierte Industrialisierung beenden,
- Importe durch einheimische Erzeugnisse ersetzen (Importsubstitution).

Wenn das Land dann so wirtschaftlich entwickelt war, dass es sich aus eigener Kraft auf dem Weltmarkt behaupten konnte, sollte auf der Basis der Gleichberechtigung dessen schrittweise Eingliederung in den Weltmarkt erfolgen.

**Kritik:** Die Binnenmärkte der meisten Entwicklungsländer waren viel zu klein, um eine rentable Produktion für alle erforderlichen Güter zu ermöglichen. Auch fehlte vielfach die notwendige Ausstattung an Rohstoffen, ausgebildeten Arbeitskräften und technischem bzw. unternehmerischem Wissen. So haben auch nur wenige Entwicklungsländer (z. B. Kuba, Volksrepublik China, Nordkorea) eine solche Strategie der Abkopplung vom Weltmarkt und der autozentrierten Entwicklung verfolgt. Ende der 1980er-Jahre wurde diese Strategie insbesondere aufgrund der Entwicklungserfolge in den exportorientierten ost- und südostasiatischen Schwellenländern weitgehend aufgegeben. Auch die Sorge, technologisch langfristig ins Hintertreffen zu geraten, spielte hierbei eine wichtige Rolle.

**Leitbild: Nachhaltigkeit (1990er-Jahre)**
**Ziele:** Ein übergeordnetes Prinzip für alle Maßnahmen der Entwicklungszusammenarbeit sollte Nachhaltigkeit sein. Ziel dieser Entwicklungsprozesse ist, die natürlichen Lebensgrundlagen für nachfolgende Generationen zu erhalten.

### Nachhaltige Entwicklung

Unter nachhaltiger Entwicklung versteht man eine **Entwicklung, die den Bedürfnissen der heutigen Generation entspricht, ohne die Möglichkeiten künftiger Generationen zu gefährden,** ihre eigenen Bedürfnisse zu befriedigen und ihren Lebensstil zu wählen. Die Forderung, diese Entwicklung dauerhaft zu gestalten, gilt für alle Länder und Menschen. Die Möglichkeiten kommender Generationen sind durch Umweltzerstörung ebenso gefährdet wie durch Unterentwicklung in der Dritten Welt.

**Maßnahmen:** Die Ressourcen unserer Erde sollten ökologisch angepasst genutzt sowie sozial gerecht verteilt werden. Dadurch wurde zum einen der Anspruch des Südens auf nachholende Entwicklung anerkannt, zum anderen das Anliegen des Nordens nach Bewahrung der Umwelt unterstützt. Der nachhaltige Entwicklungsprozess sollte darüber hinaus neben ökonomischen Verbesserungen zu dauernder **sozialer Gerechtigkeit** führen. Wesentliche Voraussetzung hierfür war eine gute Regierungs- und Verwaltungsführung **(Good Governance),** die die Mittel der Entwicklungszusammenarbeit dazu einsetzte, die Institutionen des Staates zu demokratisieren, um Gleichberechtigung, Würde und Rechtssicherheit der Bevölkerung dauerhaft zu sichern. Ein

nachhaltiges Konzept ist also dann gegeben, wenn langfristig Verbesserungen in den Bereichen Gesellschaft, Politik, Wirtschaft und Umwelt stattfinden. Für die entwicklungspolitische Praxis hieß das:
- Alle Maßnahmen sollten so durchgeführt werden, dass eine langfristige Nutzung der natürlichen Ressourcen garantiert ist.
- Alle Entwicklungsprojekte sind so zu konzipieren, dass sie über die Zeit ihrer externen Finanzierung hinaus selbstständig fortbestehen.

**Kritik:** Angesichts der Komplexität dieses Leitbildes bereitete die praktische Umsetzung große Schwierigkeiten. Nachhaltigkeit erforderte ein neues Politikverständnis mit hoher Bürgerbeteiligung, was vielerorts nicht gegeben war. In vielen Ländern erwiesen sich extern finanzierte, technisch und personell unterstützte Projekte wie Schulen, Krankenhäuser oder Straßen als Fehlinvestitionen. Sie überdauerten nur eine kurze Zeitspanne, da die Mittel für eine nachhaltige Nutzung bzw. Instandhaltung fehlten. In globaler Dimension verschärfte die wirtschaftliche Globalisierung die Konkurrenzsituation der Unternehmen und forcierte damit die „nicht nachhaltige" Inwertsetzung der natürlichen Ressourcen.

**Leitbild: Armutsminderung im Rahmen der Millenniumsentwicklungsziele (2000er-Jahre)**
Eine Bestandsaufnahme der UN listete im Jahr 1997 folgende Fakten auf:
- Über eine Mrd. Menschen leben mit weniger als einem US-Dollar pro Tag in extremer Armut.
- Mehr als 700 Mio. Menschen hungern und sind unterernährt.
- Mehr als 115 Mio. Kinder im Volksschulalter sind Analphabeten.
- Über einer Mrd. Menschen ist der Zugang zu sauberem Trinkwasser verwehrt, mehr als zwei Mrd. haben keine Möglichkeit, sanitäre Anlagen zu nutzen.

**Ziele:** Offensichtlich hat sich trotz vieler Entwicklungsstrategien die Lebenssituation dieser Menschen kaum verbessert. Deshalb verabschiedeten 189 Staaten auf Initiative der UN im Jahr 2000 folgende **Millenniumsentwicklungsziele**, die bis 2015 angestrebt werden:
- Halbierung des Anteils der in absoluter Armut lebender Menschen, die weniger als einen US-Dollar täglich zur Verfügung haben;
- Halbierung des Anteils der Hungernden an der Weltbevölkerung, vor allem des Anteils der unterernährten Kinder;
- Grundbildung für alle Kinder der Welt, Mädchen wie Jungen;
- Gleichberechtigung von Männern und Frauen im Bildungssystem;
- Reduzierung der Sterblichkeit bei Kindern unter fünf Jahren um zwei Drittel;

- Reduzierung der Müttersterblichkeit bei Geburt um zwei Drittel;
- Rückgang der Verbreitung von HIV/AIDS, Malaria und anderen Infektionskrankheiten;
- Durchführung nationaler Strategien für nachhaltige Entwicklung, um den Trend eines fortschreitenden Verlusts von Umweltressourcen umzukehren;
- Halbierung der Anzahl der Menschen, die keinen Zugang zu sauberem Trinkwasser haben.

Oberstes Ziel dieser Entwicklungsstrategie für das 21. Jh. ist, die **Armut in der Welt** zu **bekämpfen**. Weitere grundlegende Zielsetzungen sind:
- Verbesserung der Situation der Frauen in ihrer Schlüsselrolle für die Entwicklung,
- schonender Umgang mit der Natur und nachhaltiger Schutz der Umwelt,
- Achtung der Menschenrechte, Schaffung von Frieden und Sicherheit.

**Maßnahmen:** Armutsverursachende Strukturen in den Partnerländern sollten auf der Grundlage einer nationalen, armutsorientierten Wirtschafts- und Sozialpolitik durch basisnahe Programme verändert werden:
- Der Zugang zu Land sollte den Armen durch Reformierung des Bodenrechts ermöglicht werden.
- Staatshaushalte sollten höhere Investitionen in Schul- und Gesundheitswesen vorsehen.
- Beschäftigungsintensive Wirtschaftszweige sollten gezielt gefördert und durch entsprechende Zollpolitik geschützt werden.

**Kritik:** Da sich die Maßnahmen meist auf externe Sonderprogramme stützen und nicht auf das Staatsbudget, werden diese Programme von den Regierungen zu wenig nachhaltig verfolgt. Meist handelt es sich um ein Sammelsurium von Projektvorgaben ohne Koordination und gemeinsamer Vernetzung. Nach einem Jahrzehnt ist es jedoch verfrüht, die Ergebnisse zu bewerten.

## Übungsaufgaben: Entwicklungstheorien und -strategien

**Aufgabe 4** Bangladeschs niedriger Entwicklungsstand wird oft mit einem Ursachenkomplex aus Aspekten der geodeterministischen Theorie, der Modernisierungs- und der Dependenztheorie erklärt. Belegen Sie diese These anhand zweier Einflussfaktoren unter Zuhilfenahme von M 13 sowie geeigneter Atlaskarten.

| ehemaliger Teil von Britisch-Indien | Unabhängigkeit 1971 |
|---|---|
| BNE pro Kopf | 580 US-$, Anteil der Bevölkerung mit weniger als 2 US-$ pro Tag: 40 % |
| Erwerbstätigkeit | 48 % Landwirtschaft, 15 % Industrie |
| Arbeitslosigkeit | 40 % (inkl. Unterbeschäftigung) |
| Export | 14,4 Mrd. US-$, davon 50 % Kleidung, 25 % Strick- und Strumpfwaren |
| Landbesitz | 10 % Bev. mit 51 % der LNF, 50 % der Bev. Landlose |
| Bewirtschaftung | 80 % der LNF: Pachtland |
| Bevölkerungswachstum | 1,8 % |
| Geburtenrate | 2,29 %, Sterberate: 0,6 % |
| Säuglingssterblichkeit | 51 %, durchschnittliche Kinder/Frau: 2,6 |
| Durchschnittliche Lebenserwartung | 67 Jahre |
| Alphabetisierungsrate | 55 % |

M 13: Strukturdaten von Bangladesch 2011

**Aufgabe 5** Ordnen Sie das in M 14 beschriebene Projekt einer Strategie der Entwicklungszusammenarbeit zu, und stellen Sie die darin erkennbaren Ziele und Maßnahmen dieses entwicklungspolitischen Leitbildes dar.

> Um die Verhältnisse in der Spontansiedlung Pikine am Rand von Dakar zu verbessern, hat die Regierung Senegals ein Programm zur Sanierung und Legalisierung solcher illegal errichteter Wohnviertel erarbeitet. Die praktische Umsetzung des Programms wird vom „Bundesministerium für wirtschaftliche Zusammenarbeit" (BMZ) und der „Deutschen Gesellschaft für Technische Zusammenarbeit" (GTZ) unterstützt. In Abstimmung mit der Bevölkerung sollen Straßen gebaut, ein System für Energie- und Trinkwasserversorgung sowie Abwasserentsorgung angelegt werden. Ein Beraterteam der GTZ unterstützt die Baumaßnahmen und koordiniert die Arbeiten. Das Vorhaben soll mittelfristig in Programme zur „Gesundheitsvorsorge" und „Bekämpfung der Jugendarbeitslosigkeit in städtischen Gebieten" aufgehen.

M 14: Deutsches Projekt der Entwicklungszusammenarbeit von 1997 bis 2005

**Aufgabe 6** Ordnen Sie die beiden Modelle A und B der Modernisierungstheorie bzw. der Dependenztheorie zu, und legen Sie die unterschiedlichen Folgen nach der Modernisierungstheorie bzw. nach der Dependenztheorie dar, die sich für ein Entwicklungsland durch eine Einbindung in den Weltmarkt ergeben.

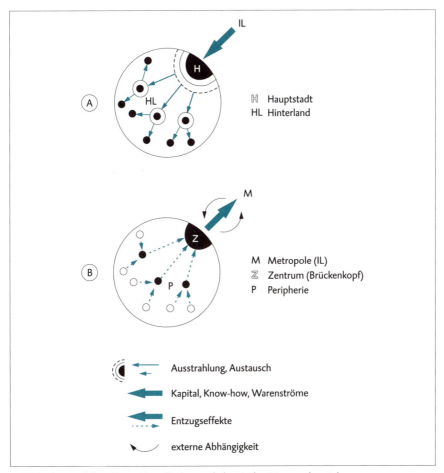

M 15: Strukturmodelle in Entwicklungsländern nach der Modernisierungstheorie bzw. der Dependenztheorie

# Eine Welt – Bevölkerungsentwicklung

Das starke Wachstum der Erdbevölkerung und die daraus resultierenden Probleme beschäftigen nicht nur Wissenschaftler, sondern auch die breite Öffentlichkeit. Verstärkt ergreift die Politik bevölkerungspolitische Maßnahmen, um auf unerwünschte Entwicklungen korrigierend Einfluss zu nehmen.

## 1 Globale und regionale Bevölkerungsverteilung

### 1.1 Ungleichmäßige Verteilung

Nach Berechnungen der Vereinten Nationen bevölkerten Ende Oktober 2011 sieben Milliarden Menschen die Erde. Sie sind außerordentlich ungleich verteilt. So leben etwa 50 % der Weltbevölkerung auf nur 5 % der Festlandsfläche, umgekehrt leben lediglich 5 % der Bevölkerung auf mehr als 50 % der Fläche. Mehr oder weniger ausgedehnten Verdichtungsräumen stehen weite, fast menschenleere Gebiete gegenüber. Die Betrachtung der **Verteilung nach Kontinenten** ermöglicht einen ersten groben Überblick:

|  | Bevölkerungszahl (Mio.) | Anteil an der Weltbevölkerung (%) | Anteil an der Landoberfläche (ohne Antarktis) (%) |
| --- | --- | --- | --- |
| Asien (ohne Russland) | 4 216 | 60,3 | 23,9 |
| Afrika | 1 051 | 15,0 | 22,3 |
| Europa (ohne Russland) | 597 | 8,5 | 3,9 |
| Lateinamerika | 596 | 8,5 | 15,1 |
| Nordamerika | 346 | 5,0 | 15,8 |
| Russland | 143 | 2,0 | 12,6 |
| Australien/Ozeanien | 37 | 0,5 | 6,3 |
| **Welt (ohne Antarktis)** | **6 986** | **99,8** | **99,9** |

M 16: Bevölkerung und Flächenanteile der Kontinente Mitte 2011

Weit über die Hälfte aller Menschen lebt in Asien, obwohl der Kontinent (ohne Russland) nicht einmal ein Viertel der Festlandsfläche umfasst. Auch in Europa (ohne Russland) liegt die Besiedlungsdichte überdurchschnittlich hoch. Alle anderen Kontinente hingegen sind, bezogen auf ihre Fläche, unterdurchschnittlich dicht bevölkert.

Die **Bevölkerungsverteilung auf Länderebene** ermöglicht ein differenzierteres Bild. Eine „isodemographische Karte" etwa veranschaulicht die Bevölkerung der Länder durch Flächen, die den Einwohnerzahlen proportional sind und gleichzeitig die räumliche Gestalt und die Lagebeziehungen der Länder angenähert widerspiegeln (siehe M 17). Hier wird die besondere Bevölkerungskonzentration in den Ländern Süd- und Ostasiens deutlich, wo in China, Indien, Pakistan, Bangladesch, Indonesien und Japan zusammen fast die Hälfte der Erdbevölkerung auf nur knapp 12 % der Landoberfläche lebt. China und Indien haben zusammen rund 37 % der Erdbevölkerung. Auch viele Länder Europas nehmen in M 17 im Vergleich zu ihrer Fläche aufgrund der hohen Bevölkerungszahl einen relativ großen Raum ein.

In diesen Regionen sind auch die Flächenstaaten mit den höchsten Bevölkerungsdichten zu finden: Bangladesch (1 066 Einw./km²), Taiwan (633), Südkorea (491), der Libanon (382), die Niederlande (401) sowie Japan (337; Vergleichswert Deutschland: 230 Einw./km²). Die übrigen Großräume der Erde erscheinen auf der isodemographischen Karte im Vergleich zu ihrer Landfläche geschrumpft, sie sind nur unterdurchschnittlich dicht besiedelt. Hier liegt eine Reihe von Ländern, deren Bevölkerungsdichte 3 Einw./km² oder weniger beträgt: Suriname, Mauretanien, Westsahara, Kanada, Mongolei, Namibia, Botswana, Guyana, Island.

Um die ungleiche Verteilung der Erdbevölkerung genauer zu analysieren, sind Bevölkerungskarten auf der Basis einzelner Staaten zu grob, zumal sie Unterschiede innerhalb der Länder nicht aufzeigen. So unterscheidet man zum Beispiel in europäischen Ländern wie Deutschland zwischen den **Zentralräumen europäischer Metropolregionen (EMR)** mit sehr hohen Bevölkerungsdichten und den nur dünn besiedelten **Peripherräumen**, beide durch uneinheitlich besiedelte Zwischenräume getrennt.

Stark unterschiedliche Bevölkerungsdichten treten in allen Teilen der Welt auf. Dabei ist durchwegs ein anhaltender Trend zu immer zahlreicheren und größeren **Agglomerationen** unverkennbar. Anfang 2012 gab es weltweit 481 Agglomerationen (bestehend aus zentralen Städten und damit verbundenen Umlandgemeinden) mit mehr als 1 Mio. Einw., davon 27 mit über 10 Mio. Menschen. Umgekehrt leeren sich die peripheren Räume in vielen Teilen der Erde immer mehr.

## Globale und regionale Bevölkerungsverteilung | 31

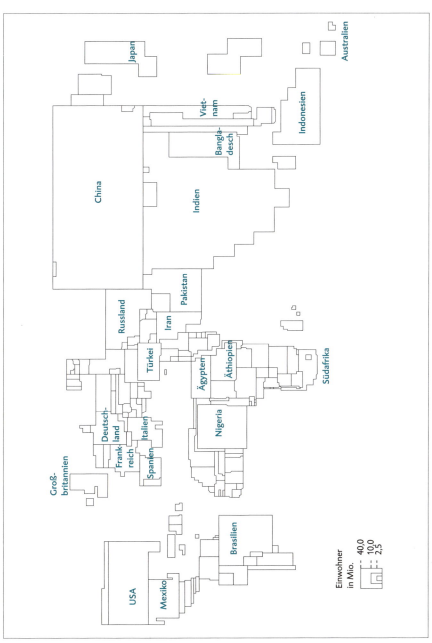

M 17: Isodemographische Karte der Erde für das Jahr 2000

Dass dichte und dünne Besiedlung in ganz unterschiedlichen Räumen der Erde nebeneinander vorkommen, macht deutlich, dass zur Erklärung eine Vielfalt von Faktoren herangezogen werden muss. Neben naturgeographischen Merkmalen sind kulturgeographische, insbesondere wirtschaftliche Aspekte zu berücksichtigen. Sie fügen sich zu einem komplexen Beziehungsgeflecht zusammen, sodass es meist nicht einfach ist, die Wirkung eines bestimmten, isoliert herausgegriffenen Faktors zu beurteilen.

## 1.2 Bevölkerungsverteilung und Naturfaktoren

Im komplizierten Bild der weltweiten Bevölkerungsverteilung gibt es Regelhaftigkeiten, die mit den Besonderheiten der Lage und des Naturraums verknüpft sind.

### Ökumene und Anökumene

Man unterscheidet die Siedlungsgebiete des Menschen von weiten Räumen, die ganz oder weitgehend unbesiedelt sind. Den eigentlichen Siedlungs- und Lebensraum des Menschen, also die dauernd oder zeitweise bewohnten Gebiete, bezeichnet man als **Ökumene**; unter **Anökumene** versteht man die unbewohnten Zonen. Dazwischen liegt häufig ein Übergangsraum, die **Sub- oder Semiökumene**. Rund 50 % der Erdoberfläche (ohne Antarktis) rechnet man zur (Voll-)Ökumene, 40 % zur Subökumene und 10 % zur Anökumene.

Grenzen der Ökumene liegen dort, wo die Bedingungen für menschliches Siedeln und Wirtschaften ungeeignet werden. Man unterscheidet z. B. Polargrenzen, Höhengrenzen, Trocken- und Feuchtgrenzen sowie Küsten. Durch diese Grenzen werden Teile der Kälteregionen, Hochgebirge, Trockenwüsten und tropischen Regenwälder sowie die Meere von der Ökumene abgegrenzt. Die Grenzen können durch topographische oder klimatische Schwellenwerte beschrieben werden. Sie unterliegen aber erheblichen Schwankungen und Veränderungen; eine naturgesetzliche Abhängigkeit besteht nicht. So wurde z. B. die **Polargrenze** der Ökumene in Teilen Westsibiriens durch Ausdehnung des Ackerbaus aufgrund neuer, kälteresistenterer Nutzpflanzen und verbesserter Anbautechniken um zehn Breitengrade polwärts verschoben. In anderen Teilen der Erde findet aber auch eine Entvölkerung solcher Subpolarräume statt. Auch die **Trockengrenzen** der Ökumene sind nicht starr. Dies wird an der in vielen Teilen der Erde zu beobachtenden Ausbreitung der Wüsten (Desertifikation) ebenso deutlich wie an der Veränderung von Oasenflächen innerhalb der Wüsten (z. B. durch Ausdehnung oder Schrumpfung des Bewässerungslands). Die jenseits der **Feuchtgrenze** liegenden afrikanischen und südamerikanischen tropischen Regenwälder, bis Mitte des 20. Jh. nur sehr dünn besiedelt, werden durch Holzeinschlag und Brandrodung, durch die Gewinnung von Bodenschätzen sowie „Agrarkolonisation" immer intensiver genutzt. So wird die Ansiedlung von Menschen gefördert und dadurch die Ökumene ausgeweitet.

**Klima- und Vegetationszonen**
Die Bevölkerungsverteilung auf der Erde, Ökumene und Anökumene lassen in etwa das Muster der Klimazonen erkennen. Allerdings ist die Erfassung der Bevölkerung nach Klimazonen und -regionen schwierig und problematisch: Statistiken beziehen sich auf administrative Einheiten und nicht auf natürliche Räume. Zudem sind letztere nicht genau gegeneinander abzugrenzen.

Trotzdem wurden Versuche unternommen, den Anteil einzelner Klimazonen an der Landfläche der Erde und an der Weltbevölkerung zu bestimmen und die ermittelten Werte zueinander in Beziehung zu setzen. Ein Ergebnis zeigt M 18. Wissenschaftler gehen davon aus, dass die Zahlen aus den 1960er-Jahren auch heute noch recht genau zutreffen. Hauptsiedelgebiete der Menschheit sind demnach die Laub- und Mischwaldzone der Mittleren Breiten, die sommer- und immerfeuchten Subtropen sowie die wechselfeuchten Savannen. In diesen Gebieten leben mehr als drei Viertel der Menschheit, obwohl die Gebiete nur etwa 37 % der Landoberfläche ausmachen. In den beiden erstgenannten Räumen sind auch die mit Abstand höchsten Bevölkerungsdichten zu finden. Sehr niedrige Bevölkerungsdichten sind dagegen vor allem in den kalten und trockenen Zonen der Erde, die überwiegend der Anökumene zuzuordnen sind, auszumachen.

Bei Veränderungen eines Elements zwischen Äquator und Polen spricht man auch von **planetarischem Formenwandel** (oder Nord-Süd-Formenwandel), hier zu erkennen am Einfluss der Klimazonen auf die Bevölkerungsverteilung der Erde.

| Klima- und Vegetationsgebiete | % der Land-oberfläche | % der Welt-bevölkerung | Einw./km² (um 1965) |
|---|---|---|---|
| polarer Wüstengürtel | 11,6 | 0,004 | 0,007 |
| subpolare Tundrenzone | 3,1 | 0,06 | 0,4 |
| boreale Nadelwaldzone | 12,9 | 1,1 | 1,8 |
| kühlgemäßigter Vegetationsgürtel, davon | 20,4 | 36,0 | 38,8 |
| kühlgemäßigter Laub- und Mischwald | 10,0 | 28,9 | 63,5 |
| kühlgemäßigte Steppen- und Wüstenzone | 10,4 | 7,1 | 15,1 |
| subtropischer Vegetationsgürtel, davon | 17,9 | 22,9 | 28,1 |
| Zone der mediterran-klimatischen Winterregenvegetation | 4,3 | 6,3 | 33,2 |
| subtropische sommer- und immerfeuchte Steppen und Wälder | 5,4 | 15,3 | 60,6 |
| subtropische Wüstenzone | 8,2 | 1,3 | 3,9 |
| tropischer Vegetationsgürtel, davon | 34,1 | 40,0 | 25,8 |
| Zone der tropischen Regenwälder | 8,5 | 8,3 | 21,5 |
| Zone der Savannen | 21,9 | 31,3 | 31,4 |
| Zone der tropischen Wüsten | 3,7 | 0,4 | 2,1 |

M 18: Weltbevölkerung und Klima- bzw. Vegetationszonen um 1965

Die modellhafte Darstellung der Bevölkerungsverteilung auf dem Idealkontinent (M 19) macht deutlich, dass die Bevölkerung auch innerhalb der einzelnen Klimazonen keineswegs gleichmäßig verteilt ist. Vielmehr ist eine klare Bevorzugung der Küstenstreifen zu erkennen, währen das Innere der Kontinente eine sehr viel dünnere Besiedlung aufweist. Hier liegt ein **zentral-peripherer Formenwandel** vor: Der Einfluss der Ozeane begünstigt die Küstenbereiche durch höhere Niederschläge (Ozeanität), während die zentralen, inneren Bereiche der Kontinente diesbezüglich benachteiligt sind (Kontinentalität), was auf die Bevölkerungsverteilung Auswirkungen hat.

Daneben ist auch ein **west-östlicher Formenwandel** zu erkennen: Die Bevölkerungsverteilung auf der Westseite des Idealkontinents unterscheidet sich von der auf der Ostseite. So ist die Bevölkerungsdichte in höheren Breiten auf der Westseite, in niederen Breiten auf der Ostseite erhöht. Besonders deutlich wird dies im Bereich des nördlichen Wendekreises: geringe Dichte im Westen als Folge der bis an die Küsten heranreichenden Wüsten, sehr hohe Dichte im Osten aufgrund günstiger subtropischer Niederschläge.

Globale und regionale Bevölkerungsverteilung | 35

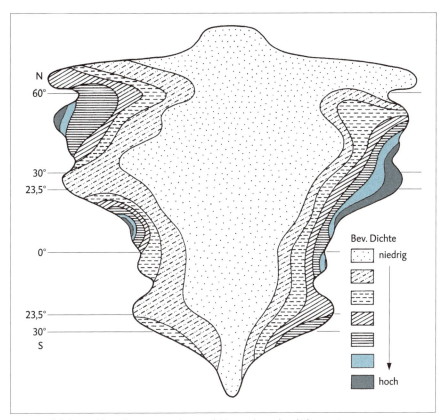

M 19: Modell der Weltbevölkerungsverteilung nach Küstenabstand und Klimaregion

### Höhenstufen

Für die Bevölkerungsverteilung ist auch die Höhengliederung der Erde von Bedeutung. Global lässt sich eine mehr oder weniger kontinuierliche Abnahme der Bevölkerungsdichte mit zunehmender Höhe feststellen: In der untersten Höhenstufe (0–200 m), die etwa 20 % der Landfläche ausmacht, lebt weit über die Hälfte der Erdbevölkerung, mit zunehmender Höhe nimmt die Bevölkerung ab. Hier spricht man vom **hypsometrischen Formenwandel**.

Allerdings gibt es regional auch Besonderheiten: So werden in Teilen Afrikas und Südamerikas die höchsten Dichtewerte erst in 3 000 bis 4 000 m Höhe erreicht. Das tropisch-feuchtheiße Klima der Tiefländer und das Relief tragen dazu bei. Auf dem Altiplano, einem Hochland in Peru und Bolivien, reicht der Siedlungs- und Wirtschaftsraum bis in über 5 000 m Höhe. Hier entstanden in Anpassung an die extremen klimatischen Bedingungen schon sehr früh fortschrittliche Methoden der Bodenkultur und Viehhaltung und, darauf aufbauend, altindianische Hochkulturen.

In 40° N und 30° S liegt die Höhengrenze der Ökumene mit nur relativ geringen Schwankungen bei etwa 2 000 m. Sie fällt dann zu den Polen hin rasch ab. In den Höhenlagen der Außertropen schiebt sich zwischen Voll- und Anökumene ein nur jahreszeitlich genutzter Bereich, in dem sich an die klimatischen Verhältnisse angepasste Wirtschaftsformen wie Almwirtschaft, Transhumanz und Halbnomadismus herausgebildet haben.

**Weitere Naturfaktoren**

Zahlreiche weitere Naturfaktoren können Einfluss auf die Bewertung des Raums durch den Menschen haben. Hierzu einige Beispiele:

Für Agrargesellschaften kann die Bodenqualität von entscheidender Bedeutung sein. So entwickelten sich in Mitteleuropa Lössgebiete (Börden und Gäulandschaften) zu Kornkammern und damit zu Gebieten mit einer hohen ländlichen Bevölkerungsdichte. In Mitteljava leben und wirtschaften sogar mehr als 1 500 Einw./km², basierend auf den außerordentlich fruchtbaren vulkanischen Böden.

Auch Infektionskrankheiten können die Bevölkerungsverteilung maßgeblich beeinflussen. So war in Ostafrika vor dem Einzug der modernen Medizin ein bemerkenswerter Zusammenhang zwischen Bevölkerungsdichte und Verbreitung der Tsetse-Fliege als Überträgerin von Schlafkrankheit (beim Menschen) und Nagana-Seuche (beim Rind) festzustellen: Stark verseuchte Gebiete waren kaum besiedelt. Weitere Beispiele gibt es aus vielen Teilen der Erde. So wurde etwa in Südeuropa die Besiedlung mancher Küstenräume erst wieder im 20. Jh. möglich, nachdem dort die Malaria ausgerottet war.

Von Einfluss auf die Bevölkerungsverteilung sind auch Oberflächenformen. Besonders fruchtbare Schwemmlandschaften führen zuweilen zu außerordentlich hohen Bevölkerungsdichten, etwa im Ganges-Brahmaputra-Delta. Umgekehrt können sich Gebirgslandschaften mit hoher Reliefenergie als siedlungsfeindlich erweisen. Auch Steilküsten, Karstlandschaften, Talformen, Verwitterungsprodukte u. a. können auf die Bevölkerungsverteilung Einfluss haben.

Schließlich sei noch auf hydrographische Verhältnisse hingewiesen. Während in Mitteleuropa in früheren Jahrhunderten die Talauen mit ihren wiederkehrenden Überschwemmungen als Siedlungsräume gemieden wurden, bildeten am Nil, Euphrat und Tigris die jährlichen Hochwasser die Grundvoraussetzung einer hohen Bevölkerungsdichte und die Grundlage der dort entstandenen Hochkulturen.

Zusammenfassend lässt sich feststellen: Die Natur bietet klimatische Gunst- und Ungunsträume, die vom Menschen bezüglich ihrer Nutzungs- und Besiedlungsmöglichkeiten bewertet werden. Es besteht ein breites Spektrum an Möglichkeiten, das der Mensch auf vielfältige Weise nutzen kann. Ein direkter, von der Natur ausgehender Zwang besteht nicht. Die Beurteilung der Naturfaktoren durch den Menschen ist Änderungen unterworfen. Dabei fließen auch Kulturleistung, sozialer und wirtschaftlicher Entwicklungsstand sowie die historische Dimension in die Bewertung ein.

## 1.3 Bevölkerungsverteilung und Wirtschaftsfaktoren

Je nach Wirtschaftsweise haben die Menschen unterschiedliche Ansprüche an den Raum, an Lage und Ausstattung ihres Wohnstandortes.

In **Agrargesellschaften** (primärer Wirtschaftssektor dominierend) bildet eine weitgehend auf Selbstversorgung ausgerichtete Landwirtschaft die entscheidende Lebensgrundlage. Dort wird die Bevölkerungsverteilung grob die räumliche Verteilung der landwirtschaftlichen Produktionsbedingungen widerspiegeln: Gunsträume bezüglich Klima, Böden oder Relief werden gegenüber ungünstigeren Räumen höhere Bevölkerungsdichten aufweisen. Dabei ist die Bevölkerung bei geringer Kommerzialisierung insgesamt relativ weit verstreut und lebt überwiegend in Dörfern oder Einzelhöfen. Als lokale Märkte dienen zentrale Orte niederer Stufe, deren Lage ebenfalls von Naturfaktoren mitbestimmt wird. Agrargesellschaften mit einem Anteil von 70–80 % in der Landwirtschaft Beschäftigten findet man noch in Entwicklungsländern mit niedrigem Entwicklungsstand. In Mitteleuropa bestimmten sie weitgehend die Bevölkerungsverteilung vor der Industrialisierung.

In der **Industriegesellschaft** (sekundärer Wirtschaftssektor dominierend) mit ihren technischen Errungenschaften nimmt der Einfluss der Naturfaktoren auf die Bevölkerungsverteilung ab. Lediglich Lagekriterien, die Vorkommen von Rohstoffen und Energiegrundlagen sind noch von Bedeutung. Die Industrie ist auf wenige, meist eng begrenzte Standorte beschränkt, und die in den Industriebetrieben Beschäftigten konzentrieren sich im engeren Umkreis um die Standorte. Auf diese Weise entstandene Bevölkerungskonzentrationen in wachsenden Städten und Ballungsräumen sind für weitere Industriebetriebe ein günstiger Standortfaktor, sie können die Vorteile der Bevölkerungsverdichtung nutzen. Somit tritt ein Selbstverstärkungseffekt ein. Eine ausgeprägte Tendenz zur Konzentration von immer größeren Teilen der Bevölkerung auf relativ kleinen Flächen ist weltweit zu beobachten.

Eine wesentliche Konsequenz der zunehmenden Bevölkerungskonzentration in Ballungszentren ist die Entstehung immer neuer Arbeitsplätze im Dienstleistungsbereich durch zunehmende Differenzierung und Spezialisierung wirtschaftlicher Tätigkeiten und gesellschaftlicher Strukturen. So trägt der Übergang zur **Dienstleistungsgesellschaft** (tertiärer Wirtschaftssektor dominierend) erheblich zur Verstärkung der Konzentrationsvorgänge der Bevölkerung bei.

In den meisten Staaten der Erde ist die Zusammenballung der Bevölkerung in Agglomerationen weit fortgeschritten. In vielen Entwicklungsländern hat sich zumindest in den Hauptstädten ein erheblicher Teil der Bevölkerung konzentriert. Somit bestehen auf der Erde fast überall bevölkerungsreiche Verdichtungsräume mit Großstädten, die in den letzten Jahrzehnten stark gewachsen sind. Die Zentren der Großstädte weisen in der Mitte einen „Bevölkerungskrater" mit fast fehlender Wohn-, aber hoher Arbeitsbevölkerung auf. Ansonsten ist ein Kern-Rand-Gefälle zu beobachten, das z. B. durch Subzentren, Entwicklungsachsen oder großstädtische Wohnsiedlungen modifiziert sein kann.

Die vielfach geäußerte Meinung, die Bevölkerung werde sich immer stärker in den Agglomerationen auf Kosten der peripheren Räume konzentrieren, hat sich nicht überall bestätigt. Vor allem in einigen Industriestaaten wie den USA, Großbritannien, Deutschland oder Schweden wurden auch gegenläufige Entwicklungen beobachtet: Es kommt dort zu Dekonzentrationsprozessen in Ballungsräumen wie z. B. New York, London oder dem Ruhrgebiet. Das bezeichnet man als **Counterurbanisation** oder population turnaround (siehe auch S. 76). Als Ursachen kommen z. B. Dezentralisation von Arbeitsplätzen, veränderte Wohnpräferenzen und Lebensstile, verbesserte Infrastruktur (Verkehr, Bildung usw.) ländlicher Räume sowie regionalpolitische Maßnahmen in Betracht. Dabei zeigt sich, dass die einem andauernden Konzentrationsprozess entgegenwirkenden Kräfte erst in einem weit fortgeschrittenen Entwicklungsstadium wirksam werden, in dem die Mobilität des Einzelnen ein hohes Ausmaß erreicht.

## Übungsaufgaben: Globale und regionale Bevölkerungsverteilung

**Aufgabe 7** Beschreiben Sie die Bevölkerungsverteilung Sambias um 1975 (M 20a), und erörtern Sie den möglichen Einfluss verschiedener Faktoren auf die Bevölkerungsverteilung anhand der Materialien M 20b bis M 20d. Beziehen Sie weitere naturgeographische Faktoren (Atlaskarten) mit ein.

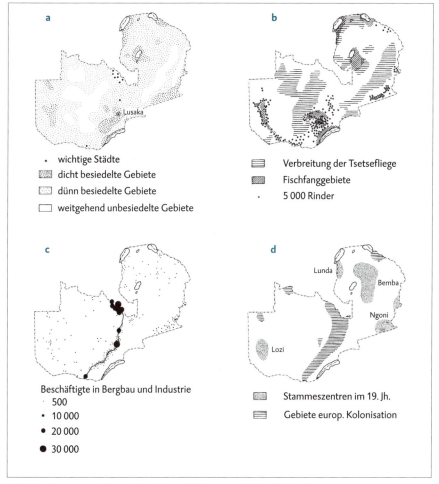

M 20: Bevölkerungsverteilung in Sambia um 1975 sowie mögliche Einflussfaktoren

Aufgabe 8 Interpretieren Sie zunächst M 21: Zeigen Sie, von der Strecke AB ausgehend, die Unterschiede in der Bevölkerungsverteilung auf, wie sie in den Kurven (1) und (2) veranschaulicht sind.
Ordnen Sie dann den Arten der Bevölkerungsverteilung der Kurven (1) und (2), soweit möglich, bestimmte Wirtschaftsformen begründend zu. Nennen Sie geeignete Beispiele.

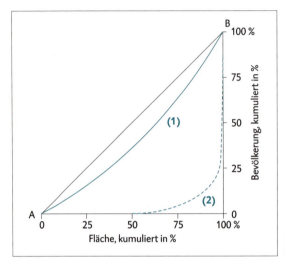

M 21: Lorenzkurven der Bevölkerungsverteilung

## 2 Bevölkerungsentwicklung in Ländern unterschiedlichen Entwicklungsstands

### 2.1 Natürliche Bevölkerungsbewegung

Von natürlicher Bevölkerungsbewegung spricht man, wenn sich die Zahl der Menschen in einem Raum allein durch Geburten- und Sterbefälle ändert.

Weltweit überwiegt heute die Zahl der Geburten: Die Weltbevölkerung wächst. In der Vergangenheit war die Bevölkerungszahl vor allem an die Möglichkeiten der Nahrungsmittelproduktion geknüpft. Vor 10 000 Jahren lebten etwa 5–10 Mio. Menschen als Jäger und Sammler auf der Erde. Der Übergang zu Ackerbau und Viehzucht ermöglichte eine beträchtliche Steigerung der Weltbevölkerung: Um Christi Geburt waren es bereits 200–400 Mio. Menschen. Bis ins 17. Jh. wuchs die Bevölkerung kaum: Zuwächse wurden durch Rückgänge z. B. infolge Hungerkatastrophen, Pestepidemien, Klimaschwankungen oder Kriegen weitgehend ausgeglichen. Erst danach kam es zu einem schnellen Wachstum der Erdbevölkerung, basierend auf neuen, wissenschaftlich begründeten Methoden in der Landwirtschaft, z. B. Fruchtwechselwirtschaft, Düngung, Pflanzenzucht, aber auch in der Medizin und anderen Bereichen.

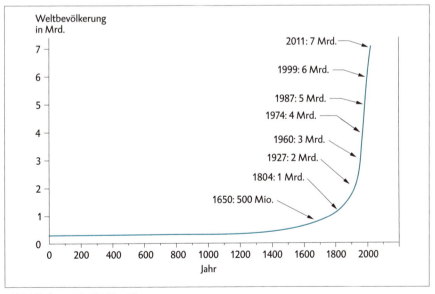

M 22: Wachstum der Weltbevölkerung

# Eine Welt – Bevölkerungsentwicklung

Besonders im 19. und 20. Jh. hat die Weltbevölkerung rasant zugenommen. Während die Steigerung der Menschheit von einer auf zwei Mrd. mehr als 120 Jahre benötigte, dauerte die Steigerung von 4 auf 5 Mrd. nur noch 13 Jahre. Dieses sehr rasche Wachstum bezeichnet man auch als **Bevölkerungsexplosion**. Derzeit wächst die Weltbevölkerung jährlich um rund 82 Mio., wöchentlich um mehr als 1,5 Mio., täglich um mehr als 220 000, minütlich um 156 Menschen. Allerdings gibt es Anzeichen dafür, dass das Bevölkerungswachstum nicht ungebremst weitergeht. So ist das durchschnittliche jährliche Wachstum, das zwischen 1960 und 1970 bei jährlich etwa 2 % lag, bereits deutlich zurückgegangen. Es gibt auch immer mehr Länder, in denen die Sterbeziffer die Geburtenziffer übersteigt, die natürliche Bevölkerungsbewegung also rückläufig ist. Im Wesentlichen handelt es sich dabei um die Industrieländer mit relativ großem Wohlstand, deren Anteil an der Weltbevölkerung seit Jahrzehnten abnimmt.

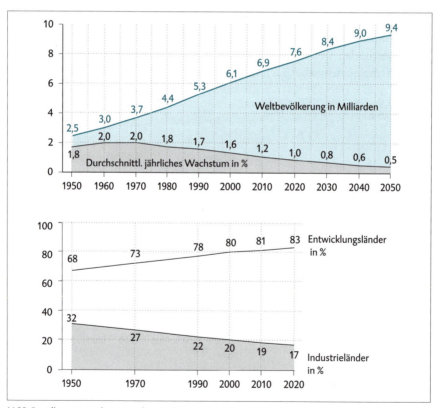

M 23: Bevölkerungswachstum und -verteilung

| Jahr | Asien | Afrika | Europa | Lateinamerika | Nordamerika | Ozeanien |
| --- | --- | --- | --- | --- | --- | --- |
| 1950 | 55,42 | 8,89 | 21,73 | 6,64 | 6,81 | 0,51 |
| 1975 | 58,80 | 10,21 | 16,58 | 7,92 | 5,98 | 0,52 |
| 2000 | 60,40 | 13,35 | 11,97 | 8,59 | 5,18 | 0,51 |
| 2025 | 59,81 | 17,01 | 8,95 | 8,81 | 4,91 | 0,52 |
| 2050 | 57,48 | 21,34 | 7,20 | 8,63 | 4,83 | 0,52 |

M 24: Anteile der Kontinente an der Weltbevölkerung

Die Bevölkerungsentwicklung der einzelnen Kontinente ist ein deutlicher Hinweis auf ihren Entwicklungsstand. Der Anteil des reichen Kontinents Europa an der Weltbevölkerung hat sich, von mehr als einem Fünftel ausgehend, prozentual zwischen 1950 bis 2000 fast halbiert und wird bis 2050 mit rund 7 % auf rund ein Drittel seines ursprünglichen Wertes zurückgehen. Auch die Bevölkerung Nordamerikas wird prozentual abnehmen; Zuwanderung aus anderen Kontinenten wird den Rückgang nur zum Teil ausgleichen. Dagegen wächst der Anteil des ärmsten Kontinents Afrika unaufhörlich und wird 2050 über ein Fünftel der Weltbevölkerung ausmachen. Asien – mit den absolut höchsten Bevölkerungsanteilen – zeigt langfristig eine leicht abnehmende Tendenz. Auch Lateinamerika, momentan noch mit steigendem Anteil, wird längerfristig schrumpfen. Das Hauptbevölkerungswachstum wird in Afrika erfolgen. Entsprechend weisen die meisten schwarzafrikanischen Staaten mit die höchsten Wachstumsraten weltweit auf. Umgekehrt haben die meisten Staaten Europas kein natürliches Bevölkerungswachstum, sondern im Gegenteil – ohne ausgleichende Wanderungsbewegungen – rückläufige Bevölkerungszahlen.

**Statistische Angaben zur Erfassung von Veränderungen der Bevölkerung**

- Die **Geburtenziffer** gibt die Zahl der Lebendgeborenen pro Jahr bezogen auf 1 000 Einw. an. Gleichbedeutend werden auch die Begriffe Geburtenrate, Geborenenziffer, Bruttogeburtenrate, rohe Geburtenrate, allgemeine Geburtenrate und allgemeine Geburtenziffer verwendet (engl. *crude birth rate*, CBR).
- Die **Sterbeziffer** gibt die Zahl der Gestorbenen pro Jahr bezogen auf 1 000 Einw. an. Gleichbedeutend werden auch die Begriffe allgemeine bzw. rohe Sterbeziffer, Sterberate oder Todesrate verwendet (engl. *crude death rate*, CDR).
- Die **natürliche Bevölkerungsentwicklung** ist die Differenz aus Geburten- und Sterbeziffer.

- Die **Gesamtfertilitätsrate (Gesamtfruchtbarkeitsrate)** gibt an, wie viele Kinder eine Frau im Laufe ihres Lebens durchschnittlich bekommt (engl. *total fertility rate*).
- Das **Ersatzniveau (der Fertilität)** bezeichnet die durchschnittlich notwendige Kinderzahl pro Frau, die zum vollständigen Ersatz der Elterngeneration führt. In entwickelten Gesellschaften mit niedriger Kindersterblichkeit müssen dazu durchschnittlich 2,1 Kinder je Frau geboren werden. Damit bleibt, bei stabilem Altersaufbau und ohne Wanderungen, die Größe der Population konstant.
- Die **Lebenserwartung** kann z. B. angegeben werden als Anteil der Überlebenden einer Ausgangsbevölkerung, als durchschnittliche Lebenserwartung im betrachteten Alter oder als Wahrscheinlichkeit, im nächstfolgenden Lebensjahr zu sterben.

Statistische Angaben, insbesondere Geburten- und Sterbeziffern, sind für sich allein nur bedingt aussagefähig; es muss dabei auch der Altersaufbau der Bevölkerung berücksichtigt werden.

## 2.2 Das Modell des demographischen Übergangs

Die Entwicklung der Weltbevölkerung lässt sich stark vereinfacht in zwei Abschnitte einteilen: in eine sehr lange Phase mit sehr geringem und eine kurze Phase mit stark beschleunigtem Wachstum. Der Umschwung setzte vor gut 200 Jahren in Europa ein. Die unterschiedliche Entwicklung von Geburten- und Sterberaten führte zum Prozess der **demographischen Transformation**. Diese wird im **Modell des demographischen Übergangs** beschrieben und veranschaulicht.

Die demographische Transformation führt von einer nach außen hin relativ stabilen Ausgangssituation mit sehr hohen Geburten- und Sterberaten über Phasen hohen Bevölkerungswachstums zu einem wieder relativ stabilen Endzustand, nunmehr aber mit sehr niedrigen Geburten- und Sterberaten. Der Ablauf wird in fünf Phasen eingeteilt:

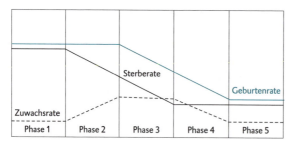

M 25: Modell des demographischen Übergangs (Schema)

**Phase 1 (prätransformative Phase)**
Es handelt sich um die Situation vor der eigentlichen Transformation. Sie ist gekennzeichnet durch hohe, nahe beieinanderliegende Geburten- und Sterberaten. Bei hohen Umsatzziffern ist das Bevölkerungswachstum gering, zuweilen sogar negativ. Die hohen Sterbeziffern bedingen eine geringe Lebenserwartung, das Durchschnittsalter ist niedrig, die Bevölkerung jung.

**Phase 2 (frühtransformative Phase)**
Für diese Einleitungsphase sind deutlich fallende Sterberaten kennzeichnend. Die Geburtenrate verharrt auf hohem Niveau. Zeitweise ist sogar ein leichter Anstieg möglich. Die Zuwachsrate der Bevölkerung ist deutlich steigend.

**Phase 3 (mitteltransformative Phase)**
Diese Umschwungphase zeichnet sich durch einen weiteren Rückgang der Sterblichkeitsrate aus, gleichzeitig setzt aber auch ein Geburtenrückgang ein. Über längere Zeit findet ein Bevölkerungswachstum auf höchstem Niveau statt.

**Phase 4 (spättransformative Phase)**
In dieser Phase des Einlenkens pendelt sich die Sterberate allmählich auf ein niedriges Niveau ein, gleichzeitig fällt die Geburtenrate rasch. Beide Faktoren zusammen bewirken stark zurückgehende Wachstumsraten.

**Phase 5 (posttransformative Phase)**
In dieser Phase des Ausklingens pendelt sich die Geburtenrate auf ein niedriges Niveau ein, die Sterberate bleibt niedrig. Das Bevölkerungswachstum ist ähnlich gering wie in der prätransformativen Phase. Die niedrigen Umsatzziffern bedingen eine hohe Lebenserwartung, das Durchschnittsalter der Bevölkerung nimmt zu. Aufgrund des veränderten Altersaufbaus kann die Sterberate leicht ansteigen. Es kann auch zu einer Bevölkerungsabnahme kommen.

Zum Einsetzen der demographischen Transformation, insbesondere zur Absenkung der Sterberate, trug in Europa eine Reihe von Faktoren bei:
- Steigerung der Nahrungsmittelproduktion durch verbesserte Anbautechniken, Einsatz von Mineraldünger, Pflanzen- und Tierzucht;
- verbesserte Versorgung der Bevölkerung;
- Revolution des Transportwesens durch die Eisenbahn;
- Verbesserung der öffentlichen (Versorgung mit keimfreiem Trinkwasser, Abwasserentsorgung, Müllbeseitigung) und privaten Hygiene;
- medizinische und pharmazeutische Fortschritte (Desinfektion, Massenimpfungen, Eindämmung von Infektionskrankheiten, neue Medikamente);
- Erhöhung des Bildungsniveaus (allgemeine Schulpflicht, fortschreitendes Verbot der Kinderarbeit).

Diese Maßnahmen führten im Lauf der Zeit zu steigendem Lebensstandard, der heute als entscheidende Voraussetzung für die demographische Transformation angesehen wird.

Das Modell des demographischen Übergangs wurde in der ersten Hälfte des 20. Jh. entwickelt. Es beschrieb zunächst die Entwicklung in England/Wales, konnte aber auch auf die anderen europäischen Länder sowie auf Nordamerika, Australien und Japan übertragen werden. Alle diese Länder befinden sich heute in Phase 5. Für ihren demographischen Übergang haben sie unterschiedlich lange Zeiträume benötigt: England/Wales ca. 200 Jahre, Dänemark und Schweden 130–160 Jahre, die Niederlande 90 Jahre, Deutschland 70 und Japan nur 40 Jahre. Um derartige Unterschiede mit dem Modell in Einklang zu bringen, ist man in den 1980er-Jahren zu einem variablen Übergangsmodell gekommen (siehe M 26). Darin veranschaulichen die Kurven g 3 und s 3 die Entwicklung in England/Wales, g 2 und s 2 entsprechen in etwa dem „Normalfall" Deutschland und g 1 und s 1 kann man Frankreich zuordnen, wo sich der Rückgang von Sterbe- und Geburtenrate weitgehend parallel entwickelt hat.

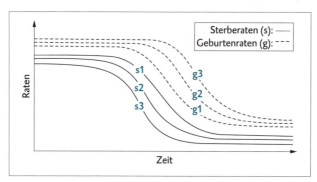

M 26: Variables Modell des demographischen Übergangs

Das Modell des demographischen Übergangs kann auch zur Beschreibung der Bevölkerungsentwicklung von Ländern der sogenannten Dritten Welt herangezogen werden. Bis in die Mitte des 20. Jh. hatten diese noch außerordentlich hohe Geburtenraten, während die Sterberaten deutlich zurückgingen, sodass die Bevölkerung bereits wuchs. Zu einer sehr starken Bevölkerungszunahme kam es nach 1950 bei kaum zurückgehender Geburtenrate und sehr deutlich abfallender Sterberate. In diesem Zustand verharren bisher zahlreiche Länder. Die gegenwärtige Situation ist dadurch gekennzeichnet, dass in fast allen lateinamerikanischen Staaten das Bevölkerungswachstum langsam zurückzugehen beginnt, während die meisten Staaten Schwarzafrikas sich in den Phasen 2 oder 3 mit sehr hohem Bevölkerungswachstum befinden.

Beim Vergleich mit den Industrieländern ergeben sich für die Staaten der Dritten Welt einige deutliche Unterschiede:
- Die Entwicklung setzt erst zu einem sehr viel späteren Zeitpunkt ein.
- Die Geburtenrate war von vornherein deutlich höher und fällt nur langsam, während die Senkung der Sterblichkeit schneller und nachhaltiger erfolgt.
- Die „Schere" zwischen Geburten- und Sterberate hat sich viel weiter geöffnet, sodass es zu einem Bevölkerungswachstum von vorher nicht gekanntem Ausmaß kommt.
- Der Ablauf des Transformationsprozesses erfolgt langsamer als aufgrund des Verlaufs in Europa zu erwarten gewesen wäre.

Schließlich ist zu berücksichtigen, dass das Modell des demographischen Übergangs die Prozesse nur sehr schematisch beschreibt und die Entwicklungen in den einzelnen Ländern innerhalb dieses Schemas durchaus unterschiedlich ablaufen.

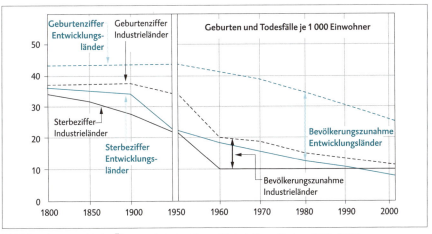

M 27: Der demographische Übergang in Industrie- und Entwicklungsländern 1800–2000

## 2.3 Der Altersaufbau der Bevölkerung

Die häufig verwendete graphische Darstellung des Altersaufbaus einer Bevölkerung heißt **Alters-** oder **Bevölkerungspyramide**. Sie zeigt den Anteil der einzelnen Altersjahrgänge, nach Geschlecht getrennt. Der sich im Verlauf des demographischen Übergangs wandelnde Altersaufbau äußert sich in unterschiedlichen Grundformen der „Pyramide" (siehe M 28):

**Pagodenform**
(z. B. Niger/Kenia 2009)
Die Flanken sind konkav durchgebogen als Folge hoher Sterblichkeit im Kindesalter und geringer Lebenserwartung.

**Dreiecksform**
(z. B. Deutschland 1910/Brasilien 1990)
Die Basis wird schmaler wegen sinkender Geburtenrate, die Spitze wird höher wegen gestiegener Lebenserwartung.

**Pyramide mit schmaler Basis**
(z. B. China 1990) Die wirtschaftliche Entwicklung hat zu verändertem generativen Verhalten geführt oder die Maßnahmen einer Bevölkerungsplanung zeigen Erfolge.

**Glockenform**
(z. B. Europa 1990 oder Entwicklungsländer 2050)
Geburten- und Sterberate sind ausgeglichen; die Bevölkerungszahl stagniert.

**Urnenform**
(z. B. Deutschland 2030)
Die Sterberate ist höher als die Geburtenrate; die Bevölkerung schrumpft.

M 28: Altersaufbau und demographischer Übergang

Im Laufe des demographischen Übergangs ändert sich der Altersaufbau der Bevölkerung. Am Anfang steht, bei gleichzeitig hoher Geburten- und Sterberate, eine junge Bevölkerung, die im Laufe des demographischen Übergangs immer mehr altert: Die Alterung kann nicht völlig umgekehrt, sondern lediglich in Geschwindigkeit und Ausmaß beeinflusst werden.

| Altersgruppen | 0–14 Jahre | | | 65 Jahre und älter | | |
|---|---|---|---|---|---|---|
| Jahr | 1950 | 2005 | 2050 | 1950 | 2005 | 2050 |
| Welt | 34,1 | 28,4 | 19,6 | 5,2 | 7,3 | 16,2 |
| West- und Mitteleuropa | 23,3 | 16,3 | 14,7 | 10,2 | 17,3 | 28,9 |
| Afrika südlich der Sahara | 42,0 | 43,2 | 28,4 | 3,2 | 3,1 | 5,9 |
| China | 33,5 | 22,0 | 15,3 | 4,5 | 7,6 | 23,3 |
| Indien | 37,5 | 33,1 | 18,2 | 3,1 | 4,6 | 13,7 |

M 29: Anteil einzelner Altersgruppen an der Gesamtbevölkerung (in %) (Prognose: mittlere Variante der UN)

Der Altersaufbau einer Gesellschaft beeinflusst deren Bevölkerungsentwicklung wesentlich. Eine junge Bevölkerung hat einen hohen Anteil an weiblicher Bevölkerung, die sich im **reproduktionsfähigen Alter** befindet oder in dieses hineinwächst. So weist etwa der schwarzafrikanische Staat Niger einen Anteil von 48,9 % (2005) an der Altersgruppe von 0–14 Jahren auf. 15 Jahre später haben diese Menschen den Anteil der 35–49-Jährigen, die aus der Reproduktionsphase inzwischen ausgeschieden sind, mehr als ergänzt. Im Vergleich dazu nimmt sich der Anteil von 14,3 %, den die Bundesrepublik Deutschland an unter 15-Jährigen aufweist, recht bescheiden aus.

Hinzu kommt, dass die **Fertilität** in den einzelnen Teilen der Welt unterschiedlich hoch ist. Während eine Frau in Afrika südlich der Sahara durchschnittlich mehr als 5 Kinder zur Welt bringt, sind es in Westeuropa nur 1,59. Da das Ersatzniveau der Fertilität bei etwas über 2 Geburten pro Frau liegt, findet also in Schwarzafrika eine starke Bevölkerungsvermehrung mit Verdopplung in weniger als 30 Jahren statt, während die Bevölkerungszahl in Westeuropa aufgrund der natürlichen Bevölkerungsbewegung schrumpft.

|  | Welt | West- und Mitteleuropa | Afrika südlich der Sahara | China | Indien |
| --- | --- | --- | --- | --- | --- |
| 1950/1955 | 4,92 | 2,41 | 6,57 | 6,11 | 5,91 |
| 2005/2010 | 2,56 | 1,59 | 5,08 | 1,77 | 2,76 |
| 2045/2050 | 2,02 | 1,79 | 2,46 | 1,85 | 1,85 |

M 30: Zahl der Kinder pro Frau (Prognose: mittlere Variante der UN)

Von großer Bedeutung ist die ständige Zunahme der **Lebenserwartung**. In der Periode 1950/55 wurde ein Neugeborenes im weltweiten Durchschnitt 46,6 Jahre alt, 2005/10 sind es schon 66,4 Jahre und für 2045/50 haben die Vereinten Nationen eine durchschnittliche Lebenserwartung von 75,5 Jahren prognostiziert. Das Älterwerden der Bevölkerung bedeutet aber gleichzeitig auch eine entsprechende Bevölkerungsvermehrung. Aus den ersten drei Bevölkerungspyramiden (siehe M 28) müsste die Glockenform entstehen; erst dann würde die Bevölkerungszahl stagnieren – vorausgesetzt, die Lebenserwartung würde sich nicht erneut erhöhen.

Es ist die Behauptung aufgestellt worden, dass die Weltbevölkerung nicht mehr zunähme, wenn sich die Menschen nur noch bis zum Ersatzniveau vermehrten, also nur so viele Kinder bekämen, dass jeweils die Elterngeneration ersetzt würde. Dies trifft aber erst zu, wenn sich der Altersaufbau in den Ländern mit junger Bevölkerung stabilisiert hat. Von der heutigen Bevölkerungszusammensetzung ausgehend würde die Weltbevölkerung – selbst bei der unrealistischen Annahme einer Reproduktion im Ersatzniveau – allein durch Stabilisierung des Altersaufbaus um mehr als 50 % zunehmen, es sei denn, die Bevölkerungsabnahme in den höher entwickelten Ländern nähme noch krassere Formen an.

Schließlich ist für die Entwicklung der Altersstruktur auch von großer Bedeutung, in welchem **Alter** die Frauen ihre Kinder gebären. Je früher Kinder geboren werden, desto rascher folgen die Generationen aufeinander. Die Statistiken der Vereinten Nationen belegen, dass der Anteil der Kinder, die derzeit in Entwicklungsländern von jungen Müttern zur Welt gebracht werden, wesentlich größer ist als der in den Industriestaaten. Zum Beispiel werden in Afrika südlich der Sahara 43,76 % aller Kinder von Müttern unter 25 Jahren geboren; in West- und Mitteleuropa sind es nur 15,78 %. Der Anteil wird laut UN-Prognose (mittlere Variante) in Afrika südlich der Sahara bis 2050 auf 35,5 % sinken, allerdings wird dann die Zahl der Geburten in diesem Raum noch um fast 12 % angestiegen sein.

## 2.4 Bevölkerungspolitik

Bevölkerungspolitik ist die planmäßige Beeinflussung der Bevölkerungszusammensetzung und -entwicklung durch staatliche Instanzen. Dabei kann auf das generative Verhalten der Bevölkerung Einfluss genommen werden. Auch die räumliche Verteilung der Menschen ist häufig das Ziel bevölkerungspolitischer Maßnahmen. Zuweilen werden bis heute rassistische oder imperialistische Ziele mit gravierenden Folgen für die Betroffenen verfolgt (z. B. Genozide im nationalsozialistischen Deutschen Reich, in Ruanda, Kambodscha).

Fast alle Staaten der Erde versuchen, auf die Fertilität ihrer Bevölkerung Einfluss zu nehmen. Dabei ist zwischen einer auf eine Steigerung der Fertilität abzielenden **pro-natalistischen** sowie einer **anti-natalistischen Politik** zu unterscheiden.

In demokratischen Gesellschaftsordnungen sind die Möglichkeiten der Einflussnahme auf Bevölkerungszusammensetzung und -entwicklung begrenzt. Zwangsmaßnahmen scheiden hier aus, der Staat kann nur Anreize schaffen. In den Industriestaaten mit rückläufiger Bevölkerung kommen zur Förderung der Fertilität z. B. Kindergeld, Elterngeld, Mutterschutz, Bereitstellung von Kinderbetreuungsplätzen, Steuererleichterungen, Einschränkung der Abtreibung usw. in Betracht. Solche Maßnahmen stoßen meist schnell an die Grenzen der Finanzierbarkeit. In Ländern der Dritten Welt, in denen die Fertilität verringert werden soll, spielen den Traditionen und Werthierarchien angepasste Aufklärung über Maßnahmen der Empfängnisverhütung und Bereitstellung von Verhütungsmitteln eine Rolle. Aber auch eine durchgreifende Verbesserung der äußeren Lebensumstände, z. B. durch Alphabetisierung, Veränderung des sozialen Status der Frau sowie eine Erhöhung des materiellen Wohlstandes, sind von Bedeutung.

Ein Beispiel für unterschiedliche bevölkerungspolitische Ziele und Maßnahmen im 20. Jh. ist China. In der Zeit der Republik (1912–1949) galt eine große Bevölkerung als wichtigste Zukunftsressource einer erstarkenden Nation. Auch nach der kommunistischen Revolution wurden Warnungen vor den ökologischen und ökonomischen Folgen eines ungehemmten Bevölkerungswachstums beiseitegeschoben. Das Motto Maos, ein zusätzlicher Mund bedeute auch zwei zusätzliche Hände, begünstigte seine Methode, Land und Wirtschaft durch den Einsatz von Menschenmassen umzugestalten. Die ungehemmte Bevölkerungsvermehrung wurde erst durch die Hungerkatastrophe infolge des „Großen Sprungs nach vorn" um 1960 hinterfragt. Aber erst ab 1970 kam es zu gezielten und koordinierten Maßnahmen. Inzwischen war die Bevölkerung seit 1950 von 550 auf 830 Mio. angestiegen.

Eine Trendwende in der Bevölkerungspolitik Chinas erfolgte in den 1970er-Jahren. Die „Später–länger–weniger"-Kampagne propagierte spätere Heirat und spätere Geburt des ersten Kindes, längere Abstände zwischen den Schwangerschaften und eine geringere Anzahl von Kindern. Die Durchsetzung erfolgte über massive Propaganda-Kampagnen, durch z. T. gewaltsame „Überzeugung" und sozialen Druck. In diesem Zeitraum sank die durchschnittliche Zahl der Geburten je Frau von 5,8 auf 2,7, das jährliche Bevölkerungswachstum von 2,6 auf unter 1,5 %. Wegen der besonders starken Jahrgänge im gebärfähigen Alter wuchs die Bevölkerung aber weiter stark an und überschritt 1981 die Grenze von einer Mrd.

Um die natürlichen Ressourcen zu erhalten und die angepeilten wirtschaftlichen Ziele zu erreichen, führte die chinesische Regierung 1980 das bevölkerungspolitische Ziel der Ein-Kind-Familie ein. Es wurde mehrfach modifiziert, vor allem durch Zulassung verschiedener Ausnahmen, gilt aber nach wie vor. Die Ein-Kind-Politik wurde begleitet von Aufklärungskampagnen, aber auch einer Verbesserung der medizinischen Versorgung für Schwangere und der kostenlosen Bereitstellung von Verhütungsmitteln.

Zur Durchsetzung der Ein-Kind-Politik dienen Anreize, etwa eine Ein-Kind-Prämie, verlängerter und bezahlter Schwangerschaftsurlaub oder Bevorzugung bei Arbeitsplatzzuteilung, Wohnungsvergabe, Ausbildungsmöglichkeiten und Krankenversorgung. Schwerer wiegen allerdings die Strafmaßnahmen wie Zwangsabtreibung, Sterilisation, Lohnkürzungen, Strafgelder und Wegfall von sozialen Diensten. Insgesamt ist die Akzeptanz der Ein-Kind-Politik in der Bevölkerung gering; auf vielerlei Weise wird versucht, die Vorschriften zu umgehen. Der Wunsch nach einem Sohn und die pränatale Geschlechtsbestimmung durch Ultraschall führen zu geschlechtsspezifischer Abtreibung. Das Geschlechterverhältnis liegt dadurch in Teilen Chinas bei 120:100 zugunsten des männlichen Nachwuchses.

Insgesamt sind die Ergebnisse der Ein-Kind-Politik beachtlich. Seit den 1990er-Jahren liegt die Fertilitätsrate unter der Reproduktionsrate. Das Bevölkerungswachstum ist auf unter 1 % abgesunken. Nach Berechnungen der UN (mittlere Prognose) wird sich Chinas Bevölkerungszahl um 2030 stabilisieren und danach leicht rückläufig sein.

Kritiker meinen allerdings, dass eine solche Entwicklung auch ohne die rigorosen Maßnahmen eingesetzt hätte, allein infolge des Wirtschaftswachstums und der dadurch bedingten Erhöhung des Lebensstandards.

## Übungsaufgaben: Bevölkerungsentwicklung in Ländern unterschiedlichen Entwicklungsstands

**Aufgabe 9**
a  Vergleichen Sie die Entwicklung der Geburten- und Sterberaten in Industrie- und Entwicklungsländern (M 31).
b  M 31 zeigt die Entwicklung bis 1988. Erörtern Sie, wie nach diesem Zeitpunkt die Kurven weiter verlaufen.

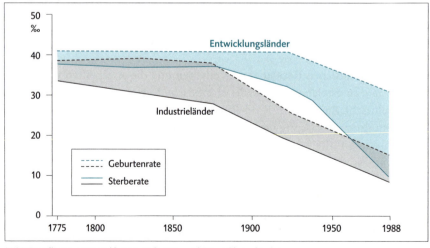

M 31: Bevölkerungsentwicklung in Industrie- und Entwicklungsländern

Bevölkerungsentwicklung in Ländern unterschiedlichen Entwicklungsstands | 53

Aufgabe 10   Erörtern Sie anhand von Material M 32 die Zusammenhänge zwischen sozialer Schichtung und demographischem Übergang in Entwicklungsländern.

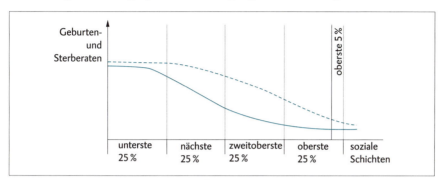

M 32: Soziale Schichtung und demographischer Übergang in Entwicklungsländern

Aufgabe 11  a  Vergleichen Sie mithilfe von Material M 33 die Entwicklung des Altersaufbaus der Bevölkerung in den drei Großräumen.
b  Legen Sie dar, wie China oder Indien einzuordnen wären (Werte siehe M 29).

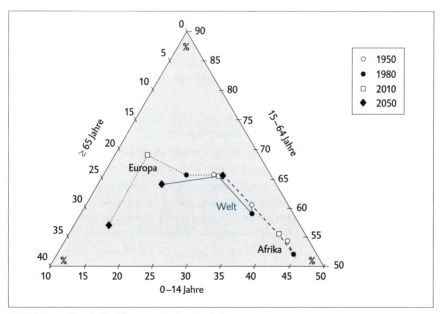

M 33: Altersaufbau der Bevölkerung einzelner Großräume

# 3 Bevölkerungsmobilität

Der Begriff **Mobilität** wird im Zusammenhang mit Bevölkerung ganz unterschiedlich gebraucht:
- Als **soziale Mobilität** bezeichnet man den Wechsel eines Individuums zwischen Einheiten eines sozialen Systems, z. B. Berufswechsel. Dieser kann zwischen Positionen mit gleichartigem („horizontale" Mobilität) oder unterschiedlichem Status („vertikale" Mobilität) erfolgen.
- Davon unterschieden wird die **räumliche**, **regionale** oder auch **geographische Mobilität**, die durch eine Ortsveränderung gekennzeichnet ist. Findet dabei ein dauerhafter Wohnungswechsel über Gemeindegrenzen hinweg statt, so spricht man von **Wanderungen**.

## 3.1 Ursachen regionaler und grenzüberschreitender Wanderungen

Neben der natürlichen Bevölkerungsbewegung sind Wanderungen entscheidend für Zahl und Zusammensetzung der Bevölkerung eines Raumes. Dabei gilt, dass sich in der Regel Wanderungen umso stärker demographisch auswirken, je kleiner die betrachteten Gebietseinheiten sind. Beispiele für Räume mit sehr einseitig zusammengesetzter, größtenteils zugewanderter Bevölkerung sind etwa die Bergarbeitersiedlungen („Kolonien") des 19. und frühen 20. Jh. im Ruhrgebiet, „Neue Städte" im Umkreis von Metropolen oder Siedlungen, die speziell als Altersruhesitze dienen.

> **Begriffe zur Kennzeichnung von Wanderungen**
> - **Binnenwanderung** meint die Wanderung innerhalb eines Gebietes (Gemeinde, Kreis, Land), **Außenwanderung** erfolgt über die Grenzen des Gebiets hinweg.
> - **Umzüge** sind in der amtlichen Statistik Wanderungen innerhalb einer Gemeinde. Wanderungen über Gemeindegrenzen hinweg heißen **Zuzüge** bzw. **Fortzüge**. Bei Wanderungen über Staatsgrenzen hinweg spricht man von **internationalen Wanderungen** bzw. von **Einwanderung** oder **Auswanderung**.
> - Das **Wanderungsvolumen** bezeichnet die Summe der Wanderungen eines Gebiets (Binnenwanderung plus Außenwanderung).
> - Die **Mobilitätsziffer** ist das Wanderungsvolumen bezogen auf 1 000 Einw.
> - Der **Wanderungssaldo** ist die Differenz aus Zu- und Abwanderung. Der sich ergebende **Wanderungsgewinn** bzw. **Wanderungsverlust** wird in absoluten Zahlen oder je 1 000 Einw. angegeben.

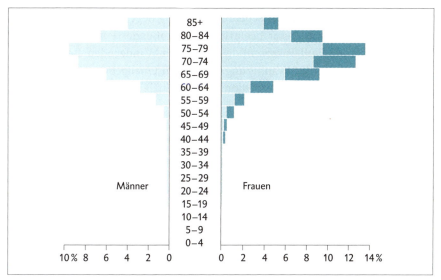

M 34: Durch Wanderungen bedingte Extremform des Altersaufbaus in Sun City/Arizona 1990

Die Ursachen, die den Wanderungen zugrunde liegen, sind außerordentlich vielfältig. Häufig wirken mehrere Faktoren zusammen (siehe auch S. 69).

In den heutigen demokratischen Industriegesellschaften dominieren die frei bestimmten Wanderungen. Sie kommen nach persönlicher Abwägung zustande: Die Betroffenen vergleichen Vorzüge und Nachteile von Quell- und Zielgebiet und treffen unter Berücksichtigung von bei der Wanderung auftretenden Hindernissen ihre Entscheidung (siehe M 35). Stets erwarten die Wandernden im Zielgebiet Verbesserungen und Vorteile für sich. Dass ihre Bewertung des Zielgebiets vielfach zu optimistisch war, stellt sich häufig erst nachträglich heraus.

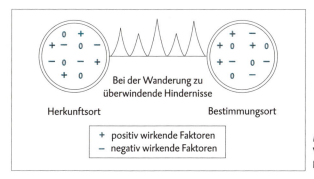

M 35: Schema der die Wanderung beeinflussenden Faktoren

Der beschriebenen Art der Entscheidungsfindung liegt die **Push-Pull-Hypothese** zugrunde. Nach dieser beeinflussen abstoßende (Push-Faktoren) und anziehende Effekte (Pull-Faktoren) den potenziell Wandernden. Bei einer Entscheidung zugunsten der Wanderung werden im Quellgebiet vorwiegend die Abstoßungsfaktoren, in der Zielregion eher die Anziehungsfaktoren gesehen.

**Wirtschaftliche und soziale Ursachen**
Die Gewichtung einzelner Push-Pull-Faktoren ist individuell unterschiedlich. Häufig sind **wirtschaftliche** Gesichtspunkte ausschlaggebend: Die Hoffnung, der Arbeitslosigkeit und Armut zu entgehen oder sich wirtschaftlich und beruflich zu verbessern, stellt ein starkes Wanderungsmotiv dar. Es liegt den weltweit zu beobachtenden Wanderungen vom Land in die Städte zugrunde, aber auch dem zuweilen vergeblichen Versuch, aus den armen Ländern der Dritten Welt in die reichen Industrieländer zu gelangen. Auch die Wanderungen gut ausgebildeter und gut verdienender Arbeitskräfte zwischen Ländern des Nordens zur Verringerung hoher Steuer- und Abgabelasten sind wirtschaftlich bedingt. Zielgebiete sind vor allem wirtschaftlich prosperierende Regionen mit hohem Arbeitsplatzangebot, für die besonders in Boomzeiten das zuweilen niedrige Ausbildungsniveau der Zuwandernden und andere Nachteile weniger bedeutsam sind. Auch die Auswanderung von Millionen Menschen in die ehemals europäischen Kolonien und später selbstständigen Staaten wie die USA gehört vorwiegend zu den wirtschaftlich bedingten Wanderungen.

Für frei bestimmte Wanderungen kommen neben wirtschaftlichen auch andere Ursachen infrage. Manche Wanderungen sind **familiär begründet**, z. B. durch Eheschließungen, Scheidungen, Familiengröße, schulpflichtige Kinder, Krankheit usw. Für die Bundesrepublik hat der Nachzug der Familien ausländischer Arbeitskräfte im Rahmen der Familienzusammenführung einen beträchtlichen Wanderungsgewinn gebracht.

Auch bessere **Wohn- und Freizeitmöglichkeiten** sowie landschaftliche Vorzüge kommen als Wanderungsmotive infrage. Vor allem viele nicht mehr auf einen Arbeitsplatz angewiesene Senioren verlassen die Ballungsgebiete und suchen mehr Ruhe und eine angenehme Umgebung in Deutschland (z. B. im Alpenvorland), in EU-Ländern (z. B. Mallorca, Kanarische Inseln), aber auch außerhalb der EU (z. B. Südtürkei, Florida).

## Natürliche Ursachen

Auch **Naturfaktoren** können Auslöser von Wanderungen sein. Dabei können die Zwänge auf die Menschen so groß sein, dass ganze Bevölkerungsgruppen wandern. So führte ein Temperaturrückgang im Mittelalter („Kleine Eiszeit") dazu, dass besiedelte Gebiete in verschiedenen Teilen der Welt wieder aufgegeben wurden, z. B. in Grönland, aber auch in den deutschen Mittelgebirgen („Wüstungsperiode"). Archäologische Funde und Felszeichnungen belegen, dass das Gebiet der Sahara früher besiedelt war und infolge der Wüstenausbreitung vom größten Teil der Bevölkerung verlassen wurde. Auch die Völkerwanderung ist durch die im Vergleich zum Mittelmeerraum damals ungünstigeren natürlichen Grundlagen mitbedingt. Die „Große Hungersnot" in Irland 1845–1851, die ihre Ursachen in mehreren Missernten hatte, führte zur Auswanderung von mehr als einer Mio. Menschen nach Übersee. Auch Naturkatastrophen (Erdbeben, Tsunamis, Vulkanausbrüche, Überschwemmungen, Dürren) können Ursachen von Wanderungen sein.

## Politisch-militärische Ursachen

Häufig führen **politischer Druck, Verfolgung, Gewalt und Krieg** zu Wanderungen. So löste der Zweite Weltkrieg eine beispiellose Völkerwanderung in Europa aus. Vor der heranrückenden Roten Armee flüchteten in den letzten Kriegswochen Hunderttausende Deutsche nach Westen. Nach Kriegsende kam es zur Vertreibung der Deutschen aus Ost-, Ostmittel- und Südosteuropa. Ab 1946 erfolgten gemäß den Potsdamer Beschlüssen große Vertriebenentransporte. 1950 lebten mehr als 12 Mio. Heimatvertriebene und Flüchtlinge in den beiden deutschen Staaten Bundesrepublik Deutschland und DDR. Später nahm in der DDR die Flucht von Bürgern in den Westen so dramatische Formen an, dass die Grenzen hermetisch abgeriegelt wurden und 1961 die Berliner Mauer errichtet wurde. Einige andere Beispiele aus der Vergangenheit:

- Die **Verfolgung der Hugenotten** in Frankreich führte in der 2. Hälfte des 17. Jh. zu ihrer Auswanderung und Ansiedlung in verschiedenen Teilen Deutschlands, aber auch z. B. in Südafrika.
- Der **Antisemitismus** in vielen Ländern war eine Ursache für die ab dem späten 19. Jh. erfolgte Einwanderung von Juden nach Palästina. Die schnell wachsende Zahl jüdischer Siedler war entscheidende Voraussetzung für die Gründung des Staates Israel im Jahr 1948.
- Zu Beginn des **Kolonialzeitalters** wurde vor allem in Afrika Jagd auf Mio. Menschen gemacht, die als **Sklaven** nach Amerika verschleppt wurden.

- Nach Abschaffung der Sklaverei im 19. Jh. setzte man in vielen Ländern „Kulis" ein, vorwiegend aus China stammende Taglöhner, die besonders in heißen Ländern schwere körperliche Arbeit zu verrichten hatten, schlecht bezahlt wurden und die man sogar verkaufen konnte.

Auch heute sind infolge von Kriegen und Gewalt viele Mio. Menschen auf der Flucht oder leben in flüchtlingsähnlichen Situationen, vgl. Kapitel 3.3.

Grundsätzlich sind die Ursachen **regionaler und grenzüberschreitender Wanderungen** gleich. Lediglich bei Gewalt gegenüber einer Bevölkerungsgruppe erscheint häufig allein die Flucht bzw. Wanderung über die Staatsgrenze als Ausweg.

## 3.2 Auswirkungen der Wanderungen

Wanderungen haben deutliche Auswirkungen auf Quell- und Zielgebiet. In beiden Räumen ändert sich die Bevölkerung nach Zahl und Zusammensetzung. Daraus ergeben sich zwangsläufig Einflüsse auf die bauliche Substanz und Struktur der Siedlungen.

Abgesehen von Zwangswanderungen, denen die gesamte Bevölkerung eines Gebiets unterworfen sein kann, beteiligen sich nur bestimmte Teile der Bevölkerung an einer Wanderung. Dadurch verändert sich die Bevölkerung sowohl im Quell- als auch im Zielgebiet, etwa bezüglich des Altersaufbaus, des Geschlechterverhältnisses, der Berufsstruktur oder des Ausbildungsstandes. Die Abwanderungsgebiete verlieren einen mehr oder weniger großen Anteil bestimmter Altersgruppen. Bei wirtschaftsbedingten Wanderungen sind es meist junge Erwachsene, die im Herkunftsgebiet keinen ihrer Ausbildung und ihren Fähigkeiten entsprechenden Arbeitsplatz finden. Das Zielgebiet erfährt eine entsprechende Verstärkung an Erwerbspersonen dieses Alters. Der veränderte Altersaufbau hat weitreichende Konsequenzen für die natürliche Bevölkerungsentwicklung (Geburten- und Sterberate), aber auch für die wirtschaftliche Situation in beiden Gebieten.

Nicht jede Person ist zur Wanderung bereit. Meist sind es junge, ledige, gesunde, gut ausgebildete, risiko- und leistungsbereite Männer und Frauen mit hohen Zielen, Lebensoptimismus und Energie, die die Initiative ergreifen und das Risiko der Wanderung auf sich nehmen. Im Vergleich zur Gesamtbevölkerung des Abwanderungsgebiets stellen diese Personen eine „positive" Auslese dar. Es ist der Teil der Bevölkerung, der das Abwanderungsgebiet am ehesten wirtschaftlich voranbringen könnte. Zurück bleibt eine Bevölkerung mit hohem Anteil an alten Menschen und Kindern, der aktivste Teil der Bevölkerung ist geschrumpft.

Andererseits werden die Qualitäten dieser Wandernden im Zielgebiet oft weniger hoch eingeschätzt. Sie sind dort zunächst Fremde. Unterschiedliche kulturelle Eigenheiten und Normen können für Konfliktstoff sorgen, zumal häufig versucht wird, den mitgebrachten Lebensstil beizubehalten. Je fremder die Kultur, desto schwieriger ist die Eingliederung. Besonders in wirtschaftlichen Krisenzeiten besteht bei der eingesessenen Bevölkerung die Furcht, zu teilen und etwas von dem abgeben zu müssen, das ihr bisher selbst zugestanden hat. So kann es nicht überraschen, dass sich für viele der Wandernden die hochgesteckten Erwartungen nicht erfüllen. Dies kann eine Rückwanderung der „Gescheiterten" nach sich ziehen. Auch ältere Personen wandern oft in ihr Herkunftsgebiet zurück, um dort den Lebensabend zu verbringen. Diese Rückwanderung hat zur Folge, dass dort der Altersaufbau noch ungünstiger wird.

Wanderungen haben in Vergangenheit und Gegenwart zu zum Teil erheblichen **Änderungen der Siedlungen und der Landschaftsstruktur** geführt. Wesentlich ist dabei die soziale oder machtpolitische Stellung der Wandernden. In vielen Teilen der Welt kamen europäische Einwanderer als Eroberer: Siedler konnten unter dem Schutz des Militärs das neu besiedelte Land nach eigenen Vorstellungen gestalten. In den heutigen USA entstand in den Neuenglandstaaten eine kleinräumige „europäische" Kulturlandschaft, im angrenzenden „Alten Süden" waren es Tabakplantagen mit Herrenhäusern und Sklavenhaltung. Die weiten Ebenen des Landesinneren wurden quadratisch vermessen und von Farmern bewirtschaftet, die Bodenschätze an lohnenden Stellen abgebaut, Städte und Industriegebiete ähnlich denen Europas entstanden – und die heimische Bevölkerung wurde dezimiert bzw. in Reservate abgedrängt. Praktisch das ganze Land wurde von den europäischen Siedlern in Besitz genommen und nach eigenen Vorstellungen gestaltet. Auch in anderen ehemaligen Kolonialgebieten trugen Einwanderer erheblich zur Umgestaltung der Länder bei. Vergleichbar damit ist auch die deutsche Ostkolonisation im Mittelalter: Sie brachte in den Herkunftsgebieten der Wandernden/Siedler eine Bevölkerungsentlastung und im Zielgebiet östliches Mitteleuropa eine erhebliche Ausweitung der Einflusssphäre sowie eine starke Prägung der Kulturlandschaft.

Eine gravierende Umgestaltung durch Zuwanderung haben seit der Industrialisierung die **Städte** erfahren, wobei sich ihr Wachstum – besonders in den Ländern der Dritten Welt – in den letzten Jahrzehnten noch verstärkt hat. Die Städte haben eine ungeheure Zahl von Wandernden aufgenommen und sind dadurch immens gewachsen. Die Zahl der Stadtbewohner machte 2009 erstmals über 50 % der Menschheit aus. Die städtischen Agglomerationen wachsen zum einen geordnet: Das Angebot an Wohnraum, Arbeitsstätten, Infrastruktur wird ständig erweitert. Doch häufig reicht es für die riesige Zahl von ständig Zuwandernden nicht aus. Daher sind auf unbebauten Flächen sowie an den Stadträndern Marginalsiedlungen bzw. Elendsviertel (Favelas, Barriadas, Villas Miserias, Gecekondus, umgangssprachlich auch als **Slums** bezeichnet) entstanden. Sie wachsen meist schneller als alle anderen Teile der Stadt.

Eine Sonderstellung nehmen die **Flüchtlingslager** ein. Sie werden errichtet, um politisch Verfolgte und Vertriebene sowie vor Kriegen und Bürgerkriegen, Umwelt- und Hungerkatastrophen Geflohene vorübergehend aufzunehmen. Das Amt des Hohen Flüchtlingskommissars der Vereinten Nationen (UNHCR) sowie zahlreiche Hilfsorganisationen schützen und unterstützen Mio. von Flüchtlingen weltweit. Grundsätzlich ist angestrebt, ihnen baldmöglichst wieder die Rückkehr in ihre Heimat zu ermöglichen. Zuweilen können Flüchtlingslager auch so lange bestehen, dass die provisorischen Schutzeinrichtungen, etwa Zelte, im Lauf der Jahre durch feste Bauten ersetzt werden. Dies ist zum Beispiel bei den Flüchtlingslagern der Palästinenser im Nahen Osten der Fall.

In Deutschland sind nach dem Zweiten Weltkrieg einige neue Städte speziell zur Ansiedlung von Vertriebenen und Flüchtlingen gegründet worden. In Bayern sind so Neutraubling, Geretsried, Traunreut, Waldkraiburg und Neugablonz entstanden.

In den **Abwanderungsgebieten** können Wanderungen zur teilweisen oder völligen Entleerung von Siedlungen führen. Geisterstädte gibt es in vielen Ländern. Viele sind ehemalige Bergbaustädte, die nach Erschöpfung der Vorräte (Gold, Erze, Diamanten u. a.) verlassen wurden. Abgelegene Gebirgslandschaften wie die Abruzzen sind heute weitgehend entvölkert („Bergflucht"). Auch in Deutschland ist der Trend zur Abwanderung aus wirtschaftlich benachteiligten Gebieten offensichtlich. So verlieren etwa Teile von Mecklenburg-Vorpommern oder Oberfranken erhebliche Anteile ihrer Bevölkerung durch Abwanderung. Am Ortsbild wird dies z. B. durch leer stehende und verfallende Häuser deutlich.

## 3.3 Bedeutung internationaler Flüchtlingsströme

Nach internationalem Recht (gemäß der Genfer Flüchtlingskonvention von 1951) ist ein **Flüchtling** eine Person, die ihr Heimatland verlassen hat, weil sie eine wohlbegründete Furcht vor Verfolgung aufgrund ihrer Rasse, Religion, Nationalität, politischen Meinung oder Zugehörigkeit zu einer bestimmten sozialen Gruppe hat. Viele Flüchtlinge sind in Lagern und Notbehausungen untergebracht und leben in schwierigen Lebenssituationen.

Im Jahr 2010 waren nach Angaben des UNHCR 43,7 Mio. Menschen auf der Flucht, davon 27,5 Mio. heimatlos im eigenen Land *(Internally Displaced Persons)* und 16,2 Mio. Flüchtlinge in anderen Ländern. Von Letzteren waren 0,8 Mio. Asylsuchende.

Die meisten Flüchtlinge gibt es in Asien und Afrika, Hauptherkunftsländer sind Afghanistan, Somalia und der Irak. Die wichtigsten Aufnahmeländer sind Pakistan, Syrien und Iran.

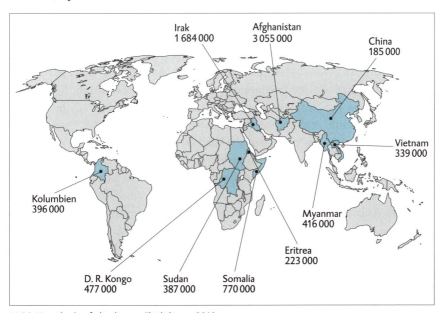

M 36: Hauptherkunftsländer von Flüchtlingen 2010

Auch die EU ist mit dem Flüchtlingsproblem konfrontiert. Zehntausende von armen Menschen besonders aus Afrika zieht es jedes Jahr in das reiche Europa. Da eine legale Einreise kaum möglich ist, versuchen es die Menschen illegal, häufig unter Einschaltung von „Schleppern". Menschen aus Schwarzafrika nehmen die Strapazen einer Sahara-Durchquerung auf sich, um in ein geeignetes Transitland wie z. B. Libyen zu gelangen. Von dort aus ist das Übersetzen auf die nächstgelegenen Inseln des Mittelmeeres oder auf die Kanaren möglich. Die Presse berichtet immer wieder von menschlichen Tragödien: Viele der schlecht ausgerüsteten Boote, mit denen sie überzusetzen versuchen, erreichen ihr Ziel nicht; die Bootsinsassen verhungern, verdursten, ertrinken. Und denen, die das ersehnte Ziel Europa erreichen, droht die schnelle Ausweisung. Nicht einmal 10 % der Ankömmlinge werden als politische Flüchtlinge anerkannt und erhalten eine dauerhafte Aufenthaltsgenehmigung. Die anderen gelten als „Wirtschaftsflüchtlinge" bzw. „irreguläre Einwanderer". Gegen diese Armutsflüchtlinge versuchen sich die Länder der Europäischen Union abzuschotten. Dazu haben sie 2004 die „Europäische Agentur für die operative Zusammenarbeit an den Außengrenzen der EU" (kurz **Frontex**, abgeleitet aus dem Französischen für Frontières extérieures) gegründet. Diese erstellt Risiko- und Gefahrenanalysen bezüglich der Grenzen, koordiniert die Zusammenarbeit der Mitgliedsstaaten bei deren Überwachung, unterstützt die Staaten bei der Ausbildung von Grenzschutzbeamten und sorgt für einheitliche Ausbildungsstandards und Ausrüstung. Außerdem wirkt sie mit bei der Organisation von „Rückführaktionen", d. h. bei der Abschiebung irregulärer Einwanderer.

In der EU wurden also die nationalen Strukturen im Asylbereich einander angeglichen und die **gemeinsame Grenzsicherung** ausgebaut. Frontex-Missionen patrouillieren vor den Küsten Westafrikas, Libyens, Maltas und Italiens, um eine Anlandung von Migranten und Flüchtlingen an den europäischen Küsten zu verhindern. Zudem setzt die EU verstärkt auf eine Zusammenarbeit mit den Herkunfts- und Transitländern. Dabei gibt es im Rahmen des Instruments der Europäischen Nachbarschaftspolitik unterschiedliche Möglichkeiten, auf die Anrainerstaaten des Mittelmeeres Einfluss zu nehmen, etwa durch Begünstigungen in Wirtschaftsabkommen oder Maßnahmen wie Kürzung der Wirtschaftshilfe. Daneben spielt auch die **bilaterale Zusammenarbeit** eine Rolle. Italien etwa bietet Ländern wie Tunesien oder Ägypten eine höhere Einwanderungsquote für Arbeitsmigranten gegen eine bessere militärische Kontrolle der Seegrenzen an. Und in Libyen finanziert Italien libysche Haftzentren für Flüchtlinge und liefert technische Gerätschaften zur Überwachung der Land- und Seegrenzen sowie Trainingsprogramme für die libyschen Sicherheitskräfte.

Von Menschenrechtsorganisationen werden die Abschottungsmaßnahmen der EU immer wieder angeprangert. Vor allem wird kritisiert, dass vielen Migranten die Chance auf ein rechtsstaatliches Asylverfahren vorenthalten wird.

Flüchtlinge werden zuweilen als **politisches Faustpfand** eingesetzt. Die im Arabisch-Israelischen Krieg von 1948 und im Sechstagekrieg 1967 geflohenen und vertriebenen Palästinenser wurden in 58 Flüchtlingslagern im Westjordanland und Gazastreifen, in Jordanien, Syrien und dem Libanon aufgenommen, wo sie und ihre Nachkommen, insgesamt mehr als vier Mio. Menschen, teilweise bis heute leben und vom Hilfswerk der Vereinten Nationen für Palästina-Flüchtlinge im Nahen Osten versorgt werden. Die Integration der Flüchtlinge in die einheimische Bevölkerung wurde auch in den arabischen Staaten teilweise behördlich unterbunden. Die ursprünglichen Zelte sind durch feste Bauten ersetzt worden, der Begriff „Lager" (als kurzzeitiges Provisorium) ist damit sachlich nicht mehr korrekt. Der Gebrauch dieses Begriffs ist hier mehr politischer Natur, um den ungeklärten Status der Bewohner zu verdeutlichen. Bei Friedensverhandlungen über den Nahen Osten dürfte die ungelöste Flüchtlingsfrage von größter Bedeutung sein.

### Übungsaufgaben: Bevölkerungsmobilität

**Aufgabe 12** Beschreiben und erläutern Sie die Bevölkerungszusammensetzung 1890 in sechs westpreußischen Regierungsbezirken (M 37).

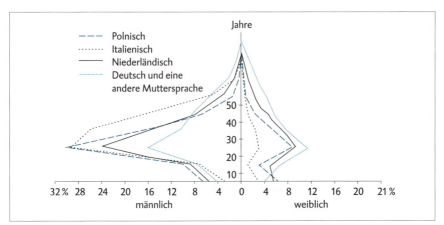

M 37: Muttersprache und Altersaufbau der in den Regierungsbezirken Arnsberg, Koblenz, Düsseldorf, Köln, Trier und Aachen 1890 ortsanwesenden Bevölkerung

64 / Eine Welt – Bevölkerungsentwicklung

Aufgabe 13  Das „Modell des Mobilitätsübergangs" (M 38) wurde aufgrund empirischer Daten aus Industrieländern entwickelt.
a  Beschreiben Sie die Veränderungen der Wanderungsintensität insgesamt und im Detail in den Phasen des Mobilitätsübergangs.
b  Überprüfen Sie kritisch folgende Aussage: „Die Phasen des Mobilitätsübergangs können mit den Phasen des demographischen Übergangs parallelisiert werden."

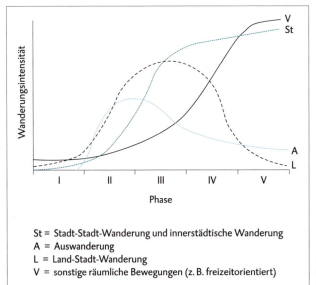

St = Stadt-Stadt-Wanderung und innerstädtische Wanderung
A = Auswanderung
L = Land-Stadt-Wanderung
V = sonstige räumliche Bewegungen (z. B. freizeitorientiert)

M 38: Modell des „Mobilitätsübergangs" (Schema) nach Zelinsky 1971

Aufgabe 14  Interaktionen zwischen dem Menschen und seiner Umwelt können Wanderungen auslösen. Wissenschaftler (z. B. Petersen 1972 u. a.) unterscheiden dabei zwischen folgenden Interaktionstypen:
a  Mensch und Natur
b  Mensch und Staat (oder Äquivalent)
c  Mensch und seine Normen
d  Mensch und andere Menschen (kollektives Verhalten)
Ordnen Sie jedem Interaktionstyp eine kennzeichnende aktuelle oder historische Wanderungsbewegung zu. Unterscheiden Sie dabei zwischen konservativem und innovativem Wanderungsverhalten (konservativ: Beibehaltung der bisherigen Lebensweise auch im neuen Gebiet; innovativ: völliger Neubeginn mit neuen Lebensformen und Verhaltensweisen im Zielgebiet).

# Eine Welt – städtische Räume und deren Wandel

Mehr als die Hälfte der Weltbevölkerung lebt heute in städtischen Räumen. Hier entwickeln sich neue Wirtschafts-, Sozial-, Lebens- und Wohnformen in einer allein vom Menschen geschaffenen Umwelt. Städte erscheinen auf den ersten Blick oft als „Moloch", besonders wenn man das Augenmerk auf die Millionen- und Megastädte richtet, die in den Schwellen- und Entwicklungsländern wie Magneten die Massen anziehen. Doch auch hier lassen sich bei näherem Hinsehen im scheinbaren Chaos geordnete Strukturen und Gliederungen erkennen, die aber einem stetigen Wandel unterworfen sind. Städte werden gegründet, ausgebaut und erweitert, sie verändern ihre Physiognomie, sie gewinnen an Einfluss oder versinken in zunehmender Bedeutungslosigkeit.

Jede Stadt stellt für sich einen Einzelfall dar, der das Ergebnis spezifischer politischer, wirtschaftlicher und gesellschaftlicher Entwicklungen ist. Demgegenüber versucht die Stadtgeographie, allgemeine Aussagen über die Struktur und Entwicklung urbaner Siedlungen im regionalen und globalen Maßstab zu treffen. Diese können die Grundlage einer Typisierung städtischer Räume in unterschiedlichste Kategorien bilden.

## 1 Verstädterung – ein Entwicklungsprozess und dessen globale Dimension

### 1.1 Forschungsgegenstand „Stadt"

Im Jahr 2007 lebten erstmals in der Geschichte mehr Menschen in Städten als in ländlichen Siedlungen. Wir sind eingetreten in das **„Jahrtausend der Städte"**. Innerhalb weniger Jahrzehnte wird sich die Stadtbevölkerung weltweit voraussichtlich verdoppeln. Die Zukunft der urbanen Siedlungen und die vielschichtigen Probleme und Belastungen der Stadtlandschaften und ihrer Bewohner rücken zunehmend ins Bewusstsein der Politik und der Wissenschaft.

Eine der Fachdisziplinen, die sich mit dem Forschungsgegenstand „Stadt" auseinandersetzen, ist die **Stadtgeographie**. Aus geographischer Sicht charakterisiert eine Vielzahl von **Indikatoren** Strukturen und Funktionen einer Stadt, z. B. Einwohnerzahl, Geschlossenheit der Siedlung, Bebauungsdichte, funktionale Gliederung der Stadtteile, Arbeitsplatzdichte im sekundären und tertiären Sektor.

## 1.2 Theorien zur Entstehung von Städten

Die ersten städtischen Siedlungen entstanden um etwa 4 000 v. Chr. am Unterlauf des Euphrat, wo sich die wirtschaftliche und politische Macht der Hochkultur Mesopotamiens konzentrierte. In Europa wurden um 1 600 v. Chr. in Griechenland die ersten befestigten Stadtanlagen wie etwa das antike Mykene oder Korinth errichtet. Im Römischen Reich entwickelten sich um 400 v. Chr. die ersten stadtähnlichen Siedlungen, ehe im 1. Jh. nach Chr. auch in Mittel- und Westeuropa die römischen Stadtgründungen ihre erste Blütezeit erlebten. Nur selten lässt sich ein einzelner Grund für die Entstehung einer städtischen Siedlung finden. Meistens ist eine Kombination verschiedenster Motive ausschlaggebend, die sich im Laufe der Zeit auch ändern können.

## 1.3 Verstädterung und Urbanisierung als weltweite Prozesse

Verstädterung und Urbanisierung sind raumprägende Prozesse, die in der Vergangenheit Europa, Nord- und Südamerika geprägt haben, in Zukunft aber wohl vor allem in Asien und Afrika wirksam werden.

> **Verstädterung**
>
> Unter dem Prozess der Verstädterung versteht man
> - die **Zunahme der Zahl der Städte**, wobei die Stadtdefinition von Land zu Land sehr stark schwankt (z. B. Mindesteinwohnerzahl einer Stadt in Venezuela 1 000, in Ghana 5 000, in Nepal 9 000 Menschen),
> - das **Wachstum der** in Städten lebenden **Bevölkerung** und
> - die **flächenhafte Ausdehnung** der Städte.

Die Verstädterung findet ihren Ausdruck in der **Verstädterungsquote**, dem Anteil der städtischen an der Gesamtbevölkerung eines Landes. Die Verstädterung ist in der Regel mit dem Prozess der **Urbanisierung** verbunden. Urbanisierung beschreibt die Ausbreitung städtischer Verhaltensweisen und Lebensformen und die sich daraus ergebenden räumlichen Strukturen und Prozesse, in deren Verlauf ländliche Räume bezüglich ihrer Sozial-, Erwerbs-, Berufsstruktur und Physiognomie „verstädtern".

Im Zuge des Anstiegs der Weltbevölkerung von 2,5 Mrd. Menschen im Jahr 1950 auf 7 Mrd. 2011 veränderten sich auch die jeweiligen Anteile der Stadt- und Landbevölkerung. Lebten 1950 nur 29 % der Weltbevölkerung in Städten, so sind es seit 2007 mehr als die Hälfte, und die Prognosen sagen einen weiteren Anstieg auf über 60 % bis 2030 voraus.

Die Unterschiede in der **regionalen Verteilung** städtischer Bevölkerung haben verschiedene Ursachen. In **Europa** etwa entstanden Großstädte erst als Folge der Industrialisierung im 19. Jh. In **Nordamerika** entwickelten sich kaum dorfähnliche Siedlungen: Wer nicht auf einer einzeln gelegenen Farm oder Ranch lebt, wohnt in der Stadt, die in ländlichen Regionen oft nur eine Kleinstadt ist. In **Südamerika** waren Städte schon vor der Kolonialisierung vor 500 Jahren überragende kulturelle und politische Zentren, die bis heute nichts von ihrer Anziehungskraft auf die ländliche Bevölkerung verloren haben. Hier schreitet die Verstädterung rasch voran: 360 Mio. Menschen leben gegenwärtig in den südamerikanischen Städten, im Jahr 2025 werden es über 600 Mio. sein. Der Verstädterungsgrad beträgt heute in der Karibik und in Mittelamerika bereits 66 %, in Südamerika sogar fast 80 %. In **Afrika** dagegen ist der Verstädterungsgrad noch deutlich geringer. Er schwankt regional zwischen 45 % in Nord- und 21 % in Ostafrika.

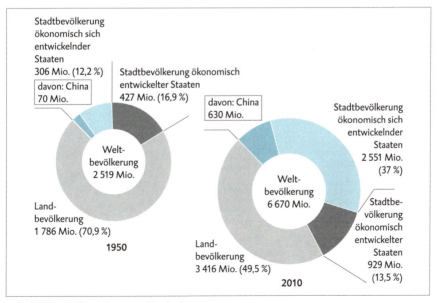

M 39: Weltweite Verstädterung im Vergleich

Diese Unterschiede resultieren aus den vorkolonialen Staatenbildungen, den verschiedenen kolonialen Einflüssen und den wirtschaftlichen Rahmenbedingungen. Afrika verzeichnet aber derzeit die höchste Wachstumsrate städtischer Bevölkerung von jährlich 6 %. In **Asien** wurden die alten Kulturräume Indien und China schon immer durch Großstädte geprägt. Fast die Hälfte aller weltweit in Städten lebenden Menschen, das sind etwa 1,7 Mrd., wohnen heute in asiatischen Städten. Ihre Zahl wird sich in den kommenden drei Jahrzehnten möglicherweise verdoppeln trotz sinkender jährlicher Wachstumsraten.

In den 1950er-Jahren galt eine hohe Verstädterungsquote noch als charakteristisches Merkmal westlicher und östlicher Industriestaaten bzw. eine geringe Verstädterung als Indikator für Unterentwicklung. In den vergangenen fünfzig Jahren hat sich aber etwa in Afrika die Zahl der Stadtbewohner verzehnfacht, in Asien im selben Zeitraum versiebenfacht. Allein in China und Indien stieg die Stadtbevölkerung seit 1950 um über 750 Mio. Menschen. Bald werden in den sich entwickelnden Staaten – den Entwicklungs- und Schwellenländern – dreimal so viele Stadtbewohner wie in den hoch entwickelten Staaten leben. Folgende **Ursachen** sind für das fortschreitende Wachstum der städtischen Bevölkerung verantwortlich:

- Eine Umklassifizierung bisher als ländlich eingestufter Siedlungen nach Überschreiten einer bestimmten Einwohnerzahl bzw. als Folge von Eingemeindungen im Zuge von Verwaltungs- und Gebietsreformen,
- das natürliche Bevölkerungswachstum (Geburten- über der Sterbeziffer),
- die Zuwanderung aus den ländlichen Regionen (Land-Stadt-Wanderung).

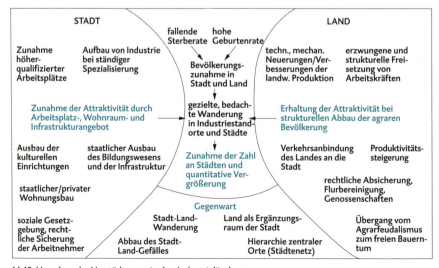

M 40: Ursachen der Verstädterung in den Industrieländern

Weltweit sind nahezu 60 % der Zunahme städtischer Bevölkerung auf den **natürlichen Zuwachs** zurückzuführen, obwohl vor allem in den Industrieländern die Fertilität in den Städten geringer ist als auf dem Land: In Städten lebende Frauen heiraten später, haben einen besseren Zugang zu Gesundheits- und Familienplanungsdiensten und wenden mit größerer Wahrscheinlichkeit Verhütungsmittel an. Da aber die Altersgruppe zwischen 15 und 35 Jahren weit überproportional an der Land-Stadt-Wanderung beteiligt ist, erhöht sich auch der Anteil von Frauen im gebärfähigen Alter. Folglich nehmen die Geburtenüberschüsse zu, selbst wenn die durchschnittliche Kinderzahl bei den städtischen Haushalten geringer ist als bei ländlichen. Die hohen natürlichen Zuwachsraten in den Städten sind aber auch Folge einer niedrigeren Mortalität, die höchstens in den städtischen Elendsvierteln Asiens, Afrikas oder Südamerikas ähnlich hohe Werte wie in ländlichen Regionen erreicht.

Bei den Ursachen der **Land-Stadt-Wanderung** unterscheidet man Pull- und Push-Faktoren. **Push-Faktoren** üben einen Druck auf die Landbevölkerung aus, ihre Heimat zu verlassen. **Pull-Faktoren** erklären die hohe Attraktivität der Stadt gegenüber dem Land. Im Folgenden sind einige **Motive der Migranten** aufgelistet, die als Ursachen der Land-Stadt-Wanderung (**Landflucht**) gelten.

- **Hoffnung auf einen Arbeitsplatz:** Der Bevölkerungszuwachs auf dem Land und die Mechanisierung in der Landwirtschaft führen dazu, dass viele Dorfbewohner ohne Arbeit oder unterbeschäftigt sind. Die Stadt stellt dagegen eine Vielzahl von Arbeitsplätzen – allerdings oft im informellen Sektor – in Aussicht.

- **Sozialer Aufstieg:** In der Stadt gelingt es leichter, die starren sozialen Schranken zu durchbrechen, die auf dem Land von Geburt an das Leben bestimmen: Landarbeiter bleibt Landarbeiter, Großgrundbesitzer bleibt Großgrundbesitzer. Dieses Motiv bewegt vor allem Jugendliche: Beeinflusst von Fernsehen und Internet, die heute nahezu jedes abgelegene Dorf erreichen, neigen sie dazu, traditionelle soziale Hierarchien infrage zu stellen.

- **Attraktivität des städtischen Lebens:** Das Angebot von Dienstleistungen sowie Kultur- und Freizeiteinrichtungen ist in den Städten wesentlich besser entwickelt. Bildungsmöglichkeiten wie weiterführende Schulen und Universitäten und Gesundheitsdienste sind hier von höherer Qualität.

- **Verschlechterung der Lebensbedingungen auf dem Land:** Das starke Bevölkerungswachstum verstärkt in den ländlichen Regionen den Druck auf die verfügbaren natürlichen Ressourcen. Einhergehend mit Naturkatastrophen mindert der tägliche Überlebenskampf die Lebensqualität.

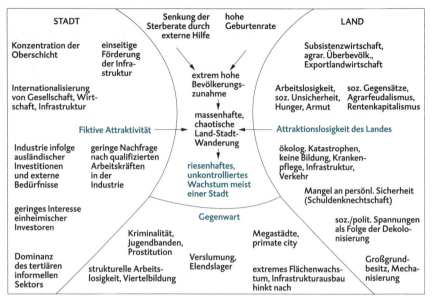

M 41: Ursachen der Verstädterung in Entwicklungsländern

Die **Alters- und Sozialstruktur der Migranten** zeigt in unterschiedlich entwickelten Staaten große Ähnlichkeit. Vom Land wandern vor allem die wirtschaftlich und sozial aktiven jungen Menschen in der Altersgruppe zwischen 15 und 24 Jahren ab, die in der Regel unverheiratet sind. In den Entwicklungsländern lassen viele der verheirateten männlichen Migranten ihre Ehefrau und die Kinder im Heimatdorf zurück, um durch ihre neue Erwerbstätigkeit in der Stadt das Überleben der Familie zu sichern. Idealtypisch lassen sich vier Arten der Land-Stadt-Wanderungen unterscheiden:

### Arten der Land-Stadt-Wanderung

- **Wanderarbeit:** vorwiegend Männer, die periodisch in den ländlichen Heimatraum zurückkehren, z. B. zu landwirtschaftlichen Arbeitsspitzen.
- **„Eine Familie – zwei Haushalte":** ebenfalls vorwiegend Männer, deren Lebensmittelpunkt in der Stadt liegt.
- **„Leben in zwei Welten":** Ehefrauen und Kinder ziehen zu ihren Männern und Vätern in die Stadt, bleiben aber in der Dorfgemeinschaft verwurzelt.
- **Permanentes Leben in der Stadt** ohne weitere Kontakte zur Herkunftsregion.

Diese Formen werden nicht unbedingt als Stufen nacheinander durchlaufen, sondern stehen oft nebeneinander. Sie sind als Überlebensstrategien aufzufassen, deren Einsatz sich vor allem nach den Einkommensmöglichkeiten im städtischen Bereich ausrichtet.

Die Abwanderung aus den Dörfern ist jedoch nicht nur negativ zu bewerten. Teilweise leben dort zu viele Menschen, um eine ökonomisch wie ökologisch ausgewogene Entwicklung zu ermöglichen. Erst die Stabilisierung der Bevölkerungszahl durch die Abwanderung in die Stadt kann im ländlichen Raum ein wirtschaftliches Wachstum in Gang setzen.

Der **Prozess der fortschreitenden Verstädterung** erfolgt modellhaft in mehreren Phasen, die in den entwickelten bzw. weniger entwickelten Staaten aber in unterschiedlicher Ausprägung und deutlich zeitversetzt ablaufen:
- In der Frühphase wächst die ländliche Bevölkerung schneller als die städtische.
- Durch die Land-Stadt-Wanderung treten erste Konzentrationserscheinungen auf. Die Zuwachsraten der städtischen Bevölkerung übertreffen die der ländlichen.
- Die ländliche Bevölkerung nimmt nicht mehr nur relativ, sondern auch in absoluten Zahlen ab. Gründe sind die beschleunigte Abwanderung junger Menschen und der resultierende Sterbeüberschuss ländlicher Siedlungen.
- Die Einwohnerzahlen selbst kleinerer Städte gehen zurück, da diese als Folge der Bevölkerungsverluste auf dem Land wichtige Funktionen der Umlandversorgung wie etwa Dienstleistungen verlieren.
- Der Konzentrationsprozess in den Mittel- und Großstädten kommt zum Stillstand, denn moderne Transport- und Kommunikationssysteme (Verkehrsverbund zwischen ländlichen und städtischen Räumen, Telearbeitsplätze) ermöglichen eine gleichmäßigere Bevölkerungsverteilung. Die Wanderungsbewegungen sind jetzt aus den hoch verdichteten Kernstädten in das weniger dicht besiedelte städtische Umland gerichtet.

## 1.4 Ausgewählte Problemfelder der Verstädterung in den Industrie- und Entwicklungsländern

**Suburbanisierung**

Die europäischen und nordamerikanischen Städte des Industriezeitalters zeichneten sich noch durch eine kompakte und geschlossene Bebauung sowie die räumliche Nähe von Wohnungen, überwiegend in mehrgeschossigen Miethäusern, und Arbeitsstätten aus. Gründe hierfür waren die niedrigen Einkommen, die geringe Motorisierung und das noch lückenhafte öffentliche Verkehrsnetz für den täglichen Weg zwischen Wohnung und Arbeitsplatz sowie die langen Arbeitszeiten. Erst der allgemeine Anstieg des Lebensstandards, tarifliche Arbeitszeit- und Entgeltregelungen, die zunehmende individuelle Mobilität und die steigenden Ansprüche an die Wohnqualität führten etwa in Deutschland seit den 1950er-Jahren zu einem flächigen Wachstum vieler Großstädte über ihre administrativen Grenzen hinaus.

> **Suburbanisierung – Definition und Ursachen**
>
> Die Verlagerung des Städtewachstums in die Vororte (engl.: *suburb*) wird mit dem Begriff **Suburbanisierung** beschrieben. Sie hat folgende Ursachen:
> - gestiegene Kaufkraft von Teilen der Bevölkerung für den Erwerb von Eigenheimen,
> - Schaffung von preiswertem Mietwohnraum in großem Umfang auf preisgünstigem Baugrund am Stadtrand oder im Stadtumland **(Wohnsuburbanisierung)**,
> - Errichtung großflächiger Einzelhandelsstandorte, die der Wohnbevölkerung an den Stadtrand folgen **(tertiäre Suburbanisierung)**,
> - erhöhter Flächenbedarf von Verwaltungen und Gewerbebetrieben, der durch niedrige Grundstücks- und Immobilienpreise im Außenbereich der Städte befriedigt werden kann **(industrielle Suburbanisierung)**.

Die **Folgen der Suburbanisierung** betreffen sowohl die Innen- und Kernstädte als auch das ursprünglich agrarisch geprägte Stadtumland mit seinen ehemals ländlichen Siedlungen.
- Mit der **Abwanderung** von mittleren und besser verdienenden Einkommensgruppen verlieren die Kernstädte Kaufkraft und Steuereinnahmen. In den innerstädtischen Wohngegenden bleibt überdurchschnittlich oft ärmere, ältere, arbeitslose und ausländische Wohnbevölkerung zurück. In den betroffenen Stadtteilen kommt es in der Folge zu einem Abwertungsprozess beim Einzelhandel und der öffentlichen Infrastruktur, Investitionen in den Baubestand werden reduziert oder unterbleiben gänzlich.
- Im Stadtumland entstehen meist an verkehrsgünstigen Standorten wie etwa wichtigen Straßenkreuzungen oder Autobahnzufahrten **Sekundärzentren**. Diese sind gekennzeichnet durch ihre ausgesprochene Multifunktionalität mit Einkaufszentren, Büro- und Verwaltungszentren, Industrie- und Gewerbeparks, Freizeiteinrichtungen sowie universitären Bildungs- und Forschungseinrichtungen. Sie stellen eine ernst zu nehmende Konkurrenz für die innerstädtischen Standorte dar.

- Die Verlagerung zentralörtlicher Funktionen und Einrichtungen in das Stadtumland führt zu einem Attraktivitätsverlust der Innenstädte. Gleichzeitig belastet die **Zunahme des Pendler- und Freizeitverkehrs** die innerstädtische Verkehrsinfrastruktur. Der Aus- und Neubau der öffentlichen Straßen- und Schienennetze in das Umland macht gewaltige Investitionen notwendig. Die Verbesserung der Verkehrswege für den Individual- und den öffentlichen Verkehr begünstigt aber auch die Abwanderung der noch im engeren Stadtgebiet lebenden Bevölkerung.
- Der Wettbewerb um einkommensstarke Bevölkerungsgruppen, ökologisch unbedenkliche Gewerbebetriebe und attraktive Freizeiteinrichtungen erschwert häufig die notwendige gemeinsame **Stadt- und Raumplanung**. Das Konkurrenzdenken der Stadtumlandgemeinden und der Kernstadt vernachlässigt das Denken und Handeln in übergeordneten und überörtlichen Zielsetzungen. Wo die Eigeninteressen einer Kommune dem Allgemeinwohl geopfert werden, sind Nutzungskonflikte die Folge. Die Stadt ist längst über ihre Stadtgrenzen hinaus gewachsen, darf aber nur einen Teil ihres Einflussbereichs verwalten, planen und versorgen.

Nach der Suburbanisierung kann eine **Desuburbanisierung** einsetzen: Wohnbevölkerung und Unternehmen verlassen zunehmend die Stadt und ihr verstädtertes Umland und siedeln sich in ländlichen Regionen und Gemeinden an. Begünstigt wird dieser Prozess durch die Vorzüge der modernen Kommunikationsmittel, die das Leben und Arbeiten fernab der Städte ohne Verzicht auf die Vorzüge des städtischen Lebens ermöglichen. Die eigene Wohnung wird dank des PC und des WorldWideWeb zum Telearbeitsplatz und zum Einkaufszentrum für alle Arten von Waren und Dienstleistungen.

In der sich anschließenden Phase der **Reurbanisierung** wird die Stadt neu als attraktiver Wohnstandort entdeckt. Altbauten werden saniert und modernisiert, Luxuswohnungen entstehen. Neue urbane Eliten verdrängen Haushalte mit geringem Einkommen, Alleinerziehende, Studenten und Ausländer aus den Kernstädten. Die **Gentrifikation** zentrumsnaher Stadtviertel stoppt den drohenden Stadtverfall und ist Ausdruck eines neuen sozialgeographischen Wandels in der Stadt.

**Integration**

Grundsätzliches Ziel einer städtischen Integrationspolitik ist es, das Zusammenleben und die Chancengleichheit unterschiedlicher städtischer Bevölkerungsgruppen unter dem Motto „eine Stadtgemeinschaft – viele Lebenswelten" zu gestalten und zu fördern. Wenn in der öffentlichen Diskussion von

Integration gesprochen wird, ist aber immer die Integration von Migranten oder „Ausländern" das zentrale Thema. Dabei ist die Gruppe der in der Stadt lebenden Bevölkerung mit Migrationshintergrund aufgrund ihrer sozialen, ethnischen und nationalen Herkunft sehr heterogen. Integration ist ein vielgestaltiger gesellschaftlicher Prozess, an dem auch die einheimische Bevölkerung beteiligt und der streng genommen nie beendet ist. Gerade in den Städten werden die spezifischen Probleme vieler Migranten besonders deutlich: hohe Arbeitslosenquote, geringe schulische Bildung der Kinder, geringes Bildungsniveau der Eltern und auch religiöser Fanatismus. Politiker und Soziologen beklagen die Herausbildung von **Parallelgesellschaften** bestimmter Ausländergruppen, die auch eine Folge der Konzentration ausländischer Bürger auf wenige Stadtteile ist. So gilt Berlin-Kreuzberg als die zahlenmäßig größte „Stadt" mit türkischer Bevölkerung nach Istanbul. Aber auch in manchen Stadtteilen anderer deutscher Großstädte ist das gesamte öffentliche Leben und die Nutzung aller Versorgungseinrichtungen und Dienstleistungen ohne den Gebrauch der deutschen Sprache möglich.

**Segregation**

Die in den meisten Städten zu beobachtende Konzentration bestimmter Bevölkerungsgruppen, die soziale, demographische und ethnische Gemeinsamkeiten aufweisen, wird als **soziale Segregation** bezeichnet. Reiche Bevölkerungsgruppen wohnen in anderen Stadtteilen als arme, Zuwanderer in anderen Stadtvierteln als Einheimische und die junge Bevölkerung bevorzugt andere Wohngegenden als die Älteren. Dieses gesellschaftsbezogene Ordnungsmuster kann auch mit spezifischen Ansprüchen an den Wohnstandort in Deckung gebracht werden. Die Wohnviertel der „Besserverdienenden" besitzen eine sehr gute Verkehrsanbindung, zum Teil sogar eine innenstadtnahe Lage aufgrund persistenter historischer Stadtstrukturen, mit sehr guter Ausstattung an technischer und sozialer Infrastruktur sowie ein naturnahes Wohnumfeld. In deutschen Städten handelt es sich häufig um Stadtteile im Westen der Stadt, da hier zu Zeiten der Industrialisierung und der rauchenden Schornsteine wegen der vorherrschenden Westwinde die Luftqualität deutlich besser war. Die soziale Unter- und untere Mittelschicht lebt dagegen in dicht bebauten innerstädtischen Wohnvierteln mit meist älterem Baubestand in räumlicher Nähe zu den Industriegebieten oder in randstädtischen Großwohnanlagen.

Die soziale Segregation ist eine Folge des freien Immobilienmarkts und der unterschiedlichen Wohnqualität. Die Trennung der sozialen Schichten auf der einen Seite und die Konzentration sozial gleichstehender Gruppen auf der anderen Seite – und damit auch der soziale Status der Stadtteile – wird über den Immobilien- und Bodenpreis gesteuert. Ein zweites Regulierungselement sind rechtliche Vorgaben, z. B. staatlich geförderte Wohnbauten („sozialer Wohnungsbau") an die soziale Bedürftigkeit.

Segregation kann aber auch eine freiwillige „Abtrennung" bestimmter sozialer Gruppen von der übrigen Stadtbevölkerung sein. So spricht man von **ethnischer Segregation**, wenn in einem Stadtviertel der Anteil von Personen mit dem gleichen Geburtsland, der gleichen Sprache oder der gleichen Religion besonders hoch ist. Beispiele hierfür sind die Judenviertel in den mittelalterlichen Städten oder die Ausländerviertel wie „Little Italy" oder „China-Town" in den nordamerikanischen Städten. Grund für diese Segregation ist der Wunsch der meisten Stadtbewohner nach einer sozial, demographisch und ethnisch homogenen Nachbarschaft. Dies gibt Sicherheit und verhindert Konflikte, die aus unterschiedlichen Lebensweisen herrühren.

### Gated Communities – Definition und Merkmale

Eine extreme Form sozialer Segregation sind die vor allem in den USA und den Millionenstädten der Entwicklungsländer entstehenden **Gated Communities**. Darunter versteht man exklusive, geschlossene Wohnanlagen, die für die Öffentlichkeit nicht zugänglich sind und durch Wachpersonal gesichert werden. Charakteristische **Merkmale** sind:
- Planung und Bau durch private Investoren,
- eigene Supermärkte und exklusive Fachgeschäfte,
- Umfangreiche medizinische Versorgung,
- privater Kindergarten und Privatschulen,
- exklusive Freizeitinfrastruktur wie Tennis- und Golfplätze,
- Landschaftlich attraktive Lage, etwa Hanglage, mit guter Verkehrsanbindung,
- homogene Einwohnerschaft.

Soziologen und Sozialwissenschaftler vertreten die Ansicht, dass die Segregation an und für sich keine negative Erscheinung der Stadtentwicklung darstellt. So werden ethnische Stadtviertel als notwendige Voraussetzung für die Eingliederung der Zuwanderer in ihre neue Heimat gesehen, die sich von selbst auflösen, wenn die Bewohner in die Stadtgesellschaft integriert sind. Erfolgt dieser letzte Schritt aber nicht, so ist dies ein Hinweis auf die mangelhafte gesellschaftliche Integration und Anlass zum politischen Handeln.

## Wichtige stadtgeographische Prozesse

**Urbanisierung**
Ausbreitung städtischer Lebensformen (Lebens-, Wirtschafts- und Verhaltensweisen) allgemein bzw. Zunahme an Bevölkerung in der Kernstadt einer Stadtregion.

**Wohnsuburbanisierung**
Auch: Stadt-Umland-Wanderung der Bevölkerung; Folge des Wunsches nach einem familiengerechten Umfeld (Eigenheim am Stadtrand/im Umland, Wunsch nach Erholung).

**Gewerbesuburbanisierung**
Ausweichen von Gewerbebetrieben in den suburbanen Raum aus Mangel an günstigen Standorten und Erweiterungsflächen im eigentlichen Stadtgebiet.

**Tertiäre Suburbanisierung**
Zeitlich verzögerte Standortverlagerungen des Einzelhandels (v. a. Verbrauchermärkte, Möbelhäuser, Supermärkte etc.) als Folge der Bevölkerungssuburbanisierung.

**Exurbanisierung**
Verlagerung des Wachstums der Siedlungstätigkeit über den suburbanen Raum hinaus in die ländlichen Gebiete.

**Reurbanisierung**
Wieder einsetzende Bevölkerungs- und Beschäftigtenzunahme in der Kernstadt infolge der Erhöhung der dortigen Attraktivität (z. B. durch Altstadtsanierung, Rekonstruktion historischer Stadtbereiche, Aufbau neuer Infrastruktur).

**Desurbanisierung**
Absolute Bevölkerungs- und Beschäftigungsabnahme in einem Agglomerationsraum, wenn die Bevölkerungszunahme im Umland jene in der Kernstadt nicht mehr ausgleichen kann.

**Counterurbanisation (Gegenurbanisierung)**
Stagnation oder Rückgang der Bevölkerungs- und Arbeitsplatzzahl in Verdichtungsräumen infolge des Zugewinns an Bevölkerung und Arbeitsplätzen in Städten mittlerer und kleiner Bevölkerungszahl der Peripherie und in ländlichen Gemeinden.

# Verstädterung – ein Entwicklungsprozess und dessen globale Dimension

## Übungsaufgaben: Verstädterung – ein Entwicklungsprozess und dessen globale Dimension

**Aufgabe 15** Besonders in den Schwellen- und Entwicklungsländern ist in den vergangenen Jahrzehnten die städtische Bevölkerung stark angewachsen. Erläutern Sie die grundlegenden Prozesse, die für diese Entwicklung verantwortlich sind.

**Aufgabe 16** Beschreiben und erläutern Sie die in M 42 veranschaulichte Bevölkerungsentwicklung im Großraum Los Angeles. Diskutieren Sie unter Einbeziehung von M 48 Chancen und Risiken dieser Entwicklung aus Sicht eines Städteplaners.

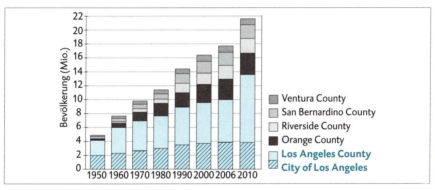

M 42: Bevölkerungsentwicklung im Großraum Los Angeles

**Aufgabe 17** M 43 zeigt Veränderungen in der ethnischen Bevölkerungsstruktur im Großraum Los Angeles zwischen 1980 und 2000 auf.
Beschreiben und begründen Sie die grundlegenden Tendenzen.

|  | Einw. insg. | Weiße | | Hispanics/ Latinos | | Afro- amerikaner | | Asiaten | | Sonstige | |
| --- | --- | --- | --- | --- | --- | --- | --- | --- | --- | --- | --- |
|  | in Tsd. | in Tsd. | in % | in Tsd. | in % | in Tsd. | in % | in Tsd. | in % | in Tsd. | in % |
| **1980** | | | | | | | | | | | |
| Kernstadt | 4 424 | 2 402 | 54,3 | 1 102 | 24,9 | 602 | 13,6 | 257 | 5,8 | 62 | 1,4 |
| Suburb. Raum | 7 065 | 4 585 | 64,9 | 1 653 | 23,4 | 431 | 6,1 | 304 | 4,3 | 92 | 1,3 |
| **1990** | | | | | | | | | | | |
| Kernstadt | 5 436 | 2 337 | 43,0 | 1 979 | 36,4 | 603 | 11,1 | 511 | 9,4 | 5 | 0,1 |
| Suburb. Raum | 9 086 | 4 888 | 53,8 | 2 789 | 30,7 | 554 | 6,1 | 827 | 9,1 | 18 | 0,2 |
| **2000** | | | | | | | | | | | |
| Kernstadt | 5 960 | 1 991 | 33,4 | 2 628 | 44,1 | 572 | 9,6 | 578 | 9,7 | 191 | 3,2 |
| Suburb. Raum | 10 414 | 4 395 | 42,2 | 3 968 | 38,1 | 625 | 6,0 | 1 104 | 10,6 | 323 | 3,1 |

M 43: Ethnische Bevölkerungsstruktur im Großraum Los Angeles

# 2 Stadtentwicklung in unterschiedlichen Kulturräumen

## 2.1 Stadtmodelle

Städte befinden sich in einem ständigen Veränderungsprozess, der eine Folge gesellschaftlicher, wirtschaftlicher, technischer und politischer Entwicklungen ist. Die zunehmende Verstädterung führt zu einer räumlichen Ausdehnung und zu physiognomischen Veränderungen im Stadtbild, zum Entstehen neuer und der Umwidmung älterer Stadtviertel.

Um die Stadt als Raum zu beschreiben, hat die Geographie verschiedene Vorgehensweisen und Methoden entwickelt. So betrachtet der **historisch-genetische Ansatz** die geschichtliche Entwicklung einer Stadt und grenzt historisch einheitliche Stadtviertel voneinander ab. Gerade in Mitteleuropa wird die Entwicklung der Städte stark von ihrer Gründungszeit und ihrem Gründungsanlass geprägt. Die über Jahrhunderte gewachsenen historischen Raumstrukturen und die erhaltene Bausubstanz beeinflussen auch heute noch Grundriss, Aufriss und Funktion besonders der Innenstädte.

Dagegen sind **Stadtstrukturmodelle** vereinfachte Abbilder einer funktionalen und sozioökonomischen Gliederung der Stadt. Sie haben ihre Grundlage in der Vorstellung, dass bestimmte theoretisch verankerte Ordnungsprinzipien zu einem innerstädtischen Ordnungsmuster führen. Die **Chicagoer Schule der Soziologie** entwickelte in den 1920er- und 1930er-Jahren eine Theorie über den grundsätzlichen Zusammenhang von gesellschaftlicher und räumlicher Strukturierung. Überträgt man diese Theorie auf den Stadtraum, ergibt sich eine Gliederung in sozialräumliche Einheiten mit bestimmten Bevölkerungsgruppen und Nutzungen bzw. Funktionen.

Grundlage einer **funktionalen Gliederung** sind die Daseinsgrundfunktionen, soweit diese in einer Stadt raumwirksam und in ausgewiesenen Stadtteilen raumprägend verortet sind.

Die 1933 anlässlich eines internationalen Kongresses für Architektur verabschiedete **Charta von Athen** forderte die weitgehende räumliche Entflechtung der Funktionen Wohnen, Arbeiten, Erholung und Verkehr.

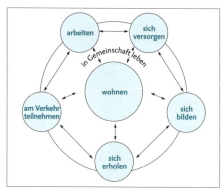

M 44: Modell der Daseinsgrundfunktionen

In den Industrieländern war die Trennung der Funktionen und die Realisierung einer „autogerechten Stadt" bis in die 1980er-Jahre Leitlinie der Stadtplanung, ehe das alltägliche innerstädtische Verkehrschaos und neue ökologische Fragestellungen eine Abkehr von den Idealen der Charta erzwangen.

Vorrangiges **Ordnungsprinzip** der Stadtstrukturmodelle ist die Höhe des Bodenpreises. Wenn sich viele potenzielle Nutzer (Einwohner, Unternehmen) an einem Standort niederlassen wollen, dann wird der Preis (Kauf- oder Mietpreis) steigen und es werden diejenigen Nutzer dominieren, die diesen Preis bezahlen wollen. Auf der anderen Seite werden die Nutzer oder Nutzungen verdrängt, die den geforderten Preis nicht aufbringen können.

Obwohl die Stadtmodelle der Chicagoer Schule auf Forschungsarbeiten über nordamerikanische Städte beruhen, können sie idealtypisch auf die innere funktionale, ökonomische und soziale Gliederung anderer Städte übertragen werden.

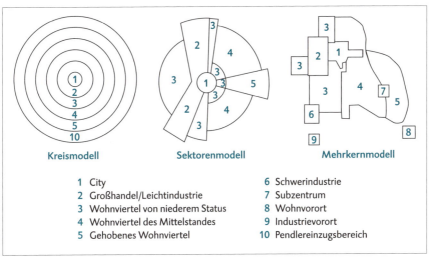

M 45: Stadtstrukturmodelle

## Das Modell der konzentrischen Zonen

Das Kreismodell von BURGESS aus dem Jahr 1925 spiegelt die Verhältnisse in den amerikanischen Städten bis 1950 wider. Es ersetzte erstmals eine konkrete Einzelfallanalyse einer Stadt durch die modellhafte Darstellung von Regelhaftigkeiten:
- Die Ausdehnung einer Stadt erfolgt tendenziell in alle Richtungen gleichmäßig. Abweichungen sind durch topographische Besonderheiten (Küstenlage, Tallage etc.) möglich.

- Jede Stadt weist eine innere Gliederung auf, die sich idealtypisch in konzentrischen Zonen abbilden lässt.
- In jeder dieser Zonen dominieren bestimmte Nutzungen und Bevölkerungsgruppen.
- Wenn sich eine Stadt ausdehnt, dringen die Nutzungen und Bevölkerungsgruppen einer Zone in die jeweils nächste angrenzende äußere Zone ein.
- Die zunehmende Arbeitsteilung in einer wachsenden Stadt führt zu einer zunehmenden Differenzierung der Bevölkerung in soziale Schichten in unterschiedlichen Stadtteilen.
- Durch die Ausdehnung entstehen weitere Subzentren und Geschäftsbezirke.

**Das Sektorenmodell**

Dem Sektorenmodell von HOYT aus dem Jahr 1939 liegen langjährige Untersuchungen über die Lage von Wohngebieten sozialer Schichten in nordamerikanischen Städten zugrunde. Die Stadt gliedert sich in einzelne Sektoren, Wohngebiete mit homogener Sozialstruktur und anderen Nutzungen, die sich streifen- oder bandartig entlang der Verkehrsachsen ausdehnen. Hierbei verlagern sich Wohngebiete mit hohen Mietpreisen von der Stadtmitte (Konzentration der Einzelhandels- und Verwaltungsstandorte) an den Stadtrand, wo immer neue attraktive Wohngebiete erschlossen werden. Werden Wohngebiete mit hohen Mietpreisen von ihren Bewohnern verlassen, so nutzen Bevölkerungsgruppen mit geringerem Sozialstatus die leer stehenden Wohnungen.

**Das Mehrkernmodell**

Das Mehrkernmodell von HARRIS und ULLMAN aus dem Jahr 1945 basiert auf der räumlichen Ordnung der Arbeitsplätze in einer Stadt. In der Nähe der industriellen Zentren liegen die Wohngebiete der Arbeiter, die Wohnviertel der mittleren und höheren Angestellten korrespondieren mit den Ballungen tertiärer Arbeitsplätze. Berücksichtigt werden aber auch die Standorterfordernisse bestimmter Nutzungen wie die gute Erreichbarkeit des Einzelhandels und die Fühlungsvorteile verschiedener Nutzungen wie Einzelhandel, Finanzwesen und höherrangige Verwaltungen.

## 2.2 Kulturraumspezifische Stadttypen

Ebenso wie der geographische Stadtbegriff nicht für alle Städte gleichermaßen absolute Gültigkeit besitzt, gibt es auch kein Stadtmodell für die Stadt im Allgemeinen. Abgesehen von der Dauer der Stadtentwicklung und den historischen Strukturen prägt der jeweilige Kulturraum die Differenzierung der Physiognomie und der Funktionen innerhalb der Städte in charakteristischer Weise. Jede Gesellschaft schafft sich so in Abhängigkeit von den ökonomischen, kulturellen und politischen Gegebenheiten ihren eigenen Stadttyp.

Auf der Grundlage der unterschiedlichen Kulturerdteile lassen sich die im Folgenden beschriebenen Stadttypen unterscheiden.

### Die europäische Stadt

Die europäische Stadt zeichnet sich stärker als andere Stadttypen durch Vielfalt und weniger durch Einheitlichkeit aus. Dies hat seine Ursachen in der historischen Tiefe und der weiter vorangeschrittenen Entwicklung im Vergleich etwa zu den nordamerikanischen Städten und jenen in den Entwicklungsländern.

Die **ältesten Städte** in Europa wurden vor ca. 2 500–3 000 Jahren von den Griechen und vor mehr als 2 000 Jahren von den Römern gegründet. Viele große Städte wie London, Wien, Marseille oder Köln gehen auf solche antiken Vorsiedlungen zurück.

Die Mehrzahl der europäischen Städte entstand während einer **mittelalterlichen Gründungsphase**. Neben den bereits seit dem 9. Jh. gewachsenen Marktstädten wurden zwischen 1100 und 1400 zahlreiche Siedlungsgründungen durch fürstliche oder kirchliche Landesherren initiiert.

Zwischen 1550 und 1800 entstanden die **Residenzstädte**, planmäßige Stadtanlagen, die die Macht der absolutistischen Herrscher widerspiegeln sollten. Ein ebenfalls auf diese Gründungsphase zurückgehender Stadttyp ist die **Festungs- und Garnisonsstadt** mit ihren mächtigen Verteidigungsanlagen.

Mit Beginn der Industrialisierung im 19. Jh. kam es zur Gründung von **Industriestädten**, bevorzugt an verkehrsgünstigen Standorten oder in der Nähe von Bodenschätzen wie Steinkohle und Erzen. Dagegen wurden im 20. Jh. in Europa nur noch wenige neue Städte errichtet. Hierzu zählen etwa die englischen Gartenstädte, Industriestädte wie Wolfsburg oder die **Entlastungsstädte** im Umland der Metropolen London (New Towns) und Paris (Villes Nouvelles).

| Städtebau-epoche | Mittelalter (8.–15. Jh.) Handels- und Bürgerstadt | Absolutismus (16.–18. Jh.) Residenzstadt | Industrialisierung (19. Jh.) Industriestadt |
|---|---|---|---|
| Typisierungs-kriterien: Grundriss | 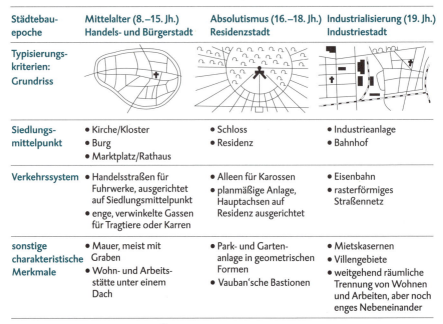 | | |
| Siedlungs-mittelpunkt | • Kirche/Kloster<br>• Burg<br>• Marktplatz/Rathaus | • Schloss<br>• Residenz | • Industrieanlage<br>• Bahnhof |
| Verkehrssystem | • Handelsstraßen für Fuhrwerke, ausgerichtet auf Siedlungsmittelpunkt<br>• enge, verwinkelte Gassen für Tragtiere oder Karren | • Alleen für Karossen<br>• planmäßige Anlage, Hauptachsen auf Residenz ausgerichtet | • Eisenbahn<br>• rasterförmiges Straßennetz |
| sonstige charakteristische Merkmale | • Mauer, meist mit Graben<br>• Wohn- und Arbeitsstätte unter einem Dach | • Park- und Gartenanlage in geometrischen Formen<br>• Vauban'sche Bastionen | • Mietskasernen<br>• Villengebiete<br>• weitgehend räumliche Trennung von Wohnen und Arbeiten, aber noch enges Nebeneinander |

M 46: Stadtentwicklung in Europa im Überblick

Das **Modell der europäischen Stadt** zeigt in der Stadtmitte den historischen Kern, die Altstadt, mit den ehemals zentralen Einrichtungen (Rathaus, Hauptkirche und Marktplatz). In vielen Städten repräsentiert das Zentrum heute den höchstrangigen Geschäftsbezirk für den tertiären Sektor. Subzentren des Einzelhandels finden sich außerhalb der Stadtmitte ebenso wie neue großflächige Einkaufszentren am Stadtrand. Der sekundäre Sektor konzentriert sich in den Stadterweiterungen des 19. Jh., die sich ringförmig um den innerstädtischen Bereich anordnen, sowie bandförmig entlang der Hauptverkehrslinien (Einfallstraßen, Eisenbahntrassen, evtl. Wasserstraßen). Neue ausgedehnte Industriegebiete liegen am Stadtrand und im suburbanen Umland. Die räumliche Anordnung der Wohngebiete der Unter-, Mittel- und Oberschicht entspricht den unterschiedlichen Wohnansprüchen und finanziellen Möglichkeiten der Stadtbewohner. So liegen die Wohnviertel der Unterschicht ebenso wie die der Migranten in der Nähe der frühen Industriegebiete im Stadtinnern, während die Mittel- und Oberschicht vorwiegend in den Außenbezirken oder im Stadtumland wohnt. Aber selbst im Stadtzentrum entstehen im Zuge der **Gentrifikation** wieder hochwertige Wohnungen in modernisierter, historischer Bausubstanz oder in exklusiven Neubauten.

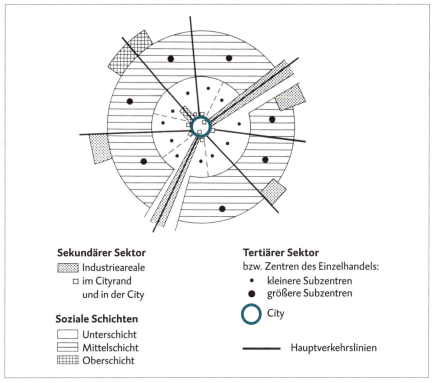

M 47: Modell der europäischen Stadt

Die Machtübernahme der kommunistischen Partei war verantwortlich für die Phase des **sozialistischen Städtebaus** in den Staaten Osteuropas und in der ehemaligen DDR nach 1945. Basierend auf der Vergesellschaftung von Grund und Boden sowie der zentralisierten Planung sollte die **sozialistische Stadt** klassenlos sein. Dies führte zum standardisierten und industrialisierten Wohnungsbau in Form von Plattenbausiedlungen, die sowohl in den kriegszerstörten Innenstädten als auch am Stadtrand errichtet wurden. Im Zentrum prägten neu angelegte große Plätze und sternförmig darauf zuführende breite Alleen für Militärparaden und Massenaufmärsche das Stadtbild, z. B. am Berliner Alexanderplatz. Da die Bodenpreise staatlich reglementiert waren, dominierte in den Innenstädten neben den zentralen Verwaltungs-, Kultur- und Einzelhandelseinrichtungen die Wohnfunktion. Idealtypisch umgesetzt wurden die Ideen des sozialistischen Städtebaus in den nach 1945 errichteten neuen Stadt-Industrie-Komplexen wie etwa Eisenhüttenstadt in Brandenburg.

## Die nordamerikanische Stadt

Die ältesten, meist spontanen Stadtgründungen in Nordamerika erfolgten an der Ostküste und entlang des Mississippi in den britischen und französischen Kolonien. Dagegen besitzen die Städte im Zentralraum und an der Westküste ihren Ursprung überwiegend in geplanten Siedlungskernen im Zuge der Landnahme im 18. und 19. Jh. und im Bau der kontinentalen Eisenbahnstrecken.

Die wesentlichen Merkmale dieser Siedlungen spiegeln sich im **Modell der nordamerikanischen Stadt** wider (M 49):

Der **Aufriss** der Stadt wird durch eine Konzentration von Hochhausbauten in der Stadtmitte geprägt. Der Bau der „Wolkenkratzer" im Stadtzentrum, dem **Central Business District (CBD)**, ist eine Folge der stark überhöhten Bodenpreise, verursacht durch die hohe Erreichbarkeit und die Standortgunst der City für hochwertige Dienstleistungen wie den Einzelhandel, Banken, Hotels sowie öffentliche und private Unternehmensverwaltungen und der Konzentration hochwertiger Kultureinrichtungen. Zum Stadtrand hin wird die Bebauung niedergeschossiger und extensiver. Dieses Muster wird nur durch die Hochhäuser in den neu entstandenen **Edge Cities** (Außenstadtzentren, siehe nächste Seite) unterbrochen.

M 48: Schrägluftbild Los Angeles

Der **Grundriss** wird von einem Schachbrettmuster bestimmt, eine Folge der quadratischen Landvermessung. Dieses Muster wird nur dort unterbrochen, wo historische Siedlungsstrukturen erhalten blieben, etwa in den Städten an der Ostküste oder im suburbanen Raum, wo sich neue individuelle Bauplanungen durchsetzen konnten.

Die nordamerikanische Stadt zeichnet sich durch eine deutlich **funktionale Differenzierung** der Stadtviertel aus, die sich auch in der Bausubstanz und der Physiognomie widerspiegelt. So ist in den älteren Stadtbereichen noch eine funktionale Mischung von Wohnen, Arbeiten und Handel in Verbindung mit dem räumlichen Nebeneinander von mehrgeschossigen älteren Miets- und Geschäftshäusern und Fabrikanlagen sichtbar. Mit zunehmender Entfernung vom Stadtzentrum erfolgt dagegen eine räumliche Entflechtung dieser Funktionen. Monofunktionale Wohngebiete mit eingeschossiger Bauweise, Verwaltungs- und Industrieparks sowie Commercial Strips entlang der Ausfallstraßen und Shopping Malls prägen das Stadtbild an der Peripherie und im Urban Sprawl.

Seit den 1980er-Jahren wird eine weitere Form der Suburbanisierung offenbar, die sogenannten **Edge Cities**. Es handelt sich dabei um randstädtische Zentren, in denen die Anzahl der Arbeitsstellen die Wohnbevölkerung übersteigt. Die meisten Arbeitsplätze entfallen vorrangig auf Verwaltungstätigkeiten von hoch qualifizierten Arbeitskräften. Diese Zentren sind keine untergeordneten Sekundärzentren, sondern können sogar im Einzelfall eine höhere Wertigkeit einnehmen als der jeweilige CBD. Veränderte Pendlerstrukturen sind die Folge – neben den von außen in das Stadtzentrum gerichteten radialen Pendlerströmen treten zunehmend tangentiale Pendlerströme aus den „traditionellen" Wohnvororten in die suburbanen Edge Cities auf.

Die Lage und Differenzierung der Wohngebiete weist auf ein hohes Maß an sozialer und ethnischer Segregation hin. Die Motivation für die Wahl des Wohnstandorts innerhalb des Stadtraumes ist das Bedürfnis nach sozialer Homogenität. So ist etwa mit einem sozialen Aufstieg durch eine höhere berufliche Stellung in der Regel auch eine räumliche Mobilität durch den Umzug in ein höherwertiges Wohnviertel verbunden. Neue Wohnformen wie Gated Communities weisen in Richtung einer zunehmenden sozialen Segregation.

Die Sanierung und Renovierung traditioneller Bausubstanz und deren Umwidmung von einer gewerblichen Nutzung in exklusive Wohnungen fördert die **Gentrifikation**, den sozialen Aufstieg der Innenstädte. Wohlhabende Bevölkerungsgruppen schätzen die Attraktivität des innerstädtischen Lebens, während die vorherige einkommensschwächere Bevölkerung verdrängt wird.

# Eine Welt – städtische Räume und deren Wandel

**Labels (von links nach rechts, über der Stadtsilhouette):**

- Umlandwohnen in Form von geplanten Apartmentkomplexen und Einzelhausbebauung
- Forschung und Entwicklung, Büro- und Industrieparks, vor allem an wichtigen Verkehrsknotenpunkten edge cities; davon ausgehend Entwicklung von Hightech-Korridoren
- Slums, Ghettos, Minderheiten, Hypersegregation, zum Teil Suburbanisierung der Schwarzen
- Sozialer Wohnungsbau
- Stellenweise gentrifizierte Bereiche: Cityrandwohnungen von Weißen
- Gated Communities
- Abrissflächen, vorwiegend als Parkplatz genutzt
- Parkhäuser, Hotels, Wohnhochhäuser, z. T. Gentrification, Ausbau von Freizeit- und Tagungskomplexen
- CBD (mit Expansion) Finanzsektor Managementsektor
- Parkhäuser, Hotels, Wohnhochhäuser, z. T. Gentrification, Ausbau von Freizeit- und Tagungskomplexen
- Abrissflächen, vorwiegend als Parkplatz genutzt
- Slums, Ghettos, Minderheiten, Hypersegregation, zum Teil Suburbanisierung der Schwarzen
- Sozialer Wohnungsbau
- Stellenweise gentrifizierte Bereiche: Cityrandwohnungen von Weißen
- Gated Communities
- Umlandwohnen in Form von geplanten Apartmentkomplexen und Einzelhausbebauung
- Forschung und Entwicklung, Büro- und Industrieparks, vor allem an wichtigen Verkehrsknotenpunkten edge cities; davon ausgehend Entwicklung von Hightech-Korridoren

**Zonen:** Umland | Übergangsbereich | Stadtgrenze | Central Business District (CBD) Downtown | Übergangsbereich | Stadtgrenze | Umland

**Pfeile/Prozesse:** Suburbanisierung von Weißen, Suburbanisierung von Schwarzen, Suburbanisierung von Industrie und Dienstleistungen, Gentrifikation

**Legende:**
- Central Business District (CBD)
- Downtown
- Parkplätze
- Übergangsbereich
- Umland
- Sanierte Bereiche
- Apartmentkomplexe
- Industrie
- Gated Communities
- Sozialer Wohnungsbau
- Büropark, Forschung und Entwicklung
- Expansion
- Edge Cities
- Hightech-Korridor

M 49: Ein Modell der nordamerikanischen Stadt

## Die lateinamerikanische Stadt

Lateinamerika ist der am stärksten verstädterte Kontinent; der Anteil der städtischen Bevölkerung liegt bei über 80 %. Erste Städte entstanden zur Zeit der indianischen Hochkulturen. Sie wurden von den Kolonialmächten Spanien und Portugal meist zerstört, aber unter Beibehaltung des ehemaligen Straßenverlaufs neu errichtet. Die überwältigende Mehrzahl der Städte Lateinamerikas aber sind **Kolonialstädte**, die im 16. Jh. von den Spaniern und Portugiesen zur Absicherung ihrer politischen und wirtschaftlichen Interessen und als Ausgangspunkt zur Erschließung des Binnenlandes gegründet wurden. Diese Städte waren in Aufriss und innerer Gliederung vergleichsweise einheitlich, eine Folge verbindlicher Bauvorschriften in den spanischen Kolonien. Bestimmendes Merkmal war im Zentrum ein Schachbrettgrundriss mit dem Hauptplatz, der Plaza Mayor. An deren Seiten standen die Repräsentationsbauten wie die Kathedrale, das Rathaus, Gerichtsgebäude und Schulen. Daran schlossen sich die Wohnhäuser des Adels und der Oberschicht an, meist mit großen Innenhöfen. Nach außen folgten die Wohnviertel der Händler, Handwerker und Angestellten. Am Stadtrand lagen die Lehmhütten der Indianer und z. T. auch der Sklaven. Diese kolonialzeitliche Stadtstruktur ist noch heute in manchen abseits gelegenen Kleinstädten Lateinamerikas persistent.

Das massive Bevölkerungswachstum als Folge der europäischen Einwanderung, der immensen Landflucht und des hohen Geburtenüberschusses und die Einbindung in die Weltwirtschaft verursachten seit dem 19. Jh. eine Auflösung der traditionellen funktionellen und sozialräumlichen Ordnung in den lateinamerikanischen Städten.

Die **Stadtentwicklung in der Gegenwart** spiegelt die fortschreitende Industrialisierung und Tertiärisierung ausgewählter Stadtbereiche einerseits und die soziale Differenzierung der Wohnviertel der Bevölkerung andererseits wider. Im **Zentrum** verdrängten Handelshäuser, Banken, Unternehmensverwaltungen und der Einzelhandel die Oberschicht, die sich nun bevorzugt in landschaftlich attraktiven Standorten am Stadtrand oder im Umfeld neu geschaffener Parkanlagen niederließ. Heruntergekommene Bürgerhäuser wurden entweder aufgeteilt, um die so geschaffenen Einzimmerwohnungen an Zuwandererfamilien zu vermieten, oder mussten mehrgeschossigen Mietshäusern weichen. Da die Eigentümer kaum noch in den Erhalt der traditionellen Bausubstanz investierten, ist der bauliche Verfall dieser **innerstädtischen Marginalviertel** vorbestimmt. Am **Stadtrand** entstanden im Zuge der Industrialisierung ausgedehnte Industrie- und Gewerbegebiete und Arbeitersiedlungen.

Der hohe Bevölkerungsdruck ließ die Städte auch flächenmäßig rasch wachsen. Informelle, illegal errichtete **Hüttensiedlungen** entstanden entlang von

Eisenbahnlinien und Ausfallstraßen, meist ohne Infrastruktur wie Strom- und Wasserversorgung oder die Entsorgung von Abwässern und Müll. Diese **randstädtischen Marginalsiedlungen**, die Favelas in Brasilien oder die Barridas in Peru, sind wie die wachsende Zahl von Gated Communities Ausdruck einer zunehmenden sozialen Segregation in den Städten Lateinamerikas.

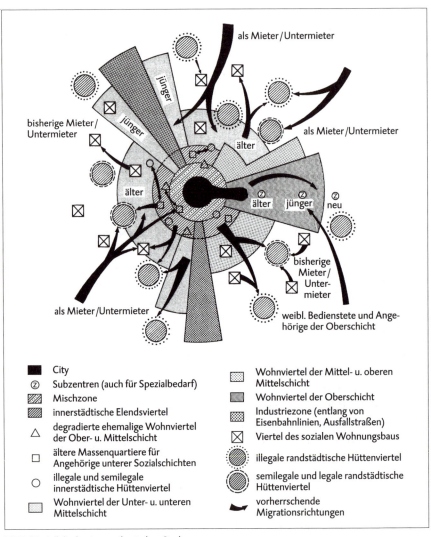

M 50: Modell der lateinamerikanischen Stadt

## Die orientalisch-islamische Stadt

Der Ursprung des Städtewesens liegt im Orient, wo es bereits im dritten Jahrtausend v. Chr. Siedlungen gab, die als Städte bezeichnet werden können. Im Laufe ihrer Geschichte wurden die Städte des Orients vor allem durch zwei Prozesse überprägt, die **Islamisierung** seit dem 7. Jh. und die **Verwestlichung** seit dem 19. Jh. Letztere hatte die heutige **duale Stadtstruktur** von Altstadt (Medina) und Neustadt zur Folge. Charakteristische Merkmale der traditionellen **Medina** sind:

- Der unregelmäßige **Sackgassengrundriss** dominiert abseits der Hauptstraßen, die das Stadtzentrum mit den Toren verbinden. Die Sackgassen dienen dem Schutz der Privatsphäre gleichermaßen wie das traditionelle ein- bis höchstens zweigeschossige Wohnhaus, das um einen Innenhof angeordnet ist und dessen Außenwände fensterlos sind.
- Die **Große Moschee** oder **Freitagsmoschee** stellt das religiöse und gesellschaftliche Zentrum der Stadt dar.
- Der **Suk** oder **Basar** liegt zentral in der Altstadt nahe der Großen Moschee. Er ist der wirtschaftliche Mittelpunkt für Handel, Gewerbe und Finanzgeschäfte. Die **Branchensortierung** ist sowohl beim Handel als auch beim Handwerk besonders streng. Häufig sind die engen Basargassen durch Überdachungen vor der Sonne geschützt und können nachts durch Tore verschlossen werden. Im Basar gibt es keine Wohnungen.

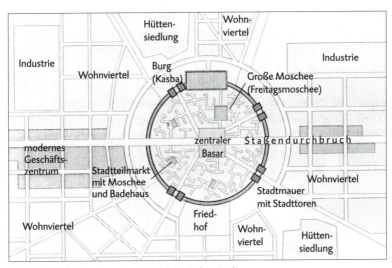

M 51: Modell der heutigen orientalisch-islamischen Stadt

- Die meist homogene Einwohnerschaft der verschiedenen **Wohnviertel** in der Altstadt zeichnet sich durch gleiche Religionszugehörigkeit oder ethnische bzw. regionale Herkunft aus. Die sozialen Kontakte sind innerhalb eines Wohnviertels eng geknüpft, zwischen den verschiedenen Vierteln aber meist wenig entwickelt. Jedes Wohnquartier besitzt seine eigenen zentralen Einrichtungen wie Gotteshaus (Moschee, Kirche, Synagoge), Markt, Badehaus, Schule und Friedhof.
- **Zitadelle** und **Stadtmauer** dienten einst dem Schutz und waren Verwaltungs- und Repräsentationsbauten des Herrschers und der Militärverwaltung.

Ursachen des **Wandels der orientalisch-islamischen Stadt** sind das städtische Wachstum und der Modernisierungsprozess, der besonders früh dort einsetzte, wo französische, britische und russische Kolonialherren im 19. Jh. die Macht übernahmen.

Wegen des Bevölkerungswachstums dehnte sich die Wohnbebauung über die Stadtmauer hinaus aus. Neue Stadtteile wurden errichtet, mit europäisch geprägter Wohnbebauung, regelmäßigem Straßengrundriss und modernen Geschäftszentren in der Nähe zu den Stationen der Überlandbusse und der Eisenbahn. Entlang der Verkehrsleitlinien und am Stadtrand entstanden neue Gewerbe- und Industriegebiete.

Im Zuge der modernen Stadtentwicklung ist die traditionelle ethnisch-religiöse Segregation der Bevölkerung einer sozialräumlichen Differenzierung gewichen. Die vermögende Oberschicht kehrte als erste Bevölkerungsgruppe der eng bebauten Altstadt den Rücken und ließ sich in den neuen, nach europäischem Vorbild angelegten Villenvierteln nieder. Ebenso bevorzugt die eher westlich orientierte Mittelschicht heute moderne Wohnungen in der Neustadt. Im Gegensatz dazu finden in den degradierten innerstädtischen Wohnquartieren und in den am Stadtrand entstehenden informellen Hüttensiedlungen vor allem Zuwanderer und Arbeitsuchende eine einfache und billige Unterkunft.

## Übungsaufgaben: Stadtentwicklung in unterschiedlichen Kulturräumen

Aufgabe 18  M 52 zeigt modellhaft die Grundrisse der Innenstädte einer europäischen, nordamerikanischen und orientalischen Stadt. Ordnen Sie die abgebildeten Grundrisse begründet einem Stadttyp zu, indem Sie die charakteristischen Merkmale herausarbeiten und erläutern.

A

B

C

M 52 Modellhafte Darstellung des Grundrisses europäischer, orientalischer und nordamerikanischer Städte

Aufgabe 19  Die Mehrzahl der europäischen Städte kann auf eine jahrhundertelange Stadtgeschichte zurückblicken.

a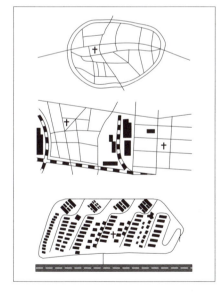

M 53 zeigt drei Stadtgrundrisse aus verschiedenen Epochen. Ordnen Sie die Grundrisse verschiedenen Zeitepochen zu und charakterisieren Sie den jeweiligen Stadttyp hinsichtlich der Funktionen Arbeiten, Wohnen und Verkehr.

M 53: Stadtgrundrisse aus verschiedenen Epochen

b  Arbeiten Sie mithilfe von M 54 wesentliche Merkmale einer typischen europäischen Großstadt heraus und erläutern Sie die verschiedenen Gliederungsprinzipien, die sich im Stadtmodell M 54 widerspiegeln.

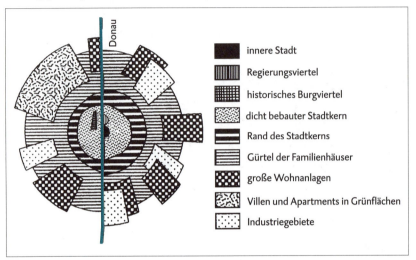

M 54: Stadtmodell von Budapest

# 3 Megastädte und deren Entwicklungsprobleme

## 3.1 Metropolisierung und Megapolisierung

Bis zum Jahr 2015 wird sich laut einer Prognose der Vereinten Nationen die Zahl der Millionenstädte weltweit von gegenwärtig 245 auf 358 erhöhen. Eine Stadt mit mehr als einer Mio. Einwohner, monozentrischer Struktur und einer Bevölkerungsdichte von mindestens 2 000 Einwohnern pro Quadratkilometer wird als **Metropole** bezeichnet. Weitergehende Definitionen sehen eine Metropole als politischen, kulturellen und wirtschaftlichen Mittelpunkt eines Landes mit Regierungs- und Verwaltungseinrichtungen, hochwertigem Waren- und Dienstleistungsangebot sowie zahlreichen kulturellen Einrichtungen wie Museen und Theatern.

2011 lebten im Durchschnitt mehr als 20 % der Weltbevölkerung in solchen Metropolen. Der **Metropolisierungsgrad**, das heißt der Anteil der städtischen Bevölkerung eines Landes in Städten mit mehr als einer Mio. Einwohnern, beträgt in den am wenigsten entwickelten Ländern 12 %, in den hoch entwickelten Staaten ca. 18 % und in den Schwellenländern mehr als 20 %. In Lateinamerika leben sogar 34 % der städtischen Gesamtbevölkerung in Millionenstädten.

Ähnliches ist bei der **städtischen Konzentration** festzustellen, dem Anteil der Einwohner der größten Stadt des Landes an der gesamten Stadtbevölkerung. Im weltweiten Durchschnitt leben 16 % der Stadtbewohner (alle Angaben für das Jahr 2010) in der jeweils größten Stadt des Landes. Auffällig ist, dass gerade in ärmeren Ländern die städtische Konzentration besonders hoch ist, in Afrika südlich der Sahara beträgt sie 26 %. In Lateinamerika leben im Durchschnitt 22 % der Bevölkerung in der größten Stadt des Landes, in Chile und Peru sogar annähernd 40 %.

Dagegen gilt für Brasilien das Gleiche wie für China und Indien: Diese Länder sind zu groß und bevölkerungsreich, um die Verstädterung auf ein einziges Zentrum, die **Primatstadt**, zu konzentrieren. In beiden Ländern ist die städtische Konzentration gering, nur 3 % der chinesischen bzw. 6 % der indischen Bevölkerung leben in der jeweils größten Stadt Shanghai bzw. Mumbai. Dagegen ist in Japan die städtische Konzentration extrem hoch: Dort leben über 40 % der städtischen Bevölkerung im Ballungsraum Tokio.

# Eine Welt – städtische Räume und deren Wandel

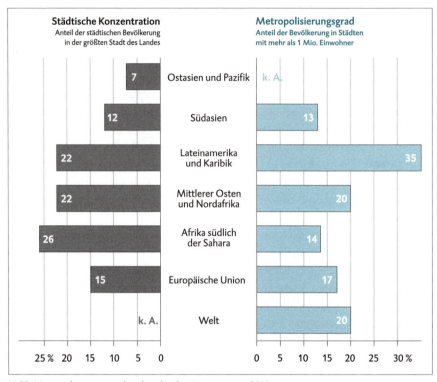

M 55: Metropolisierungsgrad und städtische Konzentration 2010

Die rasante Verstädterung in der zweiten Hälfte des 20. Jh. führte zu einem neuen Phänomen, der Zusammenballung von mehreren Mio. Menschen in einer einzigen Stadt oder Agglomeration. 2011 wohnten weltweit über 350 Mio. Menschen in solchen **Megastädten**, deren Einwohnerzahl die 10-Mio.-Grenze überschritten hat. Besonders das hohe Bevölkerungswachstum in den Entwicklungsländern hat den Prozess der **Megapolisierung**, der Bevölkerungskonzentration in Megastädten, gefördert.

1950 waren New York und Tokio die einzigen Megastädte, 1975 kam Mexiko-Stadt als erste Metropole des Südens hinzu. Im Jahr 2011 waren es 30 Megastädte, davon zehn in entwickelten Staaten, 20 in Entwicklungsländern. Die Schätzungen bis 2015 zeigen nur noch eine geringe Zunahme der Zahl der Megastädte. Allerdings wird in den Entwicklungsländern die Einwohnerzahl in den Megastädten weiterhin ansteigen, während diese in den hoch entwickelten Staaten stagniert.

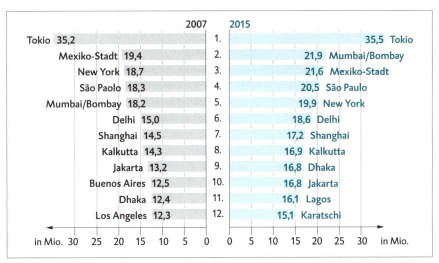

M 56: Megastädte und städtische Agglomerationen mit mehr als 10 Mio. Einwohnern, 2007 und 2015

Der Globalisierungsprozess bewirkt neben einer zunehmenden Verflechtung der Weltwirtschaft eine Veränderung der Struktur, des Aussehens und vor allem der Hierarchie des internationalen Städtesystems. Herausragende Bedeutung besitzen die **Global Cities**, die Knotenpunkte eines weltumspannenden Netzwerks, durch das Güter, Informationen und Kapital transferiert werden.

**Indikatoren zur Einordnung in die Hierarchie der Global Cities**

- Zahl und Umsatz der Firmensitze der 500 größten transnationalen Unternehmen,
- Zahl der Hauptverwaltungen der 500 größten Banken,
- Sitz der umsatzstärksten Börsen,
- bedeutendste internationale Flughäfen nach Anzahl der Passagiere und Frachtaufkommen,
- führende Seehäfen nach dem Umschlag,
- Sitz bedeutender internationaler Institutionen.

Die Kontrollfunktionen der Weltwirtschaft konzentrieren sich auf die „Großen Vier", die **Weltstädte** New York, London, Paris und Tokio. Eine Gruppe weiterer Städte, zu denen Los Angeles, Chicago, Singapur, Brüssel, Frankfurt/Main und Shanghai zählen und die teilweise nicht einmal Millionenstädte sind, besitzen ebenfalls eine herausragende Bedeutung für weltweite Entscheidungs- und Handlungsabläufe.

## 3.2 Probleme der Megastädte

Aus der extremen Bevölkerungskonzentration resultieren gravierende infrastrukturelle und ökonomische Probleme. Die von staatlichen Stellen ausgehende Stadtplanung kann vor allem in den Entwicklungs- und Schwellenländern in den Bereichen Wohnungsbau, Arbeitsplatzbeschaffung, Bildungs- und Gesundheitswesen, Verkehr sowie Umweltschutz mit der Bevölkerungsentwicklung kaum Schritt halten.

### Slumbildung und Marginalisierung

Parallel zum Bevölkerungswachstum in den Metropolen und Megastädten vollzieht sich eine zunehmende **räumliche Segregation**. Diese findet ihren sichtbaren Ausdruck in der großen Zahl von Marginalsiedlungen, die das gesamte Stadtgebiet zahlreicher Metropolen vor allem in den Entwicklungsländern durchsetzen. Es kann als gesichert gelten, dass

- mindestens die Hälfte der Metropolen- und Megastadtbevölkerung in Marginalsiedlungen lebt und
- mindestens die Hälfte der Bausubstanz, in einigen Städten sogar bis zu 75 % informell entstanden ist.

Als **Marginalisierung** wird der soziale Abstieg von Bevölkerungsgruppen bezeichnet, die in einer wirtschaftlichen, gesellschaftlichen und physischen Randexistenz leben. Die Marginalsiedlungen sind das sichtbare Ergebnis solcher Entwicklungen. Zwei **Formen der Marginalsiedlungen** sind grundlegend zu unterscheiden:

- Informell entstandene illegale Siedlungen, die fast geschlossen die Ränder aller Großstädte der Dritten Welt belegen. In geringerer Anzahl finden sie sich auch, meist an naturräumlich ungünstigen Standorten wie z. B. steilen Hanglagen oder Flussufern, im innerstädtischen Bereich.
- baulich und infrastrukturell degradierte, stark verdichtete ehemalige Wohnviertel der Ober- und oberen Mittelschicht in den Innenstädten. Diese **Slums** sind durch eine heruntergekommene Bausubstanz, Verwahrlosung, hohe Wohndichte und ein hohes Maß an sozialem Verfall, etwa Kriminalität, Prostitution und Drogenkonsum, gekennzeichnet. Häufig werden unter dem Slum-Begriff alle Formen städtischer Marginalsiedlungen subsumiert.

Megastädte und deren Entwicklungsprobleme / 97

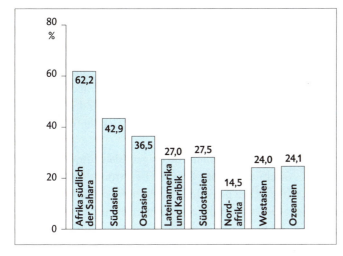

M 57: Prozentsatz der Stadtbevölkerung, der in Slums lebt, nach Regionen 2005

Das kaum mehr kontrollier- und überschaubare Flächenwachstum mit einer informellen, ungeordneten Bebauung ist eines der zentralen Problemfelder der Stadtplanung in den Metropolen und Megastädten. Der **informelle Wohnungsbau** ist durch folgende Merkmale gekennzeichnet:
- illegale Besetzung von Grundstücken, die sich im öffentlichen oder privaten Eigentum befinden (squatting, **Squattersiedlung**),
- Kauf von sehr kleinen Parzellen aus privatem Besitz ohne grundbuchamtliche Eigentumsübertragung,
- Bauen ohne amtliche Baugenehmigung,
- Nichtbeachtung von Bauvorschriften wie Geschosszahl, infrastrukturelle Erschließung, Baumaterialien,
- Bauen in Selbsthilfe, häufig staatlich toleriert zur Schaffung von Wohnraum für untere Sozialschichten.

Marginalsiedlungen werden vielfach als **„slums of despair"** bezeichnet, wo Tausende von Zuwanderern eine erste Unterkunft finden. Allzu oft wird die Hoffnung der Neuankömmlinge auf einen sicheren und gut bezahlten Arbeitsplatz und den damit verbundenen sozialen Aufstieg enttäuscht, sodass die menschenunwürdigen Lebensbedingungen in den Slums der Großstädte, Armut und Hoffnungslosigkeit zu einem Dauerzustand werden. Auf der anderen Seite bewerten viele Stadtgeographen diese Siedlungen auch als **„slums of hope"**, da in ihnen als Folge des Bestrebens der Bewohner nach wirtschaftlichem und sozialem Aufstieg oft eine außerordentliche Dynamik herrscht. Viele ehemalige Hüttensiedlungen haben sich zu respektablen Vororten entwickelt.

In vielen Städten versuchte die Stadtverwaltung anfangs noch mithilfe der Polizei oder des Militärs, durch die Zerstörung der einfachen Behausungen und durch Zwangsumsiedlungen die Errichtung von Squattersiedlungen zu verhindern. Inzwischen sind die Verantwortlichen aber bereit, diese illegalen und informellen Siedlungen durch verschiedene **Maßnahmen** anzuerkennen:

- Die **rechtliche Legalisierung** erfolgt durch die politische und administrative Anerkennung des Stadtviertels, Vermessung der Parzellen und Eintragung der neuen Besitzer in die Katasterpläne.
- Die Verbesserung der technischen **Infrastruktur** geschieht durch den Bau von Straßen und den Anschluss an das öffentliche Strom-, Wasser- und Kanalnetz (zum Teil durch staatlich geförderte Selbsthilfeprojekte) sowie die Erschließung der Marginalsiedlungen durch den öffentlichen Personennahverkehr.
- Die **Eigenarbeit der Bewohner** wird durch Bereitstellung von Baumaterial und Hilfen bei der Verbesserung der bestehenden Bausubstanz gefördert.

Grundlage dieses Paradigmenwechsels ist die Erkenntnis, dass die illegalen Bauherren die stets finanzschwachen städtischen Behörden von der kaum zu bewältigenden Aufgabe, ausreichend Wohnraum und soziale Infrastruktur für die Masse der Zuwanderer zu schaffen, entlasten. Die Selbsthilfeprojekte verhindern die Isolierung und Entwurzelung der Zuwanderer, und sie leisten schließlich auch einen Beitrag zur Minderung der Arbeitslosigkeit.

Trotzdem schätzen die Experten der UN, dass die Zahl der Slumbewohner weltweit von heute etwas über einer Mrd. auf rund 1,3 Mrd. 2015 und bis 2030 auf zwei Mrd. weiter anwachsen wird. Dramatisch ist vor allem die Lage in **Afrika südlich der Sahara**, wo sich fast das gesamte Städtewachstum in den Slums vollzieht und in manchen Metropolen wie etwa Daressalam, Kinshasa oder Khartum bereits bis zu 80 % der Bewohner in Marginalsiedlungen leben. Hier werden die Städte, bislang Symbol und Chance für ein besseres Leben, zunehmend zur **Armutsfalle** für die schier endlose Zahl von Zuwanderern aus den ländlichen Regionen und den politischen sowie naturbedingten Katastrophenräumen.

### Unterbeschäftigung und informeller Sektor

Das **Beschäftigungsproblem** in den Großstädten vor allem der Entwicklungsländer kommt keineswegs in hohen Arbeitslosenquoten zum Ausdruck. So schätzen Experten die Arbeitslosigkeit unter der Stadtbevölkerung Lateinamerikas auf ca. 5 %. Der Grund für den erstaunlich niedrigen Wert liegt darin, dass vermutlich ein Großteil der Menschen ohne festen Arbeitsplatz gar nicht registriert ist, da es keine staatliche Arbeitslosenunterstützung und auch keine öffentliche Arbeitsvermittlung gibt. Tatsächlich ist aber der Arbeitsmarkt in den Städten nicht in der Lage, die wachsende Zahl der jungen Bevölkerung und Zuwanderer aufzunehmen. Dies gilt besonders für den industriellen Sektor, trotz vieler neu geschaffener Arbeitsplätze im Zuge der nachholenden Industrialisierung und umfangreicher europäischer und nordamerikanischer Investitionen in neue Fertigungsbetriebe.

Die wichtigste Entwicklung auf dem Arbeitsmarkt der städtischen Bevölkerung ist die enorme Zunahme der **informellen Beschäftigung**. Deren Anteil beträgt laut Schätzungen der Vereinten Nationen bis zu 50 % aller Arbeitsverhältnisse in den Großstädten der wenig entwickelten Staaten. Für die Mehrzahl der Zuwanderer besteht kaum eine Chance, eine geregelte, sprich formelle Arbeit zu finden. Oft bieten sich nur bescheidene Verdienstmöglichkeiten im informellen Sektor als Gelegenheitsarbeiter, ambulante Händler oder Handwerker und Müllsammler, als Haushalts- und Küchenhilfen. **Merkmale** einer solchen informellen Tätigkeit sind:
- keine schriftlich fixierten Arbeitsverträge;
- häufig nur stundenweise oder tageweise Beschäftigung;
- die Tätigkeit erfolgt selbstständig und auf eigenes Risiko;
- keine Beachtung von Arbeitsschutzgesetzen;
- keine gesetzliche Absicherung bei Krankheit oder Unfall;
- Vorherrschen von kleinen Betriebsgrößen, meist Familienunternehmen;
- Einsatz arbeitsintensiver und meist unproduktiver Technologien.

Der informelle und der formelle Sektor sind oft miteinander verknüpft. Viele informell tätige Handwerker und Händler beziehen ihre Rohstoffe und Handelsgüter vom formellen Sektor, der seinerseits wiederum Aufträge an die informellen Betriebe vergibt. Ein wesentlicher **Vorteil** des informellen Sektors ist seine große Flexibilität. Daneben zeichnet er sich durch ein hohes Maß an Kreativität, Improvisations- und Innovationsfähigkeit aus. Im Gegensatz zur früheren Diskriminierung wird der informelle Sektor heute als ein möglicher Ansatz zur Bekämpfung der Unterbeschäftigung in den Metropolen und Megacities der Dritten Welt bewertet.

**Stadtökologische Probleme**

Zu den Wohnungs- und Arbeitsmarktproblemen treten in rasch zunehmender Dimension stadtökologische Probleme hinzu. Die prekäre Wasserversorgung, die unkontrollierte Abwasser- und Müllentsorgung sowie die steigende Luftverschmutzung durch die Industrie und den Verkehr belasten die Umwelt in besonders problematischer Weise.

Bei der Quantität und der Qualität der **Wasserversorgung** gibt es enorme Unterschiede etwa zwischen „reicheren" Stadtvierteln und den Marginalsiedlungen. So müssen die Bewohner der informellen Siedlungen das Wasser oft überteuert von privaten Wasserverkäufern oder Tankwagen kaufen, die das kostbare Nass häufig illegal aus nicht kontrollierten Quellen oder Oberflächengewässern schöpfen. Deswegen beträgt der Wasserverbrauch in den informellen Siedlungen auch nur die Hälfte des städtischen Durchschnittswerts.

Die Städte in den hoch entwickelten Ländern sind längst mit flächendeckenden Abwassersystemen ausgestattet. Dagegen besitzen die meisten Großstädte in Asien, Afrika und Lateinamerika nur selten solche Abwassernetze mit modernen Kläranlagen. Hier fließen die **Abwässer** mehr oder weniger unkontrolliert in die nächstgelegenen Bäche, Flüsse oder ins Meer. Die Auswirkungen auf den Gesundheitszustand der Stadtbewohner vor allem in den inner- und randstädtischen Slums sind besorgniserregend, wofür häufig auftretende Durchfall-, Typhus- oder Choleraerkrankungen ein deutliches Indiz sind.

Ebenso gibt es des Öfteren kein effizientes Konzept für die städtische **Müllentsorgung**. Haus- und Industriemüll landen entweder auf offenen Müllkippen oder werden unkontrolliert verbrannt. Gleichzeitig findet man in den Städten der Dritten Welt aber ein effektives Müll-Recycling. Die informell tätigen Müllsammler sorgen für eine fast vollständige Wiederverwertung von Metall, Glas, Papier und anderen Wertstoffen. Selbst der organische Müll wird zur Kleinviehhaltung in den Hüttensiedlungen genutzt.

| Stadt | Wasserverbrauch (Liter/Pers./Tag) | Vergleichswert informelle Siedlungen | Klärung der Abwässer (%) | offene Müllkippen, offene Verbrennung (%) |
|---|---|---|---|---|
| Abidjan | 40 | 20 | 45 | 72 |
| Lagos | 45 | 22 | k. A. | k. A. |
| Karatschi | 132 | 63 | 10 | 71 |
| Jakarta | 162 | | 16 | k. A. |
| Lima | 108 | | 4 | 36 |
| Montevideo | 173 | | 34 | 100 |
| Berlin | 112 | | | |
| New York | 448 | | | |

M 58: Städtische Infrastruktur und Umweltprobleme 2007

Die Ausuferung der Großstädte führt zu weiteren ökologischen Belastungen. Wegen der immer längeren Wege zwischen den Wohngebieten und den Arbeitsplätzen wächst auch die Verkehrsdichte. Der Ausbau von U- und S-Bahnen wird wegen der hohen Investitionskosten vernachlässigt, sodass unzählige Busse, Kleinbusse und Sammeltaxis die Hauptlast des öffentlichen Massenverkehrs tragen. Hinzu kommt der private Autoverkehr, der in Asien und Lateinamerika schneller als die Stadtbevölkerung wächst. Die resultierende **Luftverschmutzung** erreicht in manchen Metropolen wie etwa Mexiko-City solche Ausmaße, dass mithilfe von Fahrverboten versucht wird, der alltäglichen Verkehrslawine Einhalt zu gebieten. Durch Emissionen der Industriebetriebe wird die Luftqualität in den Ballungsräumen zusätzlich beeinträchtigt.

### Übungsaufgaben: Megastädte und deren Entwicklungsprobleme

**abe 20** 1950 hatten nur New York und Tokio mehr als 10 Mio. Einwohner. 2011 gab es bereits 30 Megastädte, von denen aber nur zehn in entwickelten Staaten lagen. Begründen Sie diese Entwicklung vor dem Hintergrund unterschiedlicher demographischer Prozesse in den entwickelten und weniger entwickelten Staaten.

**abe 21** Diskutieren Sie ausgehend von M 58 und M 59 Ursachen und Folgen sozialer und räumlicher Disparitäten in den Megastädten der Dritten Welt.

M 59: Armenviertel in Addis Abeba, Äthiopien, eingestreut ins Zentrum der Stadt

# 102 Eine Welt – städtische Räume und deren Wandel

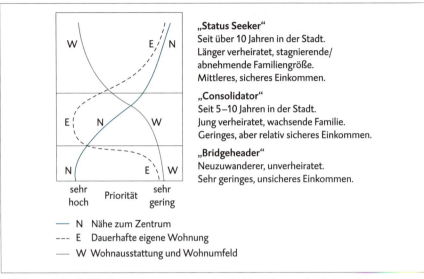

M 60: Innerstädtische Wanderungsbewegungen unterer Sozialschichten und peripheres Wachstum lateinamerikanischer Metropolen

Aufgabe 22 Erörtern Sie Chancen und Risiken, die sich sowohl aus dem informellen Wirtschaftssektor als auch aus dem informellen Wohnungsbau für breite Bevölkerungsschichten in den Megacities in Asien, Afrika oder Lateinamerika ergeben können.

# Eine Welt – Globalisierung

Der Begriff **Globalisierung** wird heute bipolar diskutiert: Globalisierungsprozesse werden einerseits als wirtschaftliche Chance vor allem für Staaten mit Entwicklungsdefiziten und jene, die auf eine weltweite Markterweiterung hoffen, dargestellt. Andererseits werden sie als desozialisierender Mechanismus innerhalb der Weltwirtschaft verteufelt. Eine Gesamtbetrachtung der Globalisierungstendenzen wird durch die enorme Komplexität unzähliger, ineinandergreifender und sich verändernder Teilprozesse erschwert.

Ab Herbst 2008 erlebten die Menschen mit dem Zusammenbruch des US-amerikanischen Bankensystems und deren globalen Folgen die erste schwerwiegende wirtschaftliche Unterbrechung des Globalisierungsprozesses und damit die schlimmste Wirtschaftskrise seit Ende des Zweiten Weltkriegs. Globalisierung bedeutet seitdem auch, dass wirtschaftliche und gesellschaftliche Negativmerkmale schnell und äußerst intensiv über den Erdball verteilt werden und globalen Schaden verursachen können.

## 1 Globalisierung von Produktion und Absatz

### 1.1 Begriffsdefinition und Historie

Globalisierung ist allgemein als **Intensivierung globaler Verflechtungen auf transnationaler und interaktionärer Ebene** in den Bereichen Wirtschaft, Politik, Ökologie, Kultur, Kommunikation, Technologie und Kapitalbeschaffung zu verstehen.

Als erster wirtschaftlich und gesellschaftlich globalisierend wirkender Prozess kann das **Zeitalter der Industrialisierung** mit seinem Höhepunkt im Europa und Nordamerika des 19. Jh. betrachtet werden. Die **Ursprünge der Globalisierung** betreffen Zeitpunkte und Zeiträume, in denen der Mensch globale Konzepte und Entwicklungsstrategien zur Behebung bestehender oder drohender Probleme formuliert. TH. R. MALTHUS erläuterte bereits 1798 in seinem Werk *An Essay on the Principle of Population, as it effects the Future Improvement of Society* die möglichen zukünftigen Probleme der Menschheit bei der Nahrungsmittelversorgung und der daraus potenziell resultierenden sozioökonomischen Konflikte.

Der **Club of Rome**, eine 1968 ins Leben gerufene Vereinigung von Persönlichkeiten aus Wissenschaft, Kultur, Wirtschaft und Politik, entwarf in den 1970er-Jahren Szenarien über die begrenzte Verfügbarkeit der Ressourcen und mögliche daraus ableitbare Global-Problematiken. Viel diskutiert wurde der Bericht *Limits to Growth* (*Die Grenzen des Wachstums*, 1972), der erste der regelmäßig erscheinenden „Berichte an den Club of Rome" zur Weltlage.

Der Begriff der Globalisierung erfährt seit dem Zerfall der ehemaligen Sowjetunion und den damit verbundenen **Transformationsprozessen** hin zu marktwirtschaftlich orientierten Strukturen in den ehemaligen Ostblockländern zudem neue Dimensionen.

## 1.2 Wirtschaftliche Hauptprozesse der Globalisierung

Folgende wirtschaftliche Prozesse begleiten die Globalisierung:

- Zunehmende **Internationalisierung** des internationalen Handels im Waren-, Dienstleistungs-, Kapital-, Technologie- und Informationssektor und im Bereich des Transportwesens, dadurch Verschärfung der internationalen Konkurrenzsituation.
- Globaler Trend zur **Deregulierung** und **außenwirtschaftlichen Liberalisierung** der Märkte bei gleichzeitiger Schwächung der Bestimmungs- und Verfügungsgewalt nationaler Regierungen: Handelshemmnisse (z. B. Zölle) werden vereinfacht, ebenso staatliche Vorschriften (Entbürokratisierung), Staatsunternehmen werden privatisiert etc.
- Wirtschaftliche **Regionalisierung** von Staatengruppen (z. B. EU, NAFTA, ASEAN etc.), teilweise mit dem Ziel der Schaffung von starken Schutzgemeinschaften und größeren Absatzchancen auf den Binnenmärkten.
- Globale **Vernetzung der Kapitalmärkte:** Die hieraus entstandene Erhöhung der **Mobilität des Finanzkapitals** (hinsichtlich Schnelligkeit der Verfügbarkeit) wird als eine der Haupttriebkräfte heutiger Globalisierungsprozesse betrachtet. Zu beobachten ist eine deutliche Zunahme des grenzüberschreitenden Kapitalverkehrs bei gleichzeitig abnehmender staatlicher Finanzkontrolle seitens der nationalen Behörden. Unkontrollierte Finanzströme, schwankende Wechselkurse, dadurch verunsicherte Kapitalmärkte und die Entkoppelung der Finanz- und Gütermärkte erhöhen allerdings die Gefahr des plötzlichen Kapitalentzugs von den Märkten und das Risiko schwerwiegender nationaler und internationaler Wirtschaftskrisen.

Globalisierung von Produktion und Absatz | 105

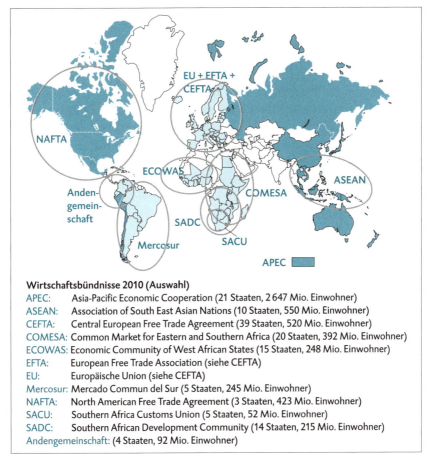

M 61: Wirtschaftszusammenschlüsse

- Zunehmende Bedeutung sogenannter **Global Player:** Hierbei handelt es sich um transnationale Mega-Unternehmen, die nicht nur am internationalen Wettbewerb durch Export und Import teilnehmen, sondern auch infolge ihrer internationalen Kapitalinvestitionen den Weltmarkt beeinflussen.
- Zunahme **ausländischer Direktinvestitionen** (ADI, engl. *Foreign Direct Investment*) besonders in den Schwellenländern: Seit Mitte der 1980er-Jahre ist eine deutliche Zunahme bei europäischen, nordamerikanischen und asiatischen Unternehmen hinsichtlich der Gründung von Tochterunternehmen im Ausland oder der direkten Beteiligung an ausländischen Unternehmen zu verzeichnen. Solche Kapitaltransfers werden Direktinvestitionen genannt. Sie gelten als die dynamischste Form internationaler

Arbeitsteilung und damit als Hauptimpulsgeber für die wirtschaftliche Globalisierung schlechthin. Direktinvestitionen dienen in erster Linie der Sicherung ausländischer Märkte, nutzen natürlich auch das Gefälle der Produktionskosten zwischen Industrie- und Entwicklungs-/Schwellenland aus.

- Verstärkter **Informations- und Kommunikationsaustausch** über **neue Medien** sowie **verkehrstechnologische Innovationen:** Internet, Nanotechnologie und Satellitenkommunikation helfen dabei, den wirtschaftlichen und gesellschaftlichen Aktionsradius auf eine globale Ebene zu heben. Informationen stehen heute weitgehend in Echtzeit zur Verfügung. Die globalen Informationsflüsse haben auch im Bereich der Transportlogistik zeitsparende Effekte. Der genormte Containergüterverkehr verbilligt den Warenverkehr und dynamisiert dadurch Globalisierungsprozesse.

| Jahr | Ereignis |
| --- | --- |
| 1969 | September: Erster Datenaustausch zwischen zwei Computern innerhalb eines militärischen Experimentalnetzwerks in den USA (ARPANET); Oktober: Erster Datenaustausch zwischen zwei Orten (UCLA/Los Angeles und Stanford Research Institute/Menlo Park) |
| 1972 | Erster E-Mail-Account; Einführung des Zeichens @ zur Unterscheidung verschiedenartiger Netze |
| 1974 | Entstehung des eigentlichen Internets durch Einführung der TCP-/IP-Kennung |
| 1983 | Erste Domain-Namen: .com, .gov und .edu |
| 1989 | Erster Server-Dienst America Online (später AOL) |
| 1990 | Entwicklung des World Wide Web am Forschungszentrum CERN |
| 1993 | Einführung des ersten Browsers, der auf einer Seite dargestellt werden kann |
| 1994 | Netscape entwickelt ersten kommerziellen Web-Browser; Beginn der Kommerzialisierung des Internets |
| 1995 | Tätigkeitsbeginn des ersten Online-Händlers: Amazon |
| 1998 | Gründung von Google |
| 1999 | Gründung von Napster: schlagartige Veränderungen in der Musikindustrie; 250 Mio. Computer im Internet |
| 2005 | Gründung von YouTube als Videoportal |
| 2007 | Beginn der mobilen Internetnutzung durch Apple (iPhone) |
| 2008 | 1,5 Mrd. Computer im Internet |
| 2009 | The Seattle Post Intelligencer veröffentlicht als erste große US-Tageszeitung nur noch im Internet |
| 2010 | Das Social Network Facebook hat über 600 Mio. aktive Nutzer; Apple präsentiert den ersten Tabloid-PC (iPad) |
| 2011 | Twitter (elektronisches Tagebuch, Blogging) und Cloud Computing (Auslagerung von Programm- und Speicherdateien ins Internet) haben sich in der Öffentlichkeit etabliert |

M 62: Das Internet als Globalisierungsbeschleuniger

- Schnelle **Anlagen- und Spekulationsgewinne:** Lediglich etwa 10 % des täglich an den Devisenmärkten getätigten Investitionsvolumens dienen heute der Transaktion von Waren und Dienstleistungen, der Großteil der Erzielung von kurzfristigen Spekulationsgewinnen. Kapital hat sich mittlerweile vom Zahlungsmittel zur eigenen „Ware" entwickelt. Die hierdurch entstehenden Risiken hinsichtlich der Abdeckung des Warenverkehrs durch den Kapitalverkehr sind enorm und wiederum global wirksam (vgl. Wirtschaftskrise ab 2008).
- Allgemein **steigende Exportvolumina** aufseiten der industrialisierten Staaten durch die Erschließung neuer Märkte.

|      | Deutschland | USA   | China | Japan | Frankreich |
|------|-------------|-------|-------|-------|------------|
| 1990 | 421         | 393   | 62    | 287   | 216        |
| 2011 | 1 580       | 1 376 | 1 609 | 822   | 612        |

M 63: Güterausfuhr in Mrd. US-$

- Tendenz zur **Produktionsverlagerung** im verarbeitenden Gewerbe von Standorten in Industrieländern zu solchen in Billiglohnländern (Lohnkostenvorteile), **internationale Arbeitsteilung**.

## 1.3 Wandel von Unternehmensstruktur und -organisation im sekundären und tertiären Sektor

Zwar werden Globalisierungsprozesse mittlerweile auch vor dem Hintergrund kultureller, gesellschaftlicher, politischer und umweltbezogener Veränderungen diskutiert. Nach wie vor stehen aber die wirtschaftlichen Veränderungen im Fokus der Betrachtungen. Zwei wesentliche unternehmensstrukturelle und -organisatorische Globalisierungsprozesse sind hierbei zu beobachten, die in erster Linie die **Produktions-, Informations- und Finanzmärkte** betreffen:

- Produzierten Unternehmen in den ersten beiden Dritteln des 20. Jh. vorwiegend räumlich „in einer Hand", also an wenigen oder einigen meist nationalen Unternehmensstandorten für Binnen- und Weltmarkt, so ist seit etwa den 1970er-Jahren eine zunehmende regionale und internationale **räumliche Diversifizierung der Produktionsstandorte** infolge der Ausnutzung von internationalen Lohnkostenvorteilen festzustellen.
- Des Weiteren schalten sich seit jener Zeit völlig neu geartete Mechanismen der Informations- und Finanzmärkte auf internationaler Ebene zu. Mit der Ausweitung des **World Wide Web** und damit verbundener Subprozesse

wie einer verbesserten internationalen Erreichbarkeit der Börsen und Kapitalbeschaffungsmärkte gewinnt der **internationale Finanzsektor** als steuerndes, Globalisierung letztendlich ermöglichendes und beschleunigendes Element zunehmend an Bedeutung.

Nach dem ironisierenden Motto *big grows bigger and small even smaller* konzentrieren sich Produktion und Absatz auf immer kapitalkräftigere Global Player, die ihre Stellung im Weltmarkt und den zunehmenden internationalen Wettbewerb durch Zukäufe bestehender Unternehmen, eine intensive **Direktinvestitionstätigkeit** und **Unternehmensfusionierungen** sichern.

| Unternehmen | Branche/Wirtschaftssektor | Land |
| --- | --- | --- |
| Wal-Mart | Einzelhandel | USA |
| Royal Dutch Shell | Erdöl und Erdgas | Niederlande |
| Exxon Mobil | Erdöl und Erdgas | USA |
| British Petrol | Erdöl und Erdgas | Großbritannien |
| Toyota | Automobile | Japan |
| Japan Post Group | Dienstleistungen | Japan |
| Sinopec | Erdöl und Erdgas | China |
| State Grid | Energieversorger | China |
| AXA | Versicherungen | Frankreich |
| China National Petroleum | Erdöl und Erdgas | China |
| Chevron | Erdöl und Erdgas | USA |
| ING Groep | Finanzdienstleister | Niederlande |
| General Electric | Mischkonzern | USA |
| Total | Erdöl und Erdgas | Frankreich |
| Bank of America | Banken | USA |

M 64: Die 15 stärksten Global Player 2009 (größte Unternehmen nach Umsatz)

**Transnationale Unternehmen** gelten heute als die eigentlichen Schrittmacher der Globalisierung. Sie verstärken ihre Weltmarktpräsenz mit ausländischen Niederlassungen und Tochterunternehmen und sind als Netzwerk mehrerer wechselseitig abhängiger und räumlich verteilter Zentren organisiert. Gemeinsame Unternehmens- und Marktstrategien, Normen sowie ein intensiver Austausch von Ressourcen und Informationen stärken infolge von **Synergieeffekten** ihre Stellung. Mithilfe von Direktinvestitionen und anderen Kapitalbeteiligungen vernetzen sie nationale Volkswirtschaften und tragen so zur Internationalisierung der Waren- und Dienstleistungsmärkte bei.

M 65: Produktionsstandorte von Daimler-Chrysler

Die zunehmende internationale Vernetzung von Unternehmen ist in erster Linie auf die **Querschnittstechnologie** im Bereich des aufstrebenden Informations- und Kommunikationssektors **(digitale Revolution)** zurückzuführen. Die Bedeutung von Dienstleistungen auf nationaler, transnationaler und internationaler Ebene nimmt zulasten reiner Fertigungstätigkeiten zu und beschleunigt Teamwork und die Koordination komplexer und zunehmend arbeitsteiliger Abläufe.

Die Anhänger der **New Economy** messen der traditionellen industriellen Massenfertigung von Waren und den konventionellen kapitalistischen Wirtschaftsstrategien weniger Bedeutung bei. Stattdessen sind unternehmerisch die Ökonomisierung der Verbreitung von Informationen im weltweiten Wettbewerb um innovative Ideen und deren globale Realisierung wichtig. Im Vordergrund stehen eher immaterielle Werte, in erster Linie digitale Güter.

Als wichtigster Katalysator von Globalisierungsprozessen wird heute die **Bereitstellung von Kapital** angesehen. Mithilfe kommunikationstechnologischer Innovationen lassen sich Finanzmittel innerhalb kürzester Zeit und in hohen Mengen auf globaler Ebene bereitstellen. Banken und Versicherungen stehen dabei zunehmend in einem starken globalen Wettbewerb möglichst rentabler Anlagemöglichkeiten. Sozialgesellschaftliche Aspekte treten hierbei häufig zugunsten schnell erzielbarer wirtschaftlicher Profite in den Hintergrund. Unternehmensstrategien von Finanzunternehmen zielen in erster Linie nicht mehr darauf ab, langfristig den Unternehmensbestand durch weit in die Zukunft reichende Planungen zu sichern, sondern versuchen, schnelle Gewinne aus kurzfristigen Beteiligungen zu erzielen.

Bis zum Beginn der Wirtschaftskrise 2008 haben Unternehmen versucht, ihre Ziele durch voluminöse Finanzbeschaffungsstrategien zu erreichen. Um marktbeständig zu bleiben, waren und sind Kapitalvolumina nötig, die nicht mehr durch konventionelle unternehmerische Kreditaufnahmen abzudecken sind. Kapitalbeschaffung im großen Stil war seit Beginn der 1990er-Jahre auf internationaler Ebene teilweise nur noch durch **Börsengänge** möglich.

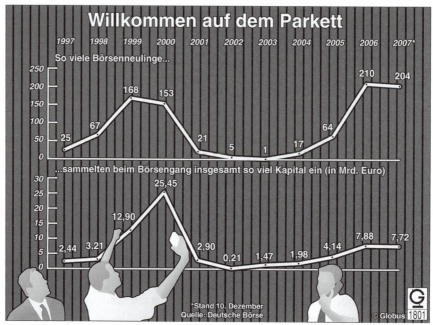

M 66: Börsengänge in Deutschland 1997–2007

Zwischen 1990 und 2009 hat sich der weltweite Aktienhandel auf etwa 48 Bio. US-Dollar mehr als verzehnfacht. Die New York Stock Exchange (NYSE) hat sich hierbei als weltweit steuernde Primärbörse behauptet und nahm für sich über ein Drittel des globalen Handelsvolumens an Aktien in Anspruch. Die Entwicklung der globalen Aktienmärkte war hierbei gerade in den vergangenen 15 Jahren sowohl durch finanzielle Höhenflüge als auch durch tiefgreifende Krisen bestimmt. Von 1997 bis 2000 erlebten die internationalen Aktienmärkte einen kaum mehr beschreibbaren Aktienboom, zum großen Teil bedingt durch das Aufblühen der **Neuen Märkte**, also der modernen Bereiche des Informations- und Telekommunikationswesens. Nach deren Zusammenbruch und den Sturzflügen der meist überhöht bewerteten Aktienkurse folgte bis etwa 2007 eine erste börsentechnische Ernüchterung und damit eine erste Krise des für die Globalisierungsprozesse so wichtigen börsenorientierten Finanzsystems. Trotz der 2008 beginnenden weltweiten Wirtschaftskrise, die in erster Linie durch den Zusammenbruch des amerikanischen Bankensystems initiiert wurde und deutlich negative Globalisierungseffekte (nämlich die rasche räumliche Ausweitung auf andere Kontinente) nach sich zog, scheint sich die zukünftige internationale Börsensituation langsam, aber noch unstet, wieder zu konsolidieren.

Der Börsen-Crash der Neuen Märkte und die Weltwirtschaftskrise ab 2008 haben somit deutlich gemacht, dass eine unbeschwerte, lediglich auf permanentes wirtschaftliches Wachstum und Gewinnmaximierung ausgerichtete Interpretation von Globalisierung fatale Folgen für Wirtschaft und Gesellschaft aller Staaten nach sich ziehen kann.

## 1.4 Wirtschaftliche und soziale Rückwirkungen der Globalisierung auf den Wirtschaftsstandort Deutschland

Die Rückwirkungen der Globalisierung auf den **Wirtschaftsstandort Deutschland** werden in den Medien häufig auf zwei Kernaussagen reduziert: Einerseits wird die Chance auf **Teilhabe an der Ausweitung internationaler Märkte** gesehen. Andererseits entstehen aus der **Standortverlagerung von inländischen Unternehmen** infolge der Nutzung von ausländischen Lohnkostenvorteilen sozialwirtschaftliche Nöte und Zwänge.

Weltweit haben die Möglichkeiten, Waren und Dienstleistungen für den globalen Markt zu produzieren und Finanzmittel und Informationen global zu verbreiten, zugenommen. Für den Wirtschaftsstandort Deutschland kann diese Entwicklung zunächst **globale Marktpräsenz** sichern.

Gleichzeitig können sich die besseren **Transfermöglichkeiten** von Knowhow, Kapital, Waren und Dienstleistungen innerhalb eines weltweit expandierenden Netzwerkes und die zunehmende **internationale Kooperation** infolge allgemeiner Wirtschaftsliberalisierung und Synergieeffekten durchaus positiv auf die Wirtschaftsstärke Deutschlands auswirken.

Andererseits mündet gerade die Liberalisierung der Märkte in eine zunehmende **Mobilität von Kapital**. Infolgedessen sind die gesamtwirtschaftlichen Rahmenbedingungen in Deutschland, insbesondere der **Produktionsfaktor Arbeit**, einem zunehmenden **internationalen Anpassungsdruck** ausgesetzt.

Dadurch beherrschen Standortverlagerungen ins Ausland, Firmenbeteiligungen deutscher Unternehmen und steigende Direktinvestitionen die unternehmerischen Entscheidungen in den Industrieländern zusehends. Die allzu bekannten wirtschaftlichen Folgen für Deutschland sind Arbeitsplatzverluste, zunehmende Arbeitslosenquoten, sinkende Steuereinnahmen und damit geringere Investitionsvolumina der öffentlichen Hand. Ein weiteres Problem sind die generelle Verschlechterung der inländischen Beschäftigungssituation und damit verbundene Risiken des sozialen Abstiegs breiter Bevölkerungsgruppen. Letzteres wird zusätzlich durch die Tatsache verstärkt, dass vor allem weniger qualifizierte Berufsgruppen und deren Arbeitsplätze betroffen sind. In der deutschen Bevölkerung liegt deren Anteil im internationalen Vergleich relativ hoch.

Ehemalige klassische Wettbewerbsvorteile Deutschlands, z. B. Know-how-Vorsprung oder hohe Innovationsbereitschaft, weichen zunehmend einer neuen Philosophie, die an einer schnellen Wertschöpfung für die globale Wirtschaft gemessen wird. Kurzum – Unternehmen denken zunehmend weniger im nationalen und dafür mehr im globalen Interesse.

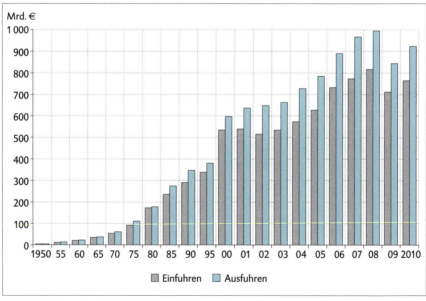

M 67: Entwicklung des deutschen Außenhandels seit 1950

# Globalisierung von Produktion und Absatz | 113

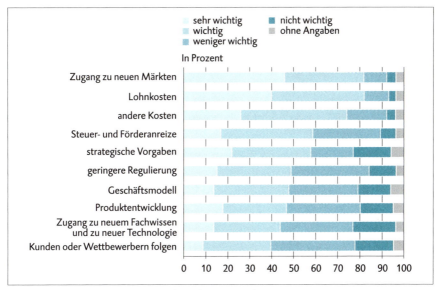

M 68: Motive für Verlagerung ins Ausland zwischen 2001 und 2006
(Unternehmen mit 100 und mehr Beschäftigten)

Die zukünftige Herausforderung für die deutsche Wirtschaft besteht darin, die inländischen Standorte der Verwaltung (Firmensitze) und der Entwicklung mit ihren hoch qualifizierten Arbeitsplätzen auf der Grundlage von Innovations- und Wissenschaftsvorsprüngen langfristig zu erhalten.

Für die öffentliche Hand stellt sich die Frage, wie soziale und gesellschaftliche Spannungsfelder (etwa das Öffnen der Einkommensschere) abgebaut und neue Mechanismen gefunden werden können, um die zukünftig steigenden Sozialleistungen zu finanzieren.

Angesichts der Weltwirtschaftskrise ab 2008 beginnen Globalisierungsgegner, von einer Gegen-Globalisierung nach dem Motto „Die Revolution frisst ihre Kinder" zu sprechen. Als sicher gilt, dass die Globalisierungsmechanismen vor dem Hintergrund des Abflauens der weltwirtschaftlichen Leistung völlig neu bewertet werden müssen. Somit kann heutzutage der Verlust inländischer Arbeitsplätze eben nicht mehr nur als Folge der Internationalisierung von Produktion und Dienstleistungen betrachtet werden, sondern muss als Misch-Effekt aus räumlicher Arbeitsplatzverlagerung und krisenbedingtem Arbeitsplatzverlust definiert werden.

# Eine Welt – Globalisierung

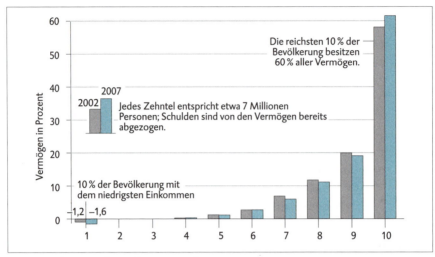

M 69: Deutschlands Reiche werden immer reicher

Die **Auswirkungen der Globalisierung für Deutschland** sind ambivalent. Einige Beispiele:

- Im **Bankenwesen** bietet sich einerseits die Chance auf steigende Finanzaktivitäten im Ausland. Andererseits entsteht im Inland zunehmende Konkurrenz durch die Integration ausländischer Finanzdienstleister.
- Im Bereich **Produktentwicklung** können neue Produktpaletten für das Ausland erarbeitet werden. Gleichzeitig nehmen Lizenz- und Patentverletzungen sowie Produktpiraterie zu.
- Des Weiteren bietet sich die Chance, durch Markterweiterungs- und Anpassungstendenzen im Ausland die **Güterproduktion** auszuweiten – wobei die Gefahr besteht, dass der Binnenmarkt mit preisgünstigen ausländischen Konsumgütern überschwemmt wird.
- Infolge freierer Einreisebedingungen kann der **Tourismus** einerseits sein Entwicklungspotenzial in Deutschland steigern. Aufgrund allgemeiner Vergünstigungstendenzen im Ferntourismus besteht aber auch die Gefahr eines Bedeutungsverlusts des inländischen Fremdenverkehrs.
- Bei öffentlichen Projektausschreibungen der **Kommunen** herrscht ein breites Auswahlspektrum infolge günstiger Kostenangebote aus dem Ausland. Wenn in der Folge inländische Unternehmen nur in geringem Maße beteiligt werden, geraten dadurch Arbeitsplätze in Gefahr.

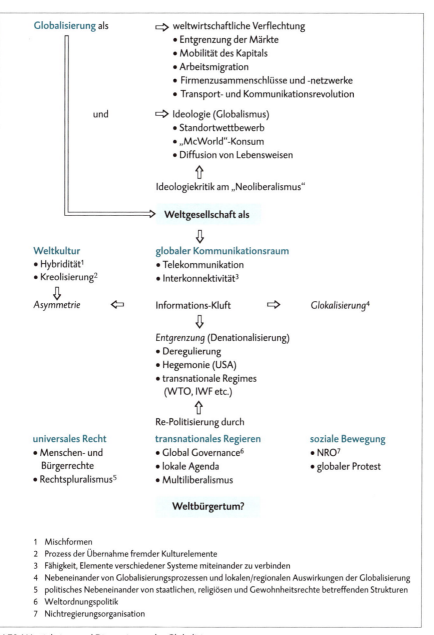

M 70: Wertigkeiten und Dimensionen der Globalisierung

## Übungsaufgaben: Globalisierung von Produktion und Absatz

**Aufgabe 23** Stellen Sie unter Einbeziehung von M 71 mögliche Chancen und Risiken der deutschen Wirtschaft dar.

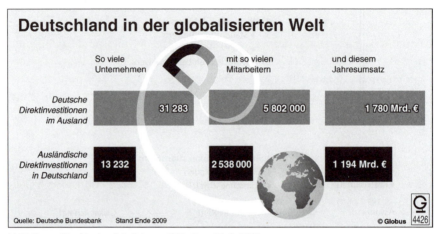

M 71: Deutschland in der globalisierten Welt, Stand Ende 2009

**Aufgabe 24** Erläutern Sie anhand eines kausalen Fließdiagramms (mit Interaktions- und Folgepfeilen) mögliche Rückwirkungen der Globalisierung auf die Gesellschafts- und Sozialstruktur des Wirtschaftsstandortes Deutschland.

## 2 Länder unterschiedlichen Entwicklungsstands im Prozess der Globalisierung

### 2.1 Begriffsproblematik

Die Begriffe **Entwicklung** und **Unterentwicklung** sind aus verschiedenen Gründen problematisch: Zum einen werden sie meist aus der Sicht entwickelter Industrie- bzw. postindustrieller Gesellschaften definiert und haben somit normativen Charakter innerhalb eines dort geprägten Ziel- und Wertesystems. Zum anderen stützte sich über Jahrzehnte hinweg eine Bewertung des Entwicklungsstands eines Landes meist nur auf ökonomische Messkriterien, ohne die politischen und gesellschaftlichen Verhältnisse näher zu untersuchen. Darüber hinaus wurde von den Industrieländern Unterentwicklung oft nur als Vorstufe einer potenziell nachfolgenden Entwicklung verstanden, ohne die veränderten globalen Wirtschaftsbedingungen und die damit für sogenannte Entwicklungsländer schlechteren Entwicklungs- und Integrationsmöglichkeiten zu berücksichtigen. Zuletzt sei angemerkt, dass Kategorisierungsversuche von Ländergruppen mit ähnlichem Entwicklungsstand allzu oft nicht die Komplexität und Spezifität der unterschiedlichen Einflussfaktoren beschrieben haben.

Anstelle des früheren Begriffs „Unterentwicklung" findet sich heute in der Fachliteratur vor allem jener des „Entwicklungsdefizits". Im Folgenden werden zur Grobkategorisierung dennoch auch die Bezeichnungen Industrie- und Entwicklungsland verwendet (siehe auch S. 1 ff.).

### 2.2 Stellung der Industrie- und Entwicklungsländer im internationalen Rohstoff-, Waren-, Dienstleistungs- und Kapitalverkehr

Das **Weltwirtschaftssystem**, also die internationale Vernetzung der Volkswirtschaften, sollte unter optimalen Bedingungen regionale Ausstattungsunterschiede (z. B. Rohstoffe, Know-how) ausgleichen und allen beteiligten Nationen eine Teilnahme an der weltwirtschaftlichen Entwicklung ermöglichen. Die Wirklichkeit sieht natürlich anders aus. Nach wie vor herrschen extreme Unterschiede in den Produktions- und Handelsvolumina zwischen entwickelten und weniger entwickelten Staaten vor. Innerhalb des Weltwirtschaftssystems ist die Gruppe der Entwicklungsländer enorm benachteiligt.

# Eine Welt – Globalisierung

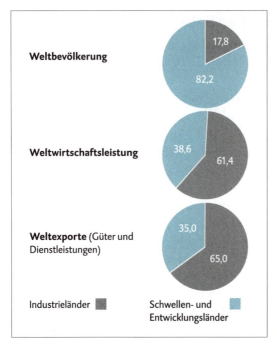

M 72: Ungleiche Verteilung 2010 (Angaben in %)

M 73: Die Reichsten und die Ärmsten

## Rohstoffausstattung, Terms of Trade und Verschuldung

Eine klare Diskrepanz zwischen Industrie- und Entwicklungsländern ergibt sich hinsichtlich ihrer **Rohstoffausstattung**. Paradox erscheint die Tatsache, dass nicht wenige der heutigen Entwicklungs- und Schwellenländer über enorme Rohstoffvorkommen verfügen und deshalb intensiv an der Weltwirtschaft beteiligt sein müssten, dies aber letztlich nicht sind. Für dieses Dilemma sind im Wesentlichen zwei Faktoren verantwortlich: Zum einen unterliegen die Rohstoffpreise auf dem Weltmarkt erheblichen Schwankungen und werden an Warenbörsen bestimmt, die durch das Kapital der Industrieländer gesteuert werden. Zum anderen hat der jahrzehntelange Verkauf von wichtigen Rohstoffen zu niedrigen Weltmarktpreisen bei fehlender Weiterverarbeitung und dadurch fehlender Steigerung des Produktwertes aufseiten der Entwicklungsländer oft zu einer **Verschlechterung der Terms of Trade** geführt (siehe auch S. 8).

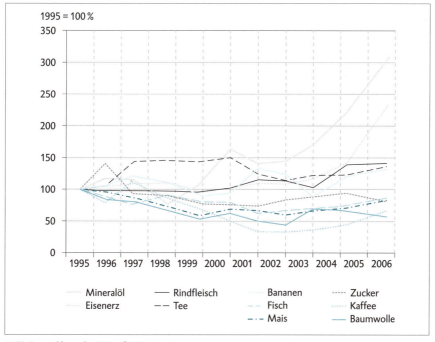

M 74: Entwicklung der Preise für Primärgüter

In den rohstoffreichen Staaten mit Entwicklungsdefiziten hat sich in den vergangenen Jahren allerdings eine Umkehr dieses Prozesses vollzogen, eine Tatsache, die sehr oft mit dem Einstieg in eine tiefgreifende **Schuldenkrise** verbunden war. Diese Umkehr ist erklärbar, wenn man berücksichtigt, dass über Jahrzehnte hinweg Rohstoffe günstig an den Weltmarkt verkauft wurden, gleichzeitig aber mit dem Ziel eines wirtschaftlichen Anschubs teurere weiterverarbeitete Produkte und Investitionsgüter von den Industrieländern erworben wurden (negative Außenhandelsbilanz).

|  | 1980 | 1990 | 2000 | 2008 | 2010 |
|---|---|---|---|---|---|
| Afrika südlich der Sahara | 60,4 | 176,6 | 211,4 | 195,7 | 201,2 |
| Ostasien und Pazifik | 56,1 | 233,9 | 496,9 | 711,6 | 698,4 |
| Südasien | 37,0 | 126,4 | 161,2 | 326,3 | 284,3 |
| Naher Osten und Nordafrika | 60,3 | 119,4 | 116,7 | 131,5 | 127,6 |
| Lateinamerika und Karibik | 232,4 | 422,6 | 733,4 | 894,4 | 907,9 |
| Europa und Zentralasien | 47,4 | 128,6 | 432,7 | 1 399,0 | 1 435,5 |

M 75: Entwicklung des Schuldenstands (Angaben in Mrd. US-$)

Weitere externe und interne **Ursachen der Verschuldung** in Entwicklungsländern sind u. a.:
- hohe Schuldzinsen bei langfristigen Krediten, die nach der Ölkrise in den 1970er-Jahren während Hochzinsphasen vergeben wurden,
- stetig gestiegene Weltmarktpreise der importierten, weiterverarbeiteten Produkte und Fertigerzeugnisse,
- Abhängigkeit von Währungsschwankungen bei den Leitwährungen,
- protektionistische, die jeweiligen Binnenmärkte der Industrieländer schützende Maßnahmen (z. B. hohe Einfuhrzölle),
- unproduktiver Einsatz der Kredite, z. B. kaum Investitionen in Produktionsanlagen und den Ausbildungssektor,
- aufgeblähte, aber wenig effektive Staatsinstitutionen, die einen Teil des geliehenen Kapitals verschlingen,
- hohes Konsumniveau der wirtschaftlichen Eliten, Fehlleitung der Kredite,
- fehlender Abbau bestehender Schulden,
- Investition der Gelder häufig nur zur Bewältigung politischer und militärischer Krisen (z. B. in Bürgerkriegen),
- Korruption in Wirtschaft und Politik.

Die **Verschuldung** hat für die Entwicklungsländer vielschichtige **Folgen**:
- hohe Schuldendienste (Zins- und Tilgungszahlungen), dadurch enorme Vorbelastung zukünftiger wirtschaftlicher Entwicklungspotenziale,
- Schuldenlasten, die die Ausbildung eines wirtschaftsstarken Binnenmarktes hemmen, dadurch kaum Anstieg der Kaufkraft, geringe Steuereinnahmen, fehlendes Investitionskapital zum Auf- bzw. Ausbau der Infrastruktur,
- geringe Entwicklungschancen zum Aufbau eines sozialen Netzes (Sozialversicherungswesen), dadurch Stärkung der Armut,
- Schwächung der Ernährungssicherheit infolge Kapitalmangels und unzureichender Preispolitik im Agrarbereich.

Auch die **Rückwirkungen der Verschuldungskrise** auf die Industrieländer sind deutlich zu spüren. Der Rückgang des Außenhandels mit hoch verschuldeten Entwicklungsländern hat in einigen Wirtschaftsbereichen zu enormen Einbußen geführt. Die 2008 einsetzende Finanzkrise zeigt bezüglich der ost- und südostasiatischen Länder, dass hochkomplizierte Verflechtungen im globalisierten Kapitalverkehr zu einem nicht mehr einschätzbaren Risiko für die Weltfinanzmärkte geworden sind. Banken in den Industrieländern sehen sich nicht mehr in der Lage, vernünftige Kreditvergabeentscheidungen gegenüber hoch verschuldeten Staaten mit Entwicklungsdefiziten zu geben. Sie verlieren dadurch wichtige Finanzmärkte.

### Der globalisierte Warenhandel

Die Abbildung M 76 zeigt eine räumliche Konzentration der Haupthandelsströme sowohl im intra- als auch im extraregionalen Bereich auf die Wirtschaftsgroßräume Nordamerika, Süd- und Ostasien und Europa. Gegenüber diesen Großräumen erscheint der Anteil der weniger entwickelten Staaten am Welthandel nach wie vor als verschwindend gering.

Beim Handel mit Agrargütern sind den Entwicklungsländern der Zugang zu den interessanten Märkten der wirtschaftlichen Wachstumsregionen und damit potenzielle Entwicklungschancen weiterhin durch **Schutzzölle** und andere Handelshemmnisse versperrt. So schützt etwa die EU viele landwirtschaftliche Produkte, um europäische Landwirte nicht der Konkurrenz außereuropäischer Anbieter auszusetzen. Diese Situation wird durch die teilweise enorm **hohe öffentliche Subventionstätigkeit** vonseiten der OECD-Länder (also der westlichen Industrieländer einschließlich Japan und Südkorea) auf dem Agrarsektor verstärkt. Um das Jahr 2000 bezogen europäische Landwirte im Durchschnitt ca. ein Drittel ihrer Einkünfte aus Subventionsquellen.

Auch die in vielen Projekten zur Entwicklungszusammenarbeit beschworene Ankurbelung der Industrieproduktion in Entwicklungsländern ist heute erheblichen Zoll- und Handelsschranken seitens der Industrieländer unterworfen. Zudem schränken **bilaterale Handelsvereinbarungen** innerhalb von Freihandelszonen den Verhandlungsspielraum der Entwicklungsländer etwa bei der Marktpreisgestaltung eher ein, als ihn zu fördern. Dies liegt nicht zuletzt daran, dass Auseinandersetzungen in Freihandelszonen nicht bei der Welthandelsorganisation offiziell diskutiert, sondern direkt mit dem assoziierten Industrielandpartner geführt werden müssen.

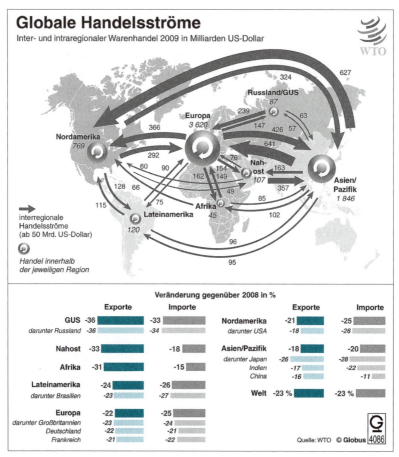

M 76: Welthandelsströme

Die beschleunigte Entwicklung in der Kommunikationstechnik und die Liberalisierung der Finanzmärkte haben auch eine **Globalisierung der Produktion und der Dienstleistungen** zum Vorteil **Transnationaler Konzerne** (TNKs) in den Industrieländern verstärkt. Diese kontrollieren den Weltmarkt und stehen mit hohen Erlösen am Ende der Wertschöpfungskette. Für Entwicklungsländer ergeben sich nur geringe wirtschaftliche Teilhabechancen. Außerdem sinken die Möglichkeiten, Auslandsinvestitionen dieser Unternehmen für entwicklungspolitische Ziele einzusetzen, infolge der Philosophie einer Produktionskostenreduzierung bei gleichzeitiger Gewinnoptimierung. Auslandsinvestitionen können in Entwicklungsländern deshalb allzu oft nur unter großen Opfern, etwa der Bereitstellung geeigneter Infrastruktur, Steuererleichterungen oder knebelnden Freihandelsabkommen, ins Land gezogen werden.

## Internationale Kapitalströme

Im Bereich der Währungs- und Finanzpolitik zeigen sich für Entwicklungs- und Schwellenländer vor dem Hintergrund der Globalisierung mehrere deutliche Hemmnisse und Risikofelder:
- allgemeine Kapitalarmut für **Anschubinvestitionen** infolge geringer Wirtschaftsleistung und fehlender Integration in die Weltwirtschaft,
- problematische **Kapitalbeschaffungsmaßnahmen**, etwa riskante Wertpapiergeschäfte, Anleihen und Kredite,
- teilweise enorme **Wechselkursschwankungen** auf dem Weltmarkt, dadurch häufiger Ausfall des Schuldendienstes und verstärkte Abhängigkeit von ausländischen Kapitalgebern.

## Neuere globalwirtschaftliche Tendenzen

Seit dem Ende des Kalten Krieges spielen sich vor dem Hintergrund bekannter Globalisierungsprozesse neuartige Tendenzen weltpolitischer und weltwirtschaftlicher Prägung ab:
- Aus der **ehemals bipolaren Weltordnung** (USA und UdSSR) treten die USA als wirtschaftshegemoniale Globalisierungsgewinner hervor. Bis heute bewahren die USA mit ihren zahlreichen als Global Player bezeichneten Großunternehmen einen Spitzenplatz innerhalb der Weltwirtschaft.
- Infolge der fehlenden Bindung der Entwicklungsländer an einen der beiden Wirtschaftsblöcke kommt es zu verstärkten **Differenzierungsprozessen**. Schwellen- und Entwicklungsländer mit mittlerem Entwicklungsstand verbessern tendenziell ihre Wirtschaftskraft und den Lebensstandard ihrer Bewohner – allerdings bei gleichbleibender Anzahl der ärmsten Länder. Insbesondere in den subsaharischen Staaten Afrikas gibt es immer mehr **Failed States**, Länder mit ethnischen Konflikten, Bürgerkriegen, organisierter Kriminalität und Korruption.
- Gleichzeitig erleben **Schwellenländer**, allen voran China und Indien, aber auch Mexiko und Brasilien, **gigantische Wachstumsraten**, die eine zukünftige, eher multipolar geprägte Weltwirtschaftsordnung ankündigen.
- Zudem verstärken sich parallel zur Internationalisierung von Waren-, Dienstleistungs- und Kapitalströmen **Regionalisierungstendenzen** in Großregionen, die als **Wirtschaftsbündnisse** mithilfe von Synergieeffekten Marktanteile und spezifische Interessen sichern wollen. Beispiele hierfür sind NAFTA, ASEAN, COMESA, ECOWAS, EU, Mercosur und die Andengemeinschaft (siehe S. 105 und 144).

## 2.3 Chancen und Risiken der internationalen Arbeitsteilung

Der Begriff **internationale Arbeitsteilung** beschreibt gemäß der klassischen Volkswirtschaftslehre die internationale Vernetzung von **Produktionsfaktoren** (z. B. Arbeit, Kapital und Boden, also Güter und Dienstleistungen, die zur Produktion anderer Güter notwendig sind). Eine engere wirtschaftsgeographische Definition meint heute im Wesentlichen die Spezialisierung einzelner Länder oder Ländergruppen auf die Produktion spezifischer Güter und Dienstleistungen, die aus ökonomischer Sicht optimal, d. h. zu den geringsten Fertigungskosten, bewerkstelligt werden kann.

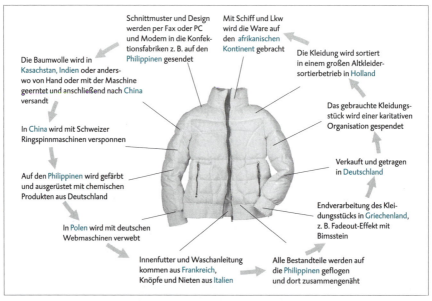

M 77: Globalisierter Handel, globalisierte Produktion: Beispiel Steppjacke

Vor dem Hintergrund der Globalisierung kommt es seit einigen Jahrzehnten zu einer Ausweitung der internationalen Arbeitsteilung und zur Bildung neuer Märkte für Waren, Dienstleistungen, Kapital, Informationen und Technologien. Insgesamt gesehen, hat sich die Weltproduktion an Gütern und Dienstleistungen auch infolge dieser Internationalisierungstendenzen seit 1990 in etwa verdreifacht (siehe M 78).

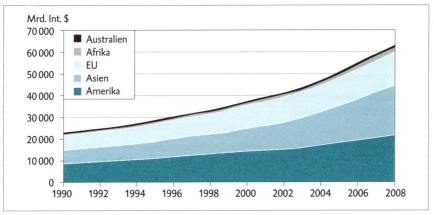

M 78: Entwicklung der Weltproduktion (Güter und Dienstleistungen)

Dabei ergeben sich für Industrie-, Schwellen-, Transformations- und Entwicklungsländer Chancen einer beschleunigten wirtschaftlichen Entwicklung, gleichermaßen aber auch Risiken, die im Folgenden beispielhaft dargestellt sind:

| Chancen für Industrie- und Dienstleistungsgesellschaften | Risiken für Industrie- und Dienstleistungsgesellschaften |
| --- | --- |
| Erschließung neuer Märkte in den weniger entwickelten Ländern; dadurch Schaffung einer potenziell zukunftsträchtigen Absatzbasis | Verstärkung der Einkommensschere zwischen einfacher und qualifizierter Arbeit sowie Risiko sozialer Spannungen |
| Lohnkostenvorteile durch Verlagerung von Produktionszweigen in weniger entwickelte Länder mit niedrigen Lohn- und Lohnnebenkosten | Verlust staatlicher Autorität im Rahmen der Internationalisierung von Produktionsfaktoren; dadurch fehlende staatliche Korrekturmaßnahmen zum Abbau sozialer Disparitäten |
| Mögliche unternehmerische und Know-how-Konzentration auf hochspezialisierte und -technologische Produkte, Verfahrensweisen und Forschungsbereiche | Verlagerung der Produktion in Billiglohnländer; dadurch volkswirtschaftlicher Verlust an Arbeitsplätzen, Kaufkraft und Steuereinnahmen (Lohn-, Einkommens-, Kapital- und Vermögenssteuer) |
| Einkommensgewinne infolge verbesserter Terms of Trade im Handels mit Entwicklungsländern (positive Außenhandelsbilanz) | Sinkender Handlungsspielraum innerhalb der nationalen Lohnpolitik infolge wachsenden ausländischen Lohnkostendrucks |
| Wenig kostenintensive Internationalisierung im Bereich der Footloose-Dienstleistungen, z. B. Software-Herstellung | Gefahr des unkontrollierten Transfers von technologischem Know-how in weniger entwickelte Länder |
| Teilhabe an neuen Produktionsverfahren; Knowledge-Sharing | Ständiger Anpassungsdruck an neue Forschungsrichtungen, Produktionsverfahren und Technologien, um durch Wissens- und Verfahrensvorsprünge auf dem diversifizierten Weltmarkt zu bestehen |

M 79: Chancen und Risiken für die Industrie- und Dienstleistungsgesellschaften (Auswahl)

Seitens der Schwellen- und Entwicklungsländer lassen sich unter anderem folgende Chancen und Risiken der Entwicklung feststellen:

| Chancen für Schwellen- und Entwicklungsländer | Risiken für Schwellen- und Entwicklungsländer |
| --- | --- |
| Wirtschaftliche Wachstumsimpulse infolge neu geschaffener Arbeitsplätze | Risiko, an den Globalisierungsprozessen und dem damit verbundenen Entwicklungspotenzial nicht intensiv genug bzw. gar nicht teilhaben zu können |
| Spezialisierung auf die Produktion arbeitsintensiver Produkte (Beispiel: Textilindustrie), langfristige Erhöhung der Löhne und dadurch Chance der Verringerung von Armut und der Verbesserung der Einkommensverteilung | Gefahr des Anwachsens von Einkommensunterschieden zwischen den Entwicklungsländern aufgrund einer immer stärkeren Differenzierung zwischen qualifizierter und weniger qualifizierter Arbeit |
| Teilhabe am Technologie-, Know-how- und Kapitaltransfer (z. B. durch ausländische Direktinvestitionen) | Gefahr protektionistischer Verhaltensweisen seitens der Industrieländer (z. B. Einfuhrzölle); dadurch Egalisierung der Produktionskostenvorteile im Entwicklungs- oder Schwellenland |
| Ausgeglichenere soziale Verhältnisse, politische Stabilität und Wohlstandsverbesserung infolge wirtschaftlicher Wachstumsgewinne und höherer staatlicher Investitionsvolumina | Starke Einflussnahme ausländischer Direktinvestoren auf die Unternehmensführung und -entwicklung; dadurch Gefahr der Fremdbestimmung |
| Teilhabe an konjunkturellen Aufwärtsbewegungen im Sog der Industrieländer | Gefahr der unternehmerischen Fremdbestimmung durch fehlendes Management-Know-how |
| Chance auf politische Globalisierung im Zuge der Anerkennung von demokratischen Sozialsystemen und persönlichen Grundrechten | Überforderung durch ständigen Anpassungsdruck an neue Produktgruppen und Herstellungsverfahren |
| Möglicher Ausbau der verkehrsbezogenen Infrastruktur infolge höherer Steuereinnahmen; dadurch bessere räumliche Anbindung an die Märkte | Weitere Verarmung infolge fehlender Marktöffnung, zu geringer Investitionen in Humankapital und nachfolgender Abwanderung von Real-, Human- und Finanzkapital |
| Möglichkeit zur weiteren Spezialisierung in von den Industrieländern aufgegebenen Branchen; dadurch wirtschaftliche Wachstumsperspektiven | Weiterhin geringe Entwicklungsperspektiven für die ärmsten, politisch oft instabilen Länder infolge Fehlens ausländischen Kapitalzuflusses und geringem Interesse für wirtschaftliches Engagement |
| Aufbau einer sozial, ökonomisch und ökologisch nachhaltigen Entwicklung | Verstärkung des Verstädterungsprozesses, einer übermäßig starken Metropolisierung und von sozialem Elend im Gefolge einer räumlichen und sozialen Überlastung der städtischen Wachstumsgebiete |

M 80: Chancen und Risiken für Schwellen- und Entwicklungsländer (Auswahl)

Länder unterschiedlichen Entwicklungsstands im Prozess der Globalisierung | 127

## Übungsaufgaben: Länder unterschiedlichen Entwicklungsstands im Prozess der Globalisierung

**Aufgabe 25** Begründen Sie mögliche Entwicklungsvorteile für Schwellenländer innerhalb des Welthandels.

**Aufgabe 26** Erläutern Sie die in Material M 81 dargestellten globalen Warenströme unter Berücksichtigung der Bedeutung der Legende des Materials.

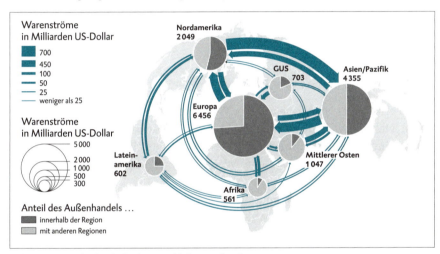

M 81: Europa macht Geschäfte, hauptsächlich mit sich selbst

## 3 Ferntourismus

Der Ausbau der Transport- und Kommunikationssysteme im Rahmen der Globalisierung förderte nicht nur den weltweiten Austausch von Gütern und Kapital, sondern ermöglichte auch Mio. von Menschen, **Fernreisen** in Länder außerhalb des eigenen Kontinents bzw. Kulturkreises zu unternehmen. Wurden die ersten Schritte im Ferntourismus der 1970er-Jahre zunächst von Europa aus in die nahe gelegenen asiatischen sowie afrikanischen Mittelmeerländer bzw. von den USA aus in die Karibik gemacht, so hat sich der Ferntourismus inzwischen nach dem **„Prinzip des zunehmenden Reiseaktionsradius"** über die ganze Welt ausgeweitet.

### 3.1 Grundlagen des Wachstums

In Anbetracht der Nachfrage und der Wachstumsprognosen im Ferntourismus sehen viele Entwicklungsländer im Auf- bzw. Ausbau des Tourismus eine Chance im Sinne **„nachholender Entwicklung"**, sich in die Weltwirtschaft zu integrieren bzw. wirtschaftliches Wachstum zu erlangen.

**Ausmaß des globalen Tourismus**

Mit einer durchschnittlichen Wachstumsrate von 7 % zählt die **Tourismusbranche** nach Angaben der „World Tourism Organisation" (UNWTO) zum wichtigsten und **am stärksten wachsenden Zweig der Weltwirtschaft**. Im Jahr 2010

- unternahmen rund 940 Mio. grenzüberschreitende Touristen eine Urlaubsreise ins Ausland.
- betrugen die touristischen **Deviseneinnahmen** im grenzüberschreitenden Tourismus 919 Mrd. US-$. Der globale Gesamtumsatz der Tourismusbranche wird auf etwa 4 200 Mrd. US-$ geschätzt.
- erwirtschaftete der internationale Tourismus **12 % des globalen BIP**. Grenzüberschreitende Reisen machen etwa 30 % des Welthandels im Dienstleistungsbereich aus. Höhere Umsätze werden allenfalls noch in der Automobil- und der Mineralölindustrie erzielt.
- ist der Tourismus mit mehr als 250 Mio. Beschäftigten der **weltweit größte Arbeitgeber** und stellt etwa 7 % der weltweiten direkten und indirekten Arbeitsplätze.

Ferntourismus / 129

| Land | Ankünfte ausländischer Touristen | | Deviseneinnahmen | | Devisenausgaben | |
| --- | --- | --- | --- | --- | --- | --- |
| | in Mio. | Anteil in % | in Mrd. US-$ | Anteil in % | in Mrd. US-$ | (Rang) |
| Gesamt | 940 | 100 | 919 | 100 | 919 | |
| 1 Frankreich | 76,8 | 8,2 | 46,3 | 6,1 | 39,4 | (5) |
| 2 USA | 59,7 | 6,3 | 103,5 | 11,3 | 75,5 | (2) |
| 3 VR China | 55,7 | 5,9 | 45,8 | 4,9 | 54,9 | (3) |
| 4 Spanien | 52,7 | 5,6 | 52,5 | 5,7 | | |
| 5 Italien | 43,6 | 4,5 | 38,8 | 4,2 | 27,1 | (8) |
| 6 Großbritannien | 28,2 | 3,0 | 30,4 | 3,7 | 48,6 | (4) |
| 8 Türkei | 25,5 | 2,7 | 20,8 | 2,3 | | |
| 9 Malaysia | 24,5 | 2,6 | 17,8 | 1,9 | | |
| 10 Deutschland | 24,2 | 2,6 | 34,7 | 3,8 | 77,7 | (1) |
| 11 Mexiko | 22,3 | 2,4 | 11,8 | 1,3 | | |
| 16 Thailand | 15,8 | 1,7 | 19,7 | 2,1 | | |

M 82: Rangordnung ausgewählter Touristendestinationen nach Ländern 2010

Der internationale Tourismus ist ungleich verteilt: Über 50 % der Touristenankünfte und 50 % der Deviseneinnahmen fallen auf Europa, 11 % bzw. 15 % auf Nordamerika. Hingegen müssen sich Afrika, Zentral- und Südamerika mit nur 5 % der Ankünfte bzw. 3 % der Einnahmen begnügen.

Aufgrund der wirtschaftlichen Wachstumsaussichten bemühen sich viele Entwicklungsländer intensiv um Fernreisende aus den einkommensstarken europäischen, nordamerikanischen und ostasiatischen Nachbarländern, denn 60 % der Ausgaben im grenzüberschreitenden Tourismus stammen von dort. Doch entfallen auf die von der UNWTO erfassten 170 Entwicklungsländer nur etwa ein Viertel aller internationalen Touristenankünfte. Vor allem Mexiko sowie die südostasiatischen Länder Thailand und Malaysia sind die Hauptnutznießer dieses ansteigenden Trends zum Urlaub in der „Dritten Welt".

### Rahmenbedingungen für den Ferntourismus in den Quellgebieten

Spätestens in den 1980er-Jahren waren in Europa und Nordamerika die wirtschaftlichen und technologischen Voraussetzungen geschaffen, die den Ferntourismus zu einem Massenphänomen werden ließen:

- Steigende Realeinkommen größerer Bevölkerungsteile bei geringeren Haushaltsausgaben ermöglichten es, mehr Geld für Reisen auszugeben.

- **Sinkende Jahres- und Lebensarbeitszeiten** erlaubten längere Fernreisen. Ebenso stieg die Zahl der bezahlten Urlaubstage im Jahr von durchschnittlich 12 auf 29.
- **Technologische Entwicklungen im Verkehrswesen**, vor allem großräumige und schnelle Langstreckenjets im Flugverkehr, machten Fernreisen bequemer und erschwinglicher. Aber auch ein sich verdichtendes Netz von Flugrouten und Flughäfen sowie die ausgebaute Verkehrsinfrastruktur in den Reiseländern ermöglichten die **Erschließung peripherer Regionen**.
- Zudem ließen global operierende und **vernetzte Tourismuskonzerne** und Luftverkehrsgesellschaften sowie **moderne Kommunikationssysteme** wie Reservierungssysteme und Internet Fernreisen kostengünstiger planen und durchführen.

Ebenso spielten gesellschaftliche Faktoren wie stärkere Information durch Medien, höherer Bildungsstand und zunehmende Fremdsprachenkenntnisse breiter Bevölkerungsschichten eine große Rolle. Aber auch der **Prestigewert** durch die Begegnung mit fremden Kulturen sowie die **Abenteuerlust** durch das Leben in scheinbar noch unberührter exotischer Natur machte Fernreisen besonders attraktiv. Zu diesen „Pull-Faktoren" kamen die „Push-Faktoren" in den näher gelegenen traditionellen Reisegebieten des In- und Auslandes wie deren massentouristische Überlastung, ungünstiges Preis-Leistungs-Verhältnis, Umweltprobleme bzw. ein gesunkener Prestigewert zum Tragen.

### Rahmenbedingungen für den Ferntourismus in den Zielgebieten

In Anbetracht der enormen Bedeutung des Ferntourismus ist es nicht verwunderlich, dass die Entwicklungsländer seit etwa 1970 in ihrer Landschaft und Kultur ein enormes Entwicklungspotenzial erkannten. Aber nur wenige bevorzugte Entwicklungsländer können aufgrund von Gunstfaktoren an dieser touristischen Entwicklung teilhaben.

Im Vordergrund stehen nämlich **natürliche Faktoren** wie ein hoher Küstenanteil und die Lage an warmen Meeren, tropische Vegetation und Tierwelt. Zudem besitzen die tropischen und subtropischen Fernreiseregionen gegenüber den herkömmlichen europäischen Reisezielen den Reiz unverbrauchter landschaftlicher Schönheit und Exotik.

Wichtig sind aber auch **klimatisch günstige Bedingungen** wie hohe Temperaturen und lange Sonnenscheindauer sowie Trockenzeiten. In den meisten Fernreiseländern herrschen diese Bedingungen im Nordwinter, wenn dort die Lust auf „Sonnenziele" am größten ist.

Daneben spielen auch **kulturelle Faktoren** wie Bauwerke und Städte ehemaliger Hochkulturen, Kultstätten fremder Religionen, Kunstgewerbe und traditionelle Gesellschaftssysteme eine Rolle.

Nicht zuletzt kommen auch noch **wirtschaftliche Faktoren** wie das niedrige Preisniveau hinzu. Die Entwicklungsländer bieten ein sehr gutes Preis-Leistungs-Verhältnis, da trotz relativ hoher Flugpreise die Aufenthaltskosten durch ein geringes Lohnniveau und günstige Nahrungsmittelpreise sehr gering sind. Viele Regierungen unterstützen zudem diese Niedrigpreispolitik durch Steuererleichterungen und niedrige Gebühren für Fremdenverkehrsbetriebe.

Weitere „Pull-Faktoren" sind die zunehmende **Liberalisierung im grenzüberschreitenden Verkehr** durch erleichterte Einreise-, Zoll- und Devisenbestimmungen. Aber auch die politische Stabilität, geringe Kriminalität, gute medizinische und hygienische Bedingungen sowie eine Aufgeschlossenheit der Einheimischen gegenüber Fremden spielen eine wichtige Rolle.

## 3.2 Chancen und Risiken touristischer Erschließung in Entwicklungsländern

Mit der Erschließung für den Tourismus verfolgen alle Fernreiseländer der Dritten Welt vorrangig wirtschaftliche Ziele.

### Ferntourismus: Deviseneinnahmen und Einkommen

Der Tourismus ist für viele Entwicklungsländer die bedeutendste (in einigen Staaten sogar die einzige) Quelle für **Deviseneinnahmen**, die oft sogar die Einkünfte aus dem Export von Rohstoffen und Waren übertreffen. Besonders ressourcenarme Staaten profitieren hier, zumal viele mineralische und agrarische Ausfuhrgüter auf dem Weltmarkt stagnierende bzw. rückläufige Preise erzielen. Somit sind die Deviseneinnahmen durch den Tourismus eine wichtige Säule der Volkswirtschaft vieler Entwicklungsländer:

- Steuern und Gebühren aus dem Tourismus tragen zum großen Teil den Staatshaushalt und steigern das BIP.
- Der Tourismus spielt eine wesentliche Rolle bei **Verbesserung der Zahlungsbilanz**. Da viele Entwicklungsländer in den letzten Jahrzehnten eine beachtliche Exportwirtschaft aufgebaut haben, weisen deren Handelsbilanzen hohe Negativsalden auf. Durch die touristischen Deviseneinnahmen können diese Defizite in der Außenhandelsbilanz kompensiert werden.

- Der Tourismus generiert für viele Menschen ein **mehr oder weniger geregeltes Einkommen**. Zudem transferieren die meist zugewanderten Tourismusbeschäftigten häufig einen beträchtlichen Teil ihres Einkommens an die Verwandten im Binnenland. Diese **Kapitalflüsse** lindern die oft bedrückende Armut in ländlichen Räumen und leiten hier eine bescheidene Wirtschaftsentwicklung ein.
- Die Ausgabe der direkten und indirekten touristischen Einnahmen auf den Märkten, im Handel oder Handwerk des Landes sind wiederum **Motor der gesamtwirtschaftlichen Entwicklung**.

Für die nationalen Volkswirtschaften sind die **Nettodeviseneffekte** von großer Bedeutung, d. h. welcher Anteil der Einnahmen der eigenen Wirtschaft zugutekommt. Denn im Durchschnitt landet nur etwas mehr als ein Drittel der touristischen Ausgaben in den Kassen der Zielgebiete, der Rest verbleibt bei ausländischen Hotelbesitzern, Reisekonzernen und Fluggesellschaften. Entscheidend für die Nettodevisen ist, wie hoch der industrielle und landwirtschaftliche Entwicklungsstand eines Landes ist. Wirtschaftlich gut entwickelte Fernreiseländer erzielen über 50 % Nettodevisen, da die meisten der von der Tourismuswirtschaft benötigten Leistungen im Land selbst erzeugt werden können. Touristisch monostrukturierte Staaten haben hingegen einen sehr großen Devisenrückfluss.

| Anteil für die Ausgaben bei einer Pauschalreise an den Gesamtausgaben (= 100 %) | | davon fließen in das Quellgebiet zurück | davon bleiben im Zielgebiet |
|---|---|---|---|
| Reiseveranstalter und Reisebüro | (20 %) | 100 % | 0 % |
| Flug und Flughafengebühren | (40 %) | 90 % | 10 % |
| Hotel, Personal, Speisen, Getränke | (24 %) | 40 % | 60 % |
| Exkursionen, Einkäufe, Souvenirs | (16 %) | 30 % | 70 % |

M 83: Allgemeine Bilanz von Gewinnanteilen an einer Pauschalreise zwischen Quell- und Zielgebiet

Auch die **Art der Fernreise** ist für die Nettodeviseneinnahmen von großer Bedeutung. Tätigen **Rucksacktouristen** die meisten Ausgaben bei regionalen Anbietern, werden bei **Pauschaltouristen** die Reisekonzerne einen großen Teil der Reiseausgaben beanspruchen. Beim **All-Inclusive-Urlaub** wiederum, bei der die Urlauber sämtliche Dienstleistungen beim Reiseveranstalter bezahlen und in abgeschlossenen Hotelanlagen leben, werden die Einheimischen von den Gewinnen aus dem Tourismus weitgehend ausgeschlossen. „All-inclusive" erzeugt für die Reiseunternehmen mit 81 % die höchsten

Gewinnspannen. Auch der **Kreuzfahrttourismus** praktiziert das Prinzip des größtmöglichen Gewinns. Die Ausgaben für Transport, Übernachtung und Verpflegung landen zu 100 Prozent in den Taschen der internationalen Tourismusbetriebe. Nur bei kurzen Landaufenthalten geben Kreuzfahrttouristen einen Bruchteil ihres Urlaubsgeldes in den bereisten Ländern selbst aus. Stets müssen also von den Bruttodeviseneinnahmen all jene Ausgaben abgezogen werden, die zur Erzeugung des Fremdenverkehrsangebots ins Ausland zurückfließen:

- **Zinsleistungen** für ausländische Kapitalleistungen,
- **Investitionen** in Bau und Wartung **touristischer Infrastruktur** wie Straßen, Flughäfen oder Versorgungseinrichtungen,
- **Importausgaben** für westliche **Konsum- und Investitionsgüter** sowie touristische Dienstleistungen, um den Ansprüchen der Touristen gerecht zu werden.

Da viele Entwicklungsländer diese Vorleistungen nicht aus eigener Kraft aufbringen können, sind sie auf **ausländische Investoren** angewiesen. Deren Gewinntransfer bewirkt weiteren **Devisenabfluss**. Die Reisedevisenausgaben wuchsen so in einigen Ländern schneller als die Einnahmen; nicht wenige Entwicklungsländer weisen derzeit hohe Schulden auf.

Auf regionaler Ebene kann es wiederum durch die touristischen Einnahmen durch die Vergrößerung der Geldmenge zu **Preissteigerungen** kommen, was über den Anstieg des Preisniveaus und der Geldentwertung zu einer **Inflation** der heimischen Währung führt. Im Fall von **Krisen** kommt es zu Einbrüchen bei den Touristenzahlen und den Deviseneinnahmen, was sich dann in allen Wirtschaftsbereichen niederschlägt.

**Risikofaktoren** sind Kriege oder regionale **Konflikte** bzw. Terroranschläge oder Geiselnahmen, Ausbreitung von Infektions- und epidemischen **Krankheiten**, aber auch wirtschaftliche Probleme oder Veränderung des Urlaubsgeschmacks in den Quellgebieten. **Naturkatastrophen** beeinflussen die Wahl eines Urlaubsorts ebenso negativ wie Medienberichte über ökologische und soziale Folgen des Massentourismus. Besonders krisenanfällig sind natürlich solche Staaten, deren Wirtschaft monostrukturiert auf den Tourismus ausgerichtet ist.

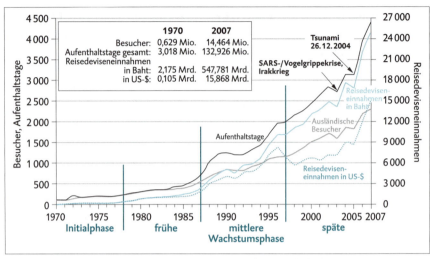

M 84: Entwicklung der Besucherzahlen und Reisedeviseneinnahmen in Thailand (1970 = 100)

### Ferntourismus: Beschäftigungseffekte

Der Tourismus schafft Arbeitsplätze für die breite Masse der Bevölkerung, was in den agrarischen Entwicklungsländern die hohe Arbeitslosigkeit und den Überbesatz an Arbeitskräften in der Landwirtschaft mildert. Als **arbeitskräfteintensiver Sektor** ersetzt er in den Entwicklungsländern den Mangelfaktor Kapital durch den Überschussfaktor Arbeit, d. h., pro investierte Kapitaleinheit entstehen relativ viele touristische Arbeitsplätze mit Beschäftigungseffekten in anderen Bereichen, z. B. Landwirtschaft, Fischerei oder Bauwirtschaft. Diese direkt und indirekt geschaffenen formalen Arbeitsplätze werden durch Arbeitsplätze im **informellen Sektor** ergänzt, z. B. fliegende Händler, Boots- oder Trekkingführer. Die durch den Tourismus geschaffenen Arbeitsplätze erfordern zumeist nur eine **geringe Qualifikation** und sind deshalb schlecht bezahlt. Zudem gibt es in den meisten Ländern keine gesetzlich geregelte Bezahlung und Arbeitszeit bzw. fehlt deren Überwachung. Eine soziale Absicherung ist oft nicht vorhanden. Ein weiterer problematischer Aspekt ist die häufige **Saisonalität** der Beschäftigung. In Abhängigkeit von Trocken- und Regenzeiten sind die touristischen Einrichtungen außerhalb der Hauptsaison meist nicht stark frequentiert, sodass Entlassungen üblich sind. Negative Aspekte zeigen sich besonders in Form von Kinderarbeit. Der Tourismus bietet aber auch aufgrund seiner Struktur Frauen eine große Chance: So liegt der Anteil der im Tourismus beschäftigten Frauen in der Dritten Welt bei etwa 60 %.

## Ferntourismus: Regionalentwicklung

Viele Entwicklungsländer weisen ausgeprägte wirtschaftsräumliche Disparitäten auf. Die Standortansprüche des Tourismus bevorzugen eher periphere Küstenregionen sowie entlegene Gebiete. Der Fremdenverkehr bietet die Chance, die **Disparitäten abzuschwächen**, periphere Gebiete infrastrukturell zu erschließen und wirtschaftlich zu beleben.

Die lokale Bevölkerung profitiert aber nur dann von der neu geschaffenen Infrastruktur, wenn Straßen, Kanalisation, Wasser- und Stromleitungen nicht nur auf die Touristenhotels ausgerichtet sind, sondern auch Wohnviertel erschließen. Da die neu geschaffenen Fremdenverkehrsorte oftmals Ziele von Arbeitsuchenden sind, kann es einerseits zur Milderung der Probleme in den dicht besiedelten Räumen des Landes kommen, andererseits können sich jedoch aufgrund des Drucks der Zuwanderer in touristischen Regionen die Einkommens- und Lebensverhältnisse der lokalen Bevölkerung verschlechtern. Zudem besteht die Gefahr durch die Konkurrenz anderer bzw. neuer Urlaubsgebiete. Ist nämlich ein Urlaubsziel „kaputt entwickelt" oder ist die Gewinnspanne gänzlich ausgeschöpft, ziehen die globalen Tourismuskonzerne in eine neue unverbrauchte Peripherregion weiter und hinterlassen eine ökonomisch, sozial und ökologisch ruinierte Tourismusregion.

### Modellhafter Ablauf touristischer Erschließung

- **Pionierphase:** Entdeckung der Region durch Individualreisende, Nutzung einfacher Unterkünfte und Dienstleistungen der einheimischen Bevölkerung, Bildung von Kleinstbetrieben des informellen touristischen Sektors.
- **Initialphase:** staatliche Infrastrukturinvestitionen in die Region, Bau touristischer Infrastruktur, Belieferung dieses touristischen Entwicklungspols mit Nahrungs- und Genussmitteln bzw. Bauleistungen aus der Hauptstadt bzw. umfangreiche Einfuhren aus dem Ausland.
- **Wachstumsphase:** Ausbau des Standorts zu einem Touristenzentrum durch weitere Investitionen aus dem In- bzw. Ausland, daher boomender lokaler und regionaler Bausektor, Pauschalreisen durch globale Veranstalter, Übergang vom informellen zum formalen touristischen Sektor, Rekrutierung von Arbeitskräften aus der nahen, aber auch weiteren Umgebung, Einbindung der heimischen Agrarwirtschaft aufgrund des steigenden Bedarfs an Nahrungsmitteln.
- **Konsolidierungsphase:** ausgebautes Touristenzentrum, daher Bedeutungsverlust der Bauindustrie durch nachlassende Bautätigkeit, Förderung der heimischen Agrarwirtschaft und Nahrungsmittelindustrie zur Belieferung des Urlaubsorts, Rückgang ausländischer Importe.

# Eine Welt – Globalisierung

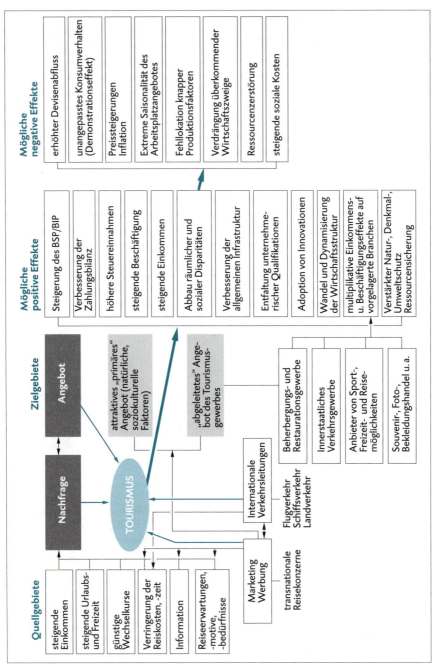

M 85: Strukturmodell zu den Grundlagen und Auswirkungen des Ferntourismus

## 3.3 Kultureller Einfluss des Ferntourismus

Tourismus in der globalisierten Welt hat auch eine kulturelle Dimension. Mio. Menschen gewinnen über den Ferntourismus **Einblicke in fremde Lebensverhältnisse**; dies gilt für beide – Reisende wie Bereiste. Der kulturelle Austausch kann für beide Seiten bereichernd und innovativ sein. Doch die Bewertung der vom Tourismus ausgehenden soziokulturellen Effekte ist außerordentlich schwer, zumal die Entwicklungsländer auch ohne den Einfluss des Tourismus im Zuge der Globalisierung in vielen Lebensbereichen einen sozialen Wandel durchlaufen.

### Kultureller Einfluss auf die Zielgebiete

Positive Folgen des Ferntourismus sind hier die intensive **Wahrnehmung der eigenen Kultur** und die Förderung des Identitätsbewusstseins, aber auch die Wiederbelebung alter, nicht mehr gelebter oder verlorener Kulturelemente: Dadurch wird eine vielfältige, für Touristen „exotische" Kultur als wichtige touristische Ressource des Ferntourismus erhalten:

- Traditionelles Kunsthandwerk, Bildhauerei und Malerei blühen auf.
- Historische Denkmäler und Bauwerke, die ansonsten wegen Geldmangels verfallen würden, können renoviert und gepflegt werden.
- Kulturelle Darbietungen wie Tanz und Theater werden neu belebt.
- Alte Volksfeste und Bräuche werden vor dem Vergessen bewahrt.

Der Tourismus ermöglicht aber auch das „Überwechseln" in moderne Wirtschaftsbereiche und damit den sozialen Aufstieg. Oft erfahren die Menschen der Zielgebiete neue, ihnen bisher verschlossene Lebensentwürfe, z. B. die **Gleichwertigkeit der Geschlechter**. Dies kann besonders den Frauen in der Dritten Welt eine neue Rolle in der Gesellschaft eröffnen. Allerdings: Frauen unterliegen aber auch in besonderem Maße der Ausbeutung durch den Sextourismus. Im negativen Sinn kann es aber auch zur **Kommerzialisierung** vieler **traditioneller Kulturelemente** und damit zu einem Verlust der kulturellen Identität kommen:

- Religiöse Tänze werden nach dem Geschmack der Touristen abgeändert.
- Indigene, zum Teil unberührte Zivilisationen posieren in ihren Trachten für ein Foto bzw. spielen den Touristen ein nicht mehr existentes ursprüngliches Leben vor.
- Traditionelle Gebrauchsgegenstände, Schmuck oder Stoffe werden als Souvenirs verkauft; sakrale Gegenstände, wie etwa Buddhafiguren, werden in Massen für Touristen produziert und so profanisiert.

Ebenso kann der Ferntourismus zur **„Verwestlichung"** der Zielländer führen. Die bereisten Kulturen vergleichen ihre sozialen Standards, traditionellen Werte, Lebensstile und Konsummuster mit denen der als erfolgreich und fortschrittlich erachteten Lebenswelt der „westlichen" Touristen. Dieser Vergleich kann bei der einheimischen Bevölkerung

- zu einer **Entfremdung** gegenüber der eigenen Kultur führen,
- ein Gefühl der Unterlegenheit oder **Minderwertigkeit** hervorrufen,
- zur **Nachahmung von Konsumgewohnheiten** animieren.

Die negativsten soziokulturellen Folgen des Tourismus sind jedoch Kriminalität und Prostitution.

### Kultureller Einfluss auf die Quellgebiete

Das Erleben einer fremden Kultur zählt zu den wesentlichen Reisemotiven der Ferntouristen. Der Einblick in Lebensweisen, Gesellschaft und Religion des Gastlandes führt im Quellgebiet zu einem besseren **Verständnis gegenüber** den **bereisten Kulturen** und **deren Lebensumstände**. Dies findet auf vielfältige Weise in den Heimatländern der Touristen seinen Niederschlag (vgl. z. B. Zunahme von Freizeitangeboten der Urlaubskultur wie Salsakursen, Bauchtanz oder Afrikafestivals; Änderung der Lebenseinstellung und Verhaltensweisen, z. B. buddhistische Meditation, chinesische oder ayurvedische Medizin und Massagen usw.). Nicht zuletzt können der scheinbare Reichtum oder das erfolgreiche und fortschrittliche Auftreten der Touristen auch Auslöser von Migrationsströmen aus den Urlaubs- in die Quellgebiete sein.

## 3.4 Probleme der Tragfähigkeit am Beispiel der Inseln Tao, Phangan und Samui in Thailand

Mit über 14 Mio. Besuchern, drei Mio. Beschäftigten und 15,3 Mrd. US-$ Nettodeviseneinnahmen war der Tourismus im Jahr 2007 ein bedeutender Wirtschaftsfaktor Thailands. Seit etwa 1975 förderte der Staat die Erschließung peripherer touristischer Regionen durch Infrastrukturmaßnahmen, Steuererleichterungen oder direkte Subventionen für private Investoren. Besaß bislang nur die Hauptstadt Bangkok einen Interkontinentalflughafen, wurden in der Peripherie, etwa in Samui, **neue Flughäfen als Einfallstore** für den internationalen Tourismus eröffnet. Vormals kleine isolierte und unterentwickelte Inseln wie Samui, Phangan und Tao im Golf von Thailand wurden zu **Standorten des Massentourismus** mit vielen Tausend Besuchern pro Jahr.

M 86: Strand auf der thailändischen Insel Tao

Die winzige, nur 21 km² große Insel Tao im Golf von Thailand, bis 1932 Verbannungsort für politische Gefangene, ist ein markantes Beispiel für die schnelle und **tiefgreifende touristische Überformung**. 1970 zählte die Insel ca. 300, im Jahr 2007 ca. 4 000 Bewohner. 1983 gab es nur ein Hotel mit fünf Zimmern; 2007 waren es 142 Betriebe mit 2 854 Zimmern, die 1,23 Mio. Übernachtungen verzeichneten. Nächtliche Strandpartys mit lauter Musik zählen heute zu den touristischen Attraktionen. Und die heimischen Restaurants bieten entsprechend der Nachfrage „westliche" Speisen wie Pizza, Hamburger, Döner und Croissants an.

### Das Problem der sozioökonomischen Tragfähigkeit

Die **Wirtschafts-** und **Gesellschaftsstruktur** dieser vormals ausschließlich von einer wenig entwickelten Landwirtschaft und Fischerei abhängigen Inseln wurde durch den Tourismus **radikal umgestaltet**. Zählten die Inseln vor dem Eintreffen der Touristen zu den Problemregionen Thailands mit Subsistenzwirtschaft, spärlichem Einkommen und hoher Abwanderung, entwickelten sie sich seit dem Massentourismus zu **Zuwanderungsräumen mit relativem Wohlstand** (BIP pro Kopf über Landesdurchschnitt).

Anfang der 1980er-Jahre waren es noch Rucksacktouristen, die in einfachen Unterkünften preiswert Urlaub machten. Ein großer Anteil des Übernachtungsgewerbes und fast die gesamten ergänzenden Dienstleistungen der Fremdenverkehrsinfrastruktur wie Ticketagenturen, Motorradverleiher oder Garküchen wurden damals ausschließlich von **Kleinstbetrieben des infor-**

**mellen Sektors** erbracht. Diese kleinbetriebliche Struktur bot Einkommen und viele Arbeitsplätze für eine relativ große Zahl von selbstständig Beschäftigten. Doch mit steigenden Besucherzahlen und der Zunahme von Pauschaltouristen verdrängten aufgrund größerer Kapitalausstattung und Leistungsfähigkeit, aber auch wegen deren besserer Einflussnahme auf Behörden und neuer gesetzlicher Auflagen mehr und mehr **formelle Betriebe**, die von **Investoren vom Festland** oder aus Bangkok betrieben werden, diese informellen Betriebe der Einheimischen. Die schnelle Entwicklung qualitativ hochwertiger Hotellerie wurde zusätzlich durch das **Kapital ausländischer Reisekonzerne** unterstützt, die die Ressorts von inländischen Eigentümern pachteten oder als Franchise-Betriebe von inländischen Hoteliers führen ließen.

Da 93 % der Inselflächen nicht besiedelbar sind, konzentriert sich der Massentourismus auf die Sandstrände der schmalen Küstenstreifen und Buchten, was dazu führte, dass die **Bodenpreise** des vorher weitgehend wertlosen Landes **extrem gestiegen** sind.

Vormals arme, aber Land besitzende Fischer und Bauern wurden so oft wohlhabend, andererseits aber auch wieder von reichen auswärtigen Investoren verdrängt. **Konflikte um Land-** und **Erbrechte** waren typisch. Weitgehend ungesicherte Landrechte und das Fehlen einer steuernden regionalen Raumplanung haben mit dazu beigetragen, dass die Landvergabe und die **touristische Erschließung ungeplant** und **chaotisch** verlief. Die zu erwartenden Gewinne führten zu Vetternwirtschaft und **Korruption** sowie der Gefahr des Ausverkaufs lokaler Ressourcen an zahlungskräftige und einflussreiche Investoren von außerhalb. Es kam aber auch zu einer reinen **Landspekulation** von meist von Bangkok aus operierenden Geschäftsleuten, welche die Eigentumsrechte über das Land an attraktiven Küstenabschnitten erwarben. Unterstützt wurde die individuelle Vorteilsnahme durch das Fehlen einer durchsetzungskräftigen Rechtsprechung bzw. von Sanktionsmöglichkeiten.

Die meist spontane und ungeplante Erschließung neuer Küstenabschnitte in größerem Stil führte zu massiven **Raumnutzungskonflikten**, da wenig Rücksicht auf die sozialen Belange vor Ort genommen wurde bzw. die breite lokale Bevölkerung meist nicht daran beteiligt war.

Da in der Hochsaison auf den Inseln ein **Arbeitskräftemangel** herrscht und daher die Lohneinkommen für Thailänder um 50 % höher als auf dem Festland sind, wird von den auswärtigen Investoren die **Zuwanderung billiger Arbeitsmigranten** forciert. Dadurch etabliert sich ein unsicherer Arbeitsmarkt mit Billiglöhnen, ungeregelten saisonalen Beschäftigungs- und Arbeitsverhältnissen ohne Schutzmaßnahmen und Sozialvorsorge.

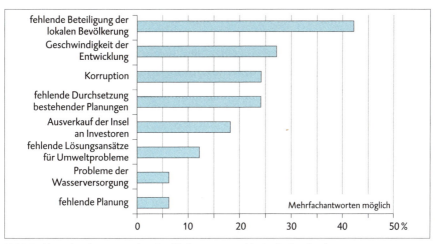

M 87: Probleme bei der touristischen Erschließung einer südthailändischen Insel aus Sicht von Besitzern lokaler Kleinbetriebe

## Das Problem der ökologischen Tragfähigkeit

Der Massentourismus droht, seine eigenen Grundlagen, eine intakte und für Touristen attraktive natürliche Umwelt, zu zerstören:

- Der Bauboom ohne raumplanerische Vorgaben und Bauvorschriften führte entlang der Strände und Buchten der Inseln zur **Zersiedlung** der Landschaft und zu **verdichteter Bebauung**. So wurden kleine dörfliche Siedlungen in kürzester Zeit Tourismuszentren mit über 10 000 Gästebetten.

- Eine geregelte **Abfallentsorgung** ist auf den Inseln ein kaum lösbares Problem. Der anfallende Müll wird am Straßenrand oder in der Landschaft wild deponiert, vergraben oder verbrannt bzw. in das Meer gekippt. Monsunale Starkregen spülen dann giftige Schadstoffe und Krankheitserreger über das Grund- oder Oberflächenwasser in die Küstengewässer. Nur die wertvollen Teile des Mülls, insbesondere Plastik- und Getränkeflaschen, werden aufs Festland verschifft.

- Der Flächenbedarf beseitigt oder **überbaut** ökologisch **wertvolle Naturräume** und Biotope und zerstört damit die Lebensgrundlage der Fauna, z. B. von Schildkröten. So wurden im Zuge der Ausdehnung der Touristenzentren Lagunen und Strandseen trockengelegt und Mangrovenbiotope abgeholzt. Die Abholzung der Mangrovenwälder und die Bebauung der Strände verändern die Wasserzirkulation und verstärken die Erosion an den Küsten. Der dadurch anfallende Sand und Schlamm schüttet wiederum die für den Tauchtourismus wichtigen **Korallenriffe** zu und lässt sie allmählich absterben.

- Ein großes Problem stellt die **Abwasserbeseitigung** dar. Aufgrund fehlender Kanalisation werden die Haushaltsabwässer und die Fäkalien aus Unterkünften und Restaurants in einfachen Sickergruben entsorgt oder direkt ins Meer geleitet. Dadurch wird die Sauerstoffkapazität des Meerwassers reduziert; es kommt zum Artensterben der marinen Fauna.
- Der lokale und touristische Verkehr führt auf den wenigen, oft durch enge Dorfgassen verlaufenden Inselstraßen zu hohem **Lärmpegel, Abgasen und Feinstaubemissionen**.
- Durch den Massentourismus wird die **Tragfähigkeit** des marinen Insel-Ökosystems überschritten. Tauchtouristen beschädigen durch ungeschicktes Verhalten oder durch bewusstes Abbrechen von Korallen als Souvenir die für die marine Fauna so wichtigen Korallenriffe. Das Befahren der Riffe mit Motorbooten sowie Schiffsanker führen zur großflächigen Zerstörung der Korallenriffe. Auch die Müll- und Abfallentsorgung ins Meer trägt zum **Absterben der Korallen** und damit zur Zerstörung dieser so wichtigen touristischen Ressource tropischer Tauchparadiese bei.

Die politischen Instanzen haben zwar entsprechend der volkswirtschaftlichen Bedeutung des Tourismus und dessen Ansprüchen zahlreiche Umweltgesetze erlassen, jedoch **fehlen** die **Kontrollinstanzen** zur Umsetzung höherer Umweltstandards. Nationalen und lokalen Eliten und Wirtschaftsakteuren gelingt es oft, ihre **kurzfristigen ökonomischen Interessen** unter Missachtung ökologischer Nachhaltigkeit durchzusetzen.

### Übungsaufgaben: Ferntourismus

**Aufgabe 27** Erläutern Sie mithilfe geeigneter Atlaskarten die naturräumliche und kulturelle Attraktivität sowie die positiven sozioökonomischen Rahmenbedingungen Thailands als Zielgebiet des Ferntourismus.

**Aufgabe 28** Stellen Sie tabellarisch die ökonomischen Chancen des Ferntourismus den Risiken gegenüber.

Ferntourismus 143

Aufgabe 29 Zeigen Sie den im Verlaufsmodell M 88 dargestellten Vorgang touristischer Erschließung in Entwicklungsländern auf.

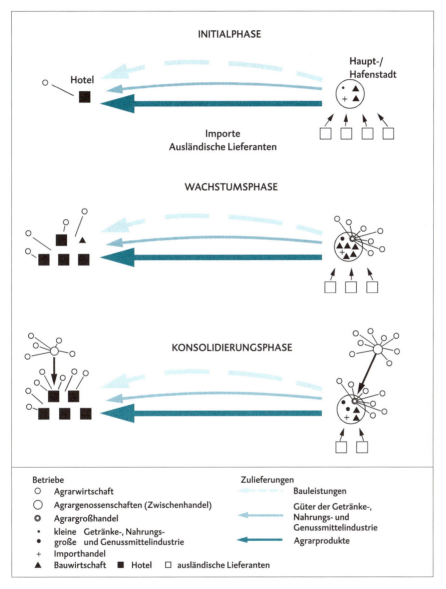

M 88: Modell der raumzeitlichen Entfaltung des touristischen Beherbergungsgewerbes eines ressourcenarmen Inselstaates am Beispiel der Verflechtung mit der Bau- und Agrarwirtschaft sowie der Getränke-, Nahrungs- und Genussmittelindustrie

# 4 Versuche zur Steuerung des Globalisierungsprozesses

## 4.1 Zielsetzungen bedeutender Wirtschaftsblöcke und Staaten

Neben den internationalen funktionalen Vernetzungstendenzen zeigen sich im Rahmen der Globalisierung **großregionale Verdichtungsprozesse** und eine **Clusterung von Staaten**, welche durch Handelsabkommen ihre Wirtschaftspotenziale inter- und intraregional stärken wollen. Dabei tritt die Triade der derzeit drei großen Wirtschaftsräume Europa (EU), Nordamerika (NAFTA) und Asien-Pazifik (China, Japan und die ASEAN-Staaten) in den Vordergrund der Betrachtung. Diese drei Großregionen decken derzeit etwa vier Fünftel der globalen Warenexporte ab.

### Beispiele internationaler Wirtschaftszusammenschlüsse

**EU (Europäische Union)**
- Aus derzeit 27 Staaten bestehender Staatenverbund, der den weltgrößten gemeinsamen Markt, den Europäischen Binnenmarkt, bildet.
- Entstanden aus den 1951 und 1957 (Römische Verträge) gegründeten Europäischen Gemeinschaften (EGKS = Europäische Gemeinschaft für Kohle und Stahl; EWG = Europäische Wirtschaftsgemeinschaft; EURATOM = Europäische Atomgemeinschaft).
- Ziele: u. a. Förderung des wirtschaftlichen und sozialen Fortschritts in Europa z. B. durch Schaffung eines gemeinsamen europäischen Binnenmarkts (1993), Einführung einer Währungsunion (1999), Ausgleich wirtschaftlicher und sozialer Disparitäten innerhalb der Mitgliedsstaaten; gemeinsame Außen- und Sicherheitspolitik usw.

**NAFTA (North American Free Trade Agreement)**
- 1994 gegründeter Wirtschaftsverbund und Freihandelszone zwischen den USA, Kanada und Mexiko.
- Ziele: Verstärkung der wirtschaftlichen Kooperation durch Abschaffung, Senkung oder Aussetzung von Zöllen; Steigerung der internationalen Wettbewerbsfähigkeit.
- Kein Status mit supranationaler Verwaltungsform (im Vergleich zur EU), sondern lediglich eine Kooperationsabsicht auf der Grundlage zwischenstaatlicher Verträge.

**ASEAN (Association of Southeast Asian Nations)**
- 1967 gegründete Organisation südostasiatischer Staaten (heute: Thailand, Indonesien, Malaysia, Philippinen, Singapur, Brunei, Vietnam, Myanmar, Laos).
- Ziele: Förderung der wirtschaftlichen und sozialen Entwicklung sowie der politischen Stabilität; Aufbau eines politisch organisierten Schutzes der Menschenrechte.
- Status einer Interessengemeinschaft, die wirtschaftliche und politische Entscheidungen im freiwilligen Konsens trifft.

Generell betrachtet konzentrieren sich die Welthandelsströme derzeit mehrheitlich auf eine relativ kleine Gruppe von hoch entwickelten Staaten, allen voran die USA, Deutschland und Japan. Die acht wirtschaftsstärksten Länder der Erde wickeln über die Hälfte des gesamten Welthandelsverkehrs ab.

| Rang | Exporteur | Wert | Rang | Importeur | Wert |
|---|---|---|---|---|---|
| 1 | China | 1 506 | 1 | USA | 1 936 |
| 2 | Deutschland | 1337 | 2 | China | 1 327 |
| 3 | USA | 1289 | 3 | Deutschland | 1 099 |
| 4 | Japan | 765 | 4 | Japan | 639 |
| 5 | Großbritannien | 685 | 5 | Frankreich | 590 |
| 6 | Frankreich | 517 | 6 | Großbritannien | 561 |
| 7 | Niederlande | 485 | 7 | Italien | 473 |
| 8 | Südkorea | 464 | 8 | Niederlande | 429 |
| 9 | Italien | 448 | 9 | Südkorea | 422 |
| 10 | Russland | 400 | 10 | Kanada | 401 |
| 11 | Hongkong | 388 | 11 | Indien | 359 |
| 12 | Singapur | 358 | 12 | Spanien | 315 |
| 13 | Mexiko | 298 | 13 | Singapur | 310 |
| 14 | Belgien | 284 | 14 | Mexiko | 306 |
| 15 | Taiwan | 274 | 15 | Belgien | 285 |

M 89: Die größten Exporteure und Importeure der Welt 2010 (Mrd. US-$)

In besonderem Maße fällt die ungeheure wirtschaftliche Expansion Chinas etwa seit Beginn der 1990er-Jahre auf. Insgesamt betrachtet verfügen China und der Großteil der ost- und südostasiatischen Staaten über enorme jährliche wirtschaftliche Zuwachsraten im Bereich zwischen 4 % und 10 % (siehe auch folgende Abbildung). Mit Ausnahme der ehemaligen Tigerstaaten Singapur, Hongkong (als Teilwirtschaftszone Chinas), Südkorea und Taiwan hängen das jeweilige Pro-Kopf-Einkommen und damit die Kaufkraft trotz des wirtschaftlichen Booms im internationalen Vergleich deutlich hinterher.

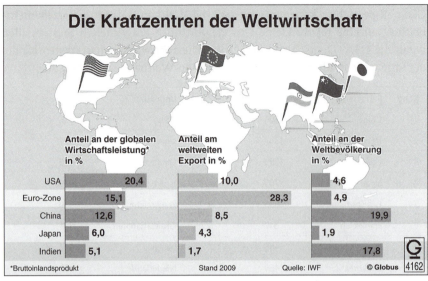

M 90: Die Kraftzentren der Weltwirtschaft

## 4.2 Instrumente zur Steuerung des Welthandels

Die **Neue Weltwirtschaftsordnung** (engl.: *New International Economic Order,* siehe auch S. 21 f.) kennzeichnet den Versuch einer Verbesserung internationaler Wirtschaftsverflechtungen zwischen Entwicklungs- und Industrieländern, der erstmals im Jahre 1973 im Umfeld der internationalen Ölkrise formuliert wurde. Gefordert wurden dabei vonseiten der Entwicklungsländer Verbesserungen in der internationalen Rohstoff- und Handelspolitik, Strategien zur Schuldenentlastung und die Neuordnung der Entwicklungshilfe.

Einer der Kernbausteine ist das **Integrierte Rohstoffprogramm**, mit dessen Hilfe die Preisschwankungen wichtiger Rohstoffe auf dem Weltmarkt durch einen Ausgleichsfonds gepuffert werden und somit den Rohstoffe besitzenden Entwicklungsländern gerechtere Entwicklungschancen ermöglicht werden sollten. Hauptinstrument war die Schaffung von Ausgleichslagern (*Buffer Stocks*), mit deren Hilfe durch bewusstes Zurückhalten bzw. Auf-den-Markt-Bringen bestimmter Rohstoffmengen deren Preisschwankungen minimiert werden könnten.

Das Programm der Neuen Weltwirtschaftsordnung und des Integrierten Rohstoffprogramms hat bei Weitem nicht die ursprünglich gewünschten Erfolge gebracht. Es beschränkt sich heute auf wenige, eher schlecht als recht realisierte Abkommen zur Preisstabilisierung etwa bei Kautschuk, Tropenholz, Kaffee und Rindfleisch.

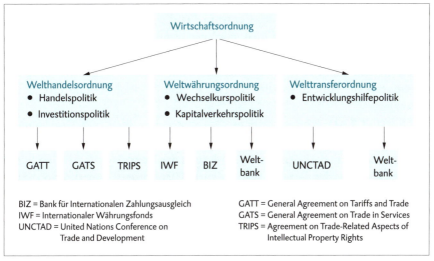

M 91: Weltwirtschaftsordnung: Bereiche und bedeutende Institutionen

Die **Welthandelsorganisation, WTO** (engl. World Trade Organization) mit Sitz in Genf stellt eine global agierende Organisation dar, die die Welthandelsbeziehungen zu regeln versucht. Ihre Basis ist seit 1995 das General Agreement on Tariffs and Trade (GATT). Hauptziele sind u. a. die Schaffung einer offeneren Welthandelsordnung, der Abbau von Handelshemmnissen (Zölle, Gebühren), die Regelung des weltweiten Lizenz- und Patentwesens und die Steuerung von Investitionen. Die WTO verfügt zurzeit über 150 Mitgliedsstaaten, darunter die EU-Staaten, die USA, Japan und China, sowie zahlreiche Länder mit Entwicklungsdefiziten (etwa zwei Drittel der gesamten Mitglieder).

Der **Internationale Währungsfonds** (IWF) als eine Unterorganisation der Vereinten Nationen mit Sitz in Washington D. C. zielt ab auf eine Förderung der Kooperation in der globalen Währungspolitik, die Stabilisierung von Wechselkursen, die Überwachung der globalen Geldpolitik inklusive Kreditvergabe und die Ausweitung des Welthandels unter Einbeziehung seiner Mitgliedsstaaten. Das Stimmrecht seiner 186 Mitgliedsstaaten richtet sich nach deren Kapitalanteil, sodass wirtschaftsstarke Länder wie die USA, Japan, Deutschland,

Frankreich, Vereinigtes Königreich und China über ausgeprägte Veto- und Sperrmöglichkeiten verfügen.

Die **Weltbank** stellt eine Sondereinrichtung der Vereinten Nationen dar. Ihre Vielfältigkeit kann durch Nennung ihrer einzelnen Komponenten verdeutlicht werden: Internationale Bank für Wiederaufbau und Entwicklung (BRD), Internationale Finanz-Corporation, Internationale Entwicklungsorganisation (IDA), Internationales Zentrum für die Beilegung von Investitionsstreitigkeiten (ICSID) und Multilaterale Investitions-Garantie-Agentur (MIGA). Hauptaufgaben der Weltbankgruppe sind die Vergabe von längerfristigen Krediten an Staaten mit Entwicklungsdefiziten, die wirtschaftliche Förderung dieser Staaten, der Aufbau sozialer Netzwerke und die Projekt- und Programmfinanzierung.

Die **UNCTAD** (*United Nations Conference on Trade and Development*, gegründet 1964, Sitz: Genf) als Organ der Generalversammlung der Vereinten Nationen konzentriert sich auf die Förderung des Handels zwischen Industrie- und Entwicklungsländern. Sie war in den 1970er-Jahren Träger des Nord-Süd-Dialogs. Die UNCTAD wendet sich seit Mitte der 1990er-Jahre stärker der Lösung von Globalisierungsproblemen und der Liberalisierung der Weltwirtschaft zu.

## 4.3 Wirksamkeit internationaler Handelsabkommen

Vor dem Hintergrund starker Globalisierungsprozesse und der ab 2008 einsetzenden Weltwirtschaftskrise sehen sich auch die internationalen Handelsabkommen heute zunehmender Kritik ausgesetzt. Dabei ist krisenunabhängig festzuhalten, dass die Ziele zur besseren Integration entwicklungsdefizitärer Staaten in den Welthandel von den zahlreichen globalen Organisationen und nationalen Institutionen durchaus ernsthaft verfolgt werden. Letztendlich kommen die wirtschaftliche Globalisierung in ihrer heutigen Form und damit auch die meisten Handelsabkommen aber den Industrieländern zugute. Dies hat mehrere Gründe:

- Die Weltwirtschaft wird von wenigen reichen Industrieländern gesteuert.
- Selbst innerhalb von Wirtschaftsverbünden geben einer oder wenige Staaten den Ton an (z. B. USA innerhalb der NAFTA).
- Der Wohlstand der Industrieländer ist letztlich Resultat eines Überschusses wirtschaftlichen Potenzials gegenüber den weniger entwickelten Ländern.
- Innerhalb der global agierenden Organisationen (z. B. Weltbank, UNCTAD etc.) bestimmen die reichen Industrieländer auf der Grundlage ihres meist

privilegierten Stimmrechts auch über die wirtschaftliche Integration weniger entwickelter Länder.
- Die Staaten mit Entwicklungsdefiziten lassen sich nicht schematisch mit einem Generalplan in die Weltwirtschaft integrieren. Die Ursachen und Ausprägungen von wirtschaftlicher Unterentwicklung sind dabei äußerst verschiedenartig und komplex.
- Seit dem Zusammenbruch des Ostblocks in den 1990er-Jahren ist in der Weltwirtschaft ein immer stärker werdender Intensivierungsprozess globaler Netzwerke in den Bereichen Kommunikation, Technologie und Kapitaltransfer festzustellen. Gerade diese Bereiche werden als Folge des starken Technologie- und Wissensvorsprungs und der vorhandenen Management-Infrastruktur in den Industrieländern eben von diesen dominiert.
- Die Globalisierung resultiert in einer verschärften globalen Konkurrenzsituation und erhöhten Wettbewerbsbedingungen. Hierdurch werden weniger entwickelte Länder oft dazu gezwungen, eventuell bereits initiierte, außerwirtschaftliche Entwicklungen (z. B. Aufbau des Bildungssektors und des Gesundheitswesens) zugunsten einer kostenminimierenden Produktion und für Investitionen in die wirtschaftliche Entwicklung aufzugeben. Dieses Phänomen des Abbaus bereits bestehender gesellschaftssozialer Standards wird als **Race to the Bottom** bezeichnet.

### Übungsaufgaben: Versuche zur Steuerung des Globalisierungsprozesses

**abe 30** Erläutern Sie, warum die Nachteile der Globalisierung nur sehr schwer durch die nationalen Gesetzgebungen der jeweiligen Länder ausgeglichen werden können.

**abe 31** Arbeiten Sie anhand des nachstehenden Textes die Wesensmerkmale und Zielsetzungen der neuen asiatischen Freihandelszone heraus und nehmen Sie Bezug auf die Gefahren, die sich hieraus für die Länder Südostasiens ergeben könnten.

## Ostasien schafft größte Freihandelszone der Welt

[…] Mit dem Jahreswechsel ist die größte Freihandelszone der Welt geschaffen worden – zumindest gemessen an ihrer Bevölkerung von fast 1,8 Milliarden Menschen. China und die sechs führenden Länder der zehn Staaten Südostasiens hatten beschlossen, mit Beginn dieses Jahres gut 90 Prozent aller Zölle zu streichen. Bis zur letzten Minute hatte Indonesien noch versucht, den Vertrag nachzuverhandeln, aus Sorge, von chinesischen Billigwaren überschwemmt zu werden. Dank weiterer Abkommen mit Australien und Neuseeland, Japan, Indien und Südkorea hat sich Südostasien zur Kernregion einer Freihandelszone entwickelt, die die halbe Welt umspannt.

Gemessen am Handelsvolumen, bildet das Abkommen zwischen China und Südostasien die drittgrößte Freihandelsregion der Erde, nach der Europäischen Union und der Nordamerikanischen Freihandelszone. Die beteiligten Länder Asiens kommen auf knapp 200 Milliarden Dollar Handelsvolumen. Vor zehn Jahren hatte es erst 39,5 Milliarden Dollar betragen. Inzwischen ist China Südostasiens drittgrößter Handelspartner nach Japan und Europa und damit an Amerika vorbeigezogen. Die Region kommt auf ein summiertes Bruttoinlandsprodukt von fast 6 000 Milliarden Dollar. „Wenn China wächst, müssen wir sicherstellen, dass wir als Lieferant Gewicht behalten", sagte der Generalsekretär des südostasiatischen Staatenbundes ASEAN, Surin Pitsuwan. Die gesamte Wirtschaftsleistung der ASEAN-Länder ist größer als diejenige Indiens. Für China interessant sind besonders Rohstoffe seiner Nachbarregion wie Palmöl, Gummi, Holz oder Gas in Ländern wie Burma (Myanmar) oder Indonesien. Zugleich hofft Peking, sich dank des wachsenden Wohlstands Südostasiens einen gewissen Ausgleich für den langsamer wachsenden Absatz seiner Waren in Europa und Amerika zu schaffen.

**Große Ängste in Indonesien**

Bis 2015 will Ostasien auch die Zölle auf die verbliebenen „sensitiven Güter", zu denen nicht nur Teile für Automobile oder auch Chemikalien zählen, sondern auch Popcorn in Indonesien oder Schneestiefel in Südkorea, auf höchstens noch 50 Prozent verringern. Schon seit 2005 arbeiten China und die sechs führenden Länder Südostasiens – Indonesien, Brunei Darussalam, Malaysia, die Philippinen, Thailand und Singapur – am Abbau der Zölle. In fünf Jahren sollen dann auch Vietnam, Burma, Kambodscha und Laos folgen. Das chinesische Handelsministerium erklärte, der Durchschnittszoll für Waren aus Südostasien liege nun bei 0,1 Prozent, nach 9,8 Prozent zuvor. Die Einfuhrgebühr für chinesische Güter in Südostasien ist von 12,8 auf nun 0,6 Prozent gefallen. Nicht berührt von dem jetzt in Kraft getretenen Handelsabkommen aber sind nichttarifäre Handelshemmnisse, die nach Ansicht von Fachleuten noch sehr viel mehr Spielraum für Senkungen bieten. Denn die Zölle, die nun gestrichen wurden, lagen in den meisten Fällen ohnehin nur noch bei rund 5 Prozent.

Indonesien, das größte Land Südostasiens, fürchtet aber für viele seiner Branchen, dass sie nun von der chinesischen Industrie überrannt werden. Als besonders gefährdet sehen die Indonesier den Textilsektor, Stahl und Elektronik an. Die Vereinigung der Schuhhersteller warnte, dass der Anteil chinesischer Hersteller am indonesischen Schuhmarkt von derzeit 40 auf 60 Prozent steigen werde. Damit würden mindestens 400 000 Arbeitsplätze in Indonesien verloren gehen. Deshalb hatte die Regierung Mitte vergangener Woche angekündigt, den Vertrag vor dem Inkrafttreten noch einmal zu überprüfen. Es blieb allerdings bislang bei der Ankündigung. Schon jetzt verzeichnen die sechs Länder Südostasiens ein Handelsdefizit mit China von fast 22 Milliarden Dollar. Japan indes hat schon vorgeschlagen, die einzelnen Abkommen Asiens zusammenzuführen zu einer gemeinsamen Freihandelsregion, die dann Ostasien und Amerika umfassen sollte. ■

M 92: Christoph Hein, Singapur, FAZ vom 3. Januar 2010

# Deutschland – Raumstrukturen und aktuelle Entwicklungsprozesse

Trotz unterschiedlicher Entwicklungen sind die Staaten der Erde heute stärker denn je miteinander verflochten. Nur durch gemeinsames, aufeinander abgestimmtes Handeln kann eine gesicherte Zukunft in der „Einen Welt" erreicht werden. Deutschland ist, weltweit vernetzt, in dieses System eingebunden. Nachhaltige Zukunftsstrategien für das Land – global wie auch regional – können nur auf der Basis genauer Analysen der raumprägenden Prozesse und Strukturen entworfen werden. Die Bevölkerungs-, Stadt- und Wirtschaftsgeographie liefern dazu wesentliche Beiträge.

## 1 Raumwirksamkeit des demographischen Wandels

### 1.1 Deutschlands aktuelle Bevölkerungsentwicklung

Die **Bevölkerungszahl** Deutschlands (Bundesrepublik und DDR) ist nach dem Ende des Zweiten Weltkriegs zunächst stark gestiegen. Man spricht vom Babyboom der Nachkriegszeit.

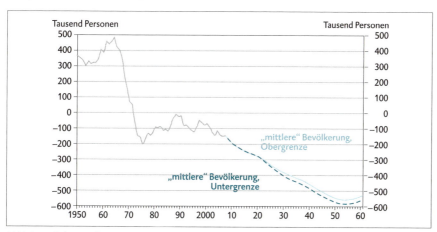

M 93: Natürliche Bevölkerungsentwicklung Deutschlands 1950 bis 2060
(ab 2009 Ergebnisse der 12. koordinierten Bevölkerungsvorausberechnung)

Ab Mitte der 1960er-Jahre sinkt die Gesamtfertilitätsrate unter das Ersatzniveau. Der daraus resultierende natürliche Bevölkerungsrückgang wird jedoch bis zum Jahr 2007 in den meisten Jahren durch Wanderungsgewinne mehr als ausgeglichen.

Bis zum Jahr 2060 prognostiziert das Statistische Bundesamt einen deutlichen Bevölkerungsrückgang von heute 82 auf etwa 65 bis 70 Mio. Menschen. Deutschland befindet sich in der Phase der **zweiten demographischen Transformation**.

### Zweite demographische Transformation

Der im Modell des demographischen Übergangs (siehe S. 44 ff.) in Phase 5 zu erwartende Gleichgewichtszustand von Geburten- und Sterberate auf niedrigem Niveau stellte sich in zahlreichen hoch entwickelten Staaten nicht ein. Stattdessen ist eine zweite demographische Transformation zu beobachten. In Deutschland und anderen Staaten Europas ist die Zahl der Kinder pro Frau (**Gesamtfertilitätsrate**), die in den 1950er-Jahren noch bei 2,6 lag, Mitte der 1960er-Jahre auf 1,6 zurückgegangen und bis heute auf 1,4 gesunken. Das **Reproduktionsniveau** (Ersatzniveau) von 2,1 Kindern pro Frau wird nicht mehr erreicht, mit 1,4 Kindern pro Frau ersetzt sich die Elterngeneration nur noch zu etwa zwei Dritteln. Für den Rückgang der Gesamtfertilitätsrate werden vielfältige **Gründe** angegeben, etwa neue Lebensformen, Selbstverwirklichung, problemlose Empfängnisverhütung, geringe Heiratsneigung, vermehrte Ehescheidungen, zunehmendes Alter der Frauen bei der Geburt des ersten Kindes, Kinder als Kostenfaktor, Berufstätigkeit der Frauen, zunehmende gesellschaftliche Akzeptanz von Kinderlosigkeit usw.

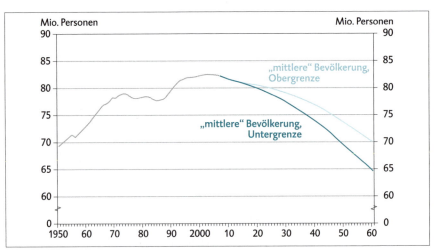

M 94: Bevölkerungszahl Deutschlands von 1950 bis 2060
(ab 2009 Ergebnisse der 12. koordinierten Bevölkerungsvorausberechnung)

Auch der **Altersaufbau** der Bevölkerung ändert sich beträchtlich, die Menschen werden im Durchschnitt älter: Während heute nur jeder Fünfte 65 Jahre oder älter ist, wird es 2060 jeder Dritte sein. Dann wird sogar jeder Siebte seinen 80. Geburtstag hinter sich haben. Eine derartige Entwicklung hatte sich seit Mitte der 1960er-Jahre angebahnt, als die Zahl der Kinder pro Frau unter das Ersatzniveau von 2,1 fiel. Somit hat sich seither die Elterngeneration zahlenmäßig nicht mehr vollständig reproduziert.

Im Jahr 1900 glich die „Alterspyramide" des Deutschen Reiches noch tatsächlich einer Pyramide bzw. einem Dreieck, nach oben zu bei 85 Jahren auslaufend. 2008 ist für Deutschland annähernd die Urnenform, der letzten Phase des demographischen Übergangs entsprechend, erreicht und die Spitze endet erst bei etwa 100 Jahren.

Die Alterung der Gesellschaft geht Hand in Hand mit einer Erhöhung der **Lebenserwartung**. Während diese 1959/1960 bei der Geburt für Mädchen bei 72, für Jungen bei 67 Jahren lag, betrug sie 2010 83 bzw. 78 Jahre und soll nach Prognosen des Statistischen Bundesamts bis 2060 auf 90 bzw. 86 Jahre steigen.

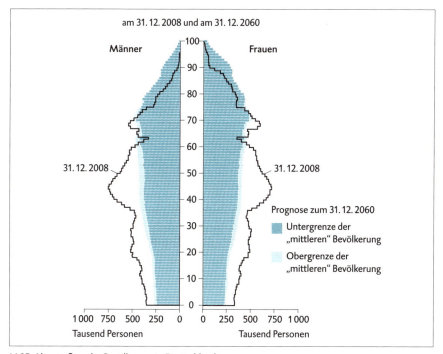

M 95: Altersaufbau der Bevölkerung in Deutschland

# Deutschland – Raumstrukturen und aktuelle Entwicklungsprozesse

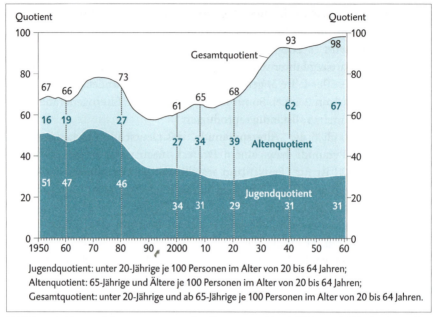

Jugendquotient: unter 20-Jährige je 100 Personen im Alter von 20 bis 64 Jahren;
Altenquotient: 65-Jährige und Ältere je 100 Personen im Alter von 20 bis 64 Jahren;
Gesamtquotient: unter 20-Jährige und ab 65-Jährige je 100 Personen im Alter von 20 bis 64 Jahren.

M 96: Jugend-, Alten- und Gesamtquotient mit den Altersgrenzen 20 und 65 Jahren (ab 2009 Ergebnisse der 12. koordinierten Bevölkerungsvorausberechnung; Variante: Untergrenze der „mittleren" Bevölkerung)

Mit der Alterung der Gesellschaft ändert sich auch das Verhältnis zwischen Erwerbstätigen und Nichterwerbstätigen. Es zeigt sich, dass heute 67, im Jahr 2060 aber voraussichtlich 98 Jugendliche und Alte auf 100 Personen im erwerbsfähigen Alter treffen.

## 1.2 Ursachen und Folgen regional unterschiedlicher Bevölkerungsentwicklung

Obwohl in ganz Deutschland die Fertilität unterhalb des Ersatzniveaus liegt und es überall früher oder später zu Sterbeüberschüssen kommen wird, folgt die Bevölkerungsentwicklung derzeit noch nicht in allen Teilen des Landes diesem Trend: Neben ausgedehnten Räumen mit schrumpfender Bevölkerung gibt es **Boomregionen**, in denen die Bevölkerungszahl zunimmt. Auch die Bevölkerungsentwicklung der Bundesländer verläuft nicht einheitlich. Besonders die **neuen Bundesländer** zeigen eine **demographisch ungünstige Entwicklung**. Während in den alten Bundesländern von 1991 bis 2008 die Bevölkerungszahlen überwiegend deutlich ansteigen und lediglich das Saarland und Bremen geringe Bevölkerungsrückgänge aufweisen, gehen die Zahlen in den neuen Ländern fast durchwegs um mehr als 10 % zurück. Lediglich Brandenburg zeigt nur einen geringen Verlust: Es profitiert von seiner Lage am Rand der Hauptstadt Berlin.

Noch deutlicher wird die unterschiedliche Entwicklung, wenn man die Prognosen für die Zeit bis 2050 betrachtet. Für die neuen Bundesländer erwartet das Statistische Bundesamt Bevölkerungsrückgänge von etwa 20 bis über 25 %, während die Bevölkerung in einigen alten Bundesländern kaum abnimmt und der Rückgang selbst in den ungünstigsten Fällen kaum über 10 % liegt. Andere Prognosen sehen die alten und die neuen Bundesländer noch weiter auseinanderdriften. Das Institut für Arbeitsmarkt- und Berufsforschung (IAB) befürchtet, dass die Bevölkerung der neuen Bundesländer bis 2050 um mehr als die Hälfte auf knapp fünf Mio. zurückgehen könnte.

| Bundesländer | 31.12.1991 | 31.12.2010 | Zu-/Abnahme 1991/2010 (%) | 31.12.2050 | Zu-/Abnahme 2010/2050 (%) |
|---|---|---|---|---|---|
| Bayern | 11 595 970 | 12 538 696 | +8,13 | 12 433 000 | −0,84 |
| Baden-Württemberg | 10 001 840 | 10 753 880 | +7,52 | 10 589 000 | −1,53 |
| Hamburg | 1 668 757 | 1 786 448 | +7,05 | 1 784 000 | −0,14 |
| Schleswig-Holstein | 2 648 532 | 2 834 259 | +7,01 | 2 667 000 | −5,90 |
| Niedersachsen | 7 475 790 | 7 918 293 | +5,92 | 7 692 000 | −2,86 |
| Rheinland-Pfalz | 3 821 235 | 4 003 745 | +4,78 | 3 643 000 | −9,01 |
| Hessen | 5 837 330 | 6 067 021 | +3,93 | 5 404 000 | −10,93 |
| Nordrhein-Westfalen | 17 509 866 | 17 845 154 | +1,91 | 16 089 000 | −9,84 |
| Berlin | 3 446 031 | 3 460 725 | +0,43 | 3 072 000 | −11,23 |
| Brandenburg | 2 542 723 | 2 503 273 | −1,55 | 1 811 000 | −27,65 |
| Bremen | 683 684 | 660 706 | −3,36 | 652 000 | −1,32 |
| Saarland | 1 076 879 | 1 017 567 | −5,51 | 934 000 | −8,21 |
| Sachsen | 4 678 877 | 4 149 477 | −11,31 | 3 146 000 | −24,18 |
| Thüringen | 2 572 069 | 2 235 025 | −13,10 | 1 746 000 | −21,88 |
| Mecklenburg-Vorpommern | 1 891 657 | 1 642 327 | −13,18 | 1 340 000 | −18,41 |
| Sachsen-Anhalt | 2 823 324 | 2 335 006 | −17,30 | 1 785 000 | −23,55 |
| Deutschland | 80 274 564 | 81 751 602 | +1,84 | 74 787 000 | −8,52 |

M 97: Bevölkerungsentwicklung in den Bundesländern 1991–2050 (Werte für 1991 und 2010: Fortgeschriebener Bevölkerungsstand; Werte für 2050: 10. koordinierte Bevölkerungsvorausberechnung, Variante 5)

Hauptursache für die unterschiedliche Bevölkerungsentwicklung ist die wirtschaftlich bedingte **Binnenwanderung**. Die hohe Arbeitslosigkeit in den neuen Bundesländern führte dazu, dass diese allein von 1989 bis 2000 einen negativen Wanderungssaldo von rund 1 265 000 Personen registrierten.

Die Binnenwanderung führt nicht nur zur Umverteilung der Bevölkerung, sondern verändert aufgrund ihrer **Altersselektivität** auch die Altersstruktur in den Herkunfts- und Zielgebieten. Sie hat indirekt Einfluss auf die natürlichen Bevölkerungsbewegungen und verstärkt oder schwächt so die Bevölkerungsdynamik über den Wanderungssaldo hinaus. Die Erhöhung des Durchschnittsalters in den neuen Bundesländern hat ihre wesentliche Ursache in der Abwanderung von Arbeitsuchenden gerade im reproduktionsfähigen Alter.

Auch **geschlechtsspezifische Differenzierungen** sind festzustellen. In den neuen Bundesländern ist das Durchschnittsalter der weiblichen Personen besonders stark gestiegen. Das Statistische Landesamt des Freistaates Sachsen und das Bundesinstitut für Bevölkerungsforschung (BIB) erklären dies mit der starken Abwanderung junger, gut ausgebildeter Frauen. Diese führe nach einer Studie des Berlin-Instituts für Bevölkerung und Entwicklung zur Entstehung einer „neuen Unterschicht" im Osten: männlich, ungebildet, desinteressiert, einsam. Durch den Männerüberschuss von bis zu 25 % verschlechtere sich das soziale Klima; auch würden betroffene Regionen weiter an demographischen Zukunftschancen verlieren, da potenzielle Mütter in unterdurchschnittlicher Zahl vorhanden seien.

| Bundesländer | 1990 | 2010 insgesamt | 2010 männlich | 2010 weiblich |
| --- | --- | --- | --- | --- |
| Baden-Württemberg | 38,8 | 42,8 | 41,6 | 44,0 |
| Bayern | 39,2 | 43,0 | 41,7 | 44,2 |
| Hamburg | 41,7 | 42,4 | 41,1 | 43,7 |
| ... | | | | |
| Mecklenburg-Vorpommern | 35,8 | 45,5 | 43,8 | 47,1 |
| Sachsen-Anhalt | 38,4 | 46,5 | 44,6 | 48,4 |
| Thüringen | 37,9 | 46,0 | 44,2 | 47,7 |
| Deutschland | 39,3 | 43,7 | 42,3 | 45,0 |

M 98: Durchschnittsalter in ausgewählten Bundesländern

Innerhalb aller Bundesländer gibt es bezüglich der Bevölkerungsentwicklung starke **räumliche Differenzierungen**. So zeigen einige Städte in den neuen Bundesländern trotz allgemeinen Bevölkerungsrückgangs seit 2000 wieder ein deutliches Wachstum. Dies gilt besonders für Potsdam vor den Toren Berlins, in geringerem Maß aber auch für Dresden und Leipzig sowie Jena und Erfurt. Umgekehrt gibt es in den alten Bundesländern Abwanderungsgebiete mit alternder Bevölkerung, wie man sie eher in den neuen Bundesländern erwarten würde. Dabei handelt es sich vorwiegend um ländliche Räume, meist Gemeinden und Landkreise in Randgebieten zur ehemaligen DDR bzw. ČSSR.

Der demographische Wandel stellt eine große Herausforderung für Politik, Planung und gesellschaftliche Entwicklung in Deutschland dar. Die Folgen von Bevölkerungsrückgang und Alterung werden die gesamte Gesellschaft betreffen, etwa durch Mehrbelastung der sozialen Sicherungssysteme, durch zahlenmäßige Abnahme und Älterwerden der Erwerbstätigen sowie Rückgang des Bruttosozialprodukts. Eine **Neudefinition von „Alter"** in Anpassung an die höhere Lebenserwartung wird erforderlich sein. Berufseintrittsalter und Rentenalter werden weiter kontrovers diskutiert werden.

Regional und lokal sind Kenntnisse der zu erwartenden Ausprägung des demographischen Wandels von großer Bedeutung, um angemessene Maßnahmen ergreifen zu können. Periphere, dünn besiedelte Räume mit Entleerungstendenzen werden einen spürbaren Bedeutungsverlust erleiden. Der aktuelle **Raumordnungsbericht** legt dar, dass insbesondere die soziale und technische Infrastruktur immer weniger finanziert werden kann. Folgende Problemfelder werden aufgezeigt:
- abnehmende Zahl der Haushalte, dadurch sinkender Wohnungsbedarf, schrumpfende Siedlungen, Leerstand und Verfall von Gebäuden,
- abnehmende Auslastung der technischen und sozialen Infrastruktur bei gleichzeitig steigenden Kosten für den Unterhalt, vgl. Wasserversorgung, Abwasserbeseitigung, Kindergärten, Schulen, Altenheime, öffentliche Büchereien, Ausstellungsräume usw.,
- veränderte Nachfrage nach Gütern, Dienstleistungen und Infrastrukturangeboten in einer alternden Gesellschaft, vgl. medizinische Versorgung, Öffentlicher Personennahverkehr (ÖPNV) usw.,
- Einschränkung der kommunalen Handlungsmöglichkeiten infolge sinkender Einnahmen und Mittelzuweisungen,
- Versorgungsengpässe und Dienstleistungsabbau, vgl. Schließen von Einrichtungen der Verwaltung, Gasthöfen, Post, Bankfilialen, Buslinien, Einzelhandelsgeschäften, Arztpraxen, Handwerksbetrieben usw.,

- weitere Abwanderung jüngerer und gut qualifizierter Einwohner,
- Mangel an qualifizierten Erwerbspersonen.

Entvölkerung und Alterung können in peripheren Räumen bereits die Grundversorgung der verbliebenen Bevölkerung infrage stellen. Daher werden alternative Modelle diskutiert und erprobt. Multifunktionseinrichtungen, Bringdienste, mobile Kinderbetreuung, mobile Ärzte und Bibliotheken sowie mobiler Einzelhandel können fehlende Strukturen zum Teil ersetzen. Besonders wichtig ist die Aufrechterhaltung des ÖPNV zur Sicherung der Mobilität. Dagegen erscheinen das Internet nutzende „virtuelle Läden" für Menschen zunehmenden Alters nur eingeschränkt geeignet.

Wo Zuwanderung den demographischen Wandel abschwächt, also vor allem in Großstädten und ihren „Speckgürteln", sind die Probleme weniger gravierend. Aber auch dort wird man zukünftig wohl weniger Schulen, dafür mehr Alteneinrichtungen benötigen.

## 1.3 Grenzüberschreitende Migration und ihre Folgen

Die grenzüberschreitende Migration kann von erheblichem Einfluss auf Zusammensetzung der Bevölkerung und Einwohnerzahl eines Landes sein. Weltweit gibt es zahlreiche Beispiele dafür, dass einheimische Bevölkerung durch Immigranten weitgehend verdrängt wurde, etwa in weiten Teilen Nord- und Südamerikas.

Auch für Deutschland war grenzüberschreitende Migration immer wieder von großer Bedeutung. Als historische Beispiele seien die mittelalterliche Deutsche Ostsiedlung, die Ansiedlung von Hugenotten nach 1685 oder die Anwerbung der sogenannten „Ruhrpolen" aus Oberschlesien, Ost- und Westpreußen sowie Posen als Bergarbeiter für das Ruhrgebiet im späten 19. Jh. genannt. Seit dem Zweiten Weltkrieg hat die Mobilität in einem zusammenwachsenden Europa und einer von Globalisierung betroffenen Welt stark zugenommen; die grenzüberschreitende Migration hat auch die Bevölkerung Deutschlands deutlich verändert. Eine deutliche **Internationalisierung** ist erfolgt: Im Jahr 1950 lebten etwa eine halbe Mio. Ausländer in der (alten) Bundesrepublik. Dies entsprach einem Anteil von etwa 1 % der Gesamtbevölkerung. Bis 1970 hat sich die Zahl der Ausländer mit fast drei Mio. versechsfacht; sie machten nun fünf Prozent der Bevölkerung aus (M 8).

Ende 2009 lebten im wiedervereinigten Deutschland etwa 6,7 Mio. Ausländer; ihr Anteil an der Gesamtbevölkerung lag nun bei 8,2 %.

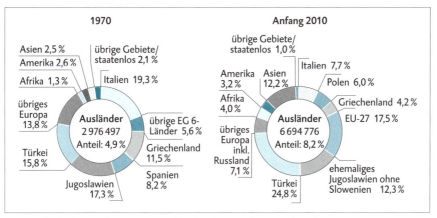

M 99: Ausländische Bevölkerung in Deutschland nach Nationalitäten und Großregionen 1970 (nur Westdeutschland) und Anfang 2010

Die grenzüberschreitende Migration hat nicht nur für eine beträchtliche Erhöhung des Ausländeranteils gesorgt, sondern entscheidend dazu beigetragen, dass die Bevölkerung Deutschlands trotz einer Fertilitätsrate unter dem Ersatzniveau bis 2007 noch gewachsen ist. Seit Mitte der 1950er-Jahre war die Wanderungsbilanz fast durchwegs positiv, lediglich in wirtschaftlichen Krisenzeiten kam es kurzzeitig zu einer Trendumkehr (siehe M 100). Auffallend ist, dass seit den 1960er-Jahren von einem hohen Niveau aus mehrmals sehr deutliche Einwanderungsspitzen zu registrieren waren. Der Höhepunkt der Zuwanderung war 1992 mit 1 219 348 Immigranten erreicht. Der Immigration nach Deutschland liegen mehrere Wanderungsmotive zugrunde:

- **1955–1973:** Arbeitsplätze für „**Gastarbeiter**": Anwerbeabkommen mit Italien, Spanien, Griechenland, der Türkei und anderen Ländern. 1964 eine Mio., 1973 2,6 Mio. Gastarbeiter in Deutschland, Anwerbestopp infolge des wirtschaftlichen Abschwungs („Ölkrise"). 1991: Erleichterung des Erwerbs der deutschen Staatsangehörigkeit für die erste und zweite Gastarbeitergeneration. 1988: Vertragsarbeiter aus Vietnam und anderen sozialistischen Herkunftsländern in der DDR
- **ab 1976:** verstärkter **Familiennachzug:** Nachzug von Ehegatten und minderjährigen Kindern infolge veränderter Aufenthaltsbedingungen
- **ab 1980:** hohe Zahl von **Asylbewerbern**. Kritik am „Missbrauch" des Asylrechts durch „Wirtschaftsflüchtlinge". 1983: Gesetz zur Förderung der Rückkehrbereitschaft von Ausländern. 1992: 440 000 Asylbewerber, davon nur 4,25 % asylberechtigt. Einschränkung des Asylrechts

- **ab 1987:** Zuwanderung deutschstämmiger (Spät-)**Aussiedler** aus den ehemaligen „Ostblockstaaten" (allein 1988: 202 645 Aussiedler)
- **Anfang der 1990er-Jahre: Flüchtlinge** und Asylbewerber aus den Kriegsgebieten des damaligen Jugoslawiens
- **nach 1990:** neue Formen der **Arbeitsmigration**, etwa Saisonarbeitnehmer, Werkvertragsarbeitnehmer, Hochqualifizierte usw.

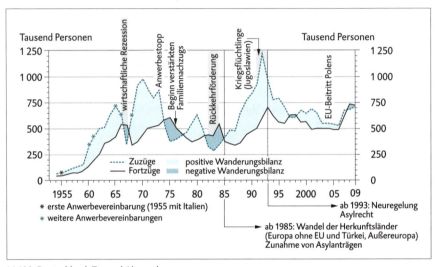

M 100: Deutschland: Zu- und Abwanderung

Ein großer Teil der „Gastarbeiter" hat inzwischen Deutschland wieder verlassen und ist in die Heimatländer zurückgekehrt. 55 % der an Staatsangehörige der Anwerbe-Länder gezahlten Renten gehen dorthin.

Die Ausländer sind sehr ungleich über die Bundesrepublik verteilt (siehe M 101). Die grenzüberschreitenden Wanderungen erreichen bevorzugt Agglomerationen mit wirtschaftlicher Dynamik und dort besonders die Kernstädte. Dabei sind die Zielregionen von Immigranten häufig die Herkunftsregionen der Binnenwanderer; in den dabei festzustellenden relativ stabilen Bestandszahlen wird die Internationalisierung durch Bevölkerungsaustausch kaum sichtbar. Die höchsten **Ausländeranteile** finden sich aber in den Wirtschaftszentren wie etwa München, Stuttgart, Frankfurt oder dem Ruhrgebiet. 2009 gab es in Deutschland sieben Stadtkreise bzw. Kreisfreie Städte mit mehr als 20 % Ausländeranteil: Frankfurt/Main, Ludwigshafen am Rhein, Mannheim, München, Offenbach am Main, Stuttgart und Wiesbaden. Vor allem statusniedere Ausländergruppen leben häufig deutlich segregiert von der übrigen Bevölkerung. Eine Ursache dafür ist der infolge Ausländerdiskriminierung eingeschränkte Zugang zum Wohnungsmarkt vor allem der türkischen Bevölkerung.

In den wirtschaftlich weniger entwickelten, vor allem ländlichen Räumen Deutschlands ist der Ausländeranteil niedrig. Dies gilt besonders für die meisten Kreise der neuen sowie einige periphere Kreise der alten Bundesländer. 2009 gab es in der Bundesrepublik 46 Stadt- und Landkreise mit einem Ausländeranteil von weniger als 2 %. Sie lagen sämtlich in den neuen Bundesländern, 14 davon in Thüringen, 11 in Sachsen-Anhalt, jeweils 8 in Mecklenburg-Vorpommern und Sachsen sowie 5 in Brandenburg.

Es hat sich gezeigt, dass die Ausländerzahlen der amtlichen Statistik für manche Zwecke zu wenig aussagekräftig sind. Daher werden seit dem Mikrozensus 2005 die Menschen mit **Migrationshintergrund** erfasst. Dazu zählen laut amtlicher Definition alle nach 1949 auf das heutige Gebiet der Bundesrepublik Deutschland Zugewanderten sowie alle in Deutschland geborenen Ausländer und alle in Deutschland als Deutsche Geborenen mit zumindest einem zugewanderten oder als Ausländer in Deutschland geborenen Elternteil.

Die Zahl der Menschen mit Migrationshintergrund ist wesentlich höher als die der Ausländer. 2008 waren es 15 566 000 gegenüber 6 727 000 Ausländern. Das sind knapp 19 % der Bevölkerung. Ihre regionale Verteilung entspricht in etwa der der Ausländer. Die höchsten Anteile an Menschen mit Migrationshintergrund haben die Stadtstaaten Hamburg und Bremen sowie der Flächenstaat Baden-Württemberg mit Werten über 25 %, dicht gefolgt von Hessen. Die neuen Bundesländer dagegen liegen unter 5 %. Die Werte für die Städte Augsburg, Nürnberg, Stuttgart und München liegen zwischen 35 und 40 %, der für Frankfurt/Main liegt sogar noch darüber. Wie die Statistik ausweist, steigt der Anteil der Menschen mit Migrationshintergrund mit der Größenklasse der Gemeinden: In Gemeinden bis 2 000 Einw. liegt der Anteil bei 5 % und steigt über 8, 12, 15, 19 und 23 % schließlich auf über 26 % in Gemeinden mit über 100 000 Einw. Durchschnittlich ergeben sich für Agglomerationsräume 22,5 %, für verstädterte Räume 15,9 % und für ländliche Räume nur 10,7 %.

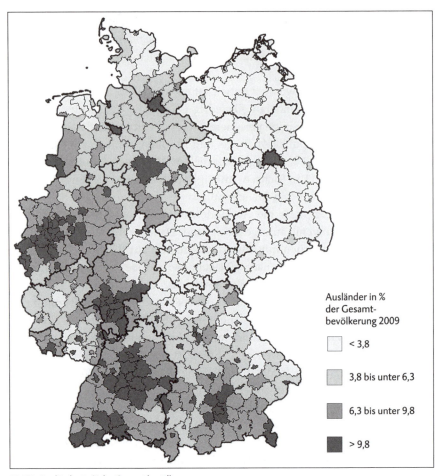

M 101: Ausländer in % der Gesamtbevölkerung

Auffallend ist, dass sich das **generative Verhalten** von Menschen mit Migrationshintergrund von dem der Deutschen unterscheidet: Bei Ersteren ist die Fertilitätsrate höher. Daraus resultieren ein höherer Kinderanteil und ein niedrigerer Anteil der über 65-Jährigen an der entsprechenden Bevölkerungsgruppe (M 11). In 11 Städten haben mehr als die Hälfte der unter 6-Jährigen Migrationshintergrund, und zwar in Frankfurt (67,5 %!), Nürnberg (66,7 %), Augsburg (61,5 %), München, Düsseldorf, Stuttgart, Dortmund, Hannover, Duisburg, Köln und Bremen. Damit tragen die Menschen mit Migrationshintergrund deutlich dazu bei, dass Bevölkerungszahl Deutschlands nicht allzu schnell absinkt.

|  | insgesamt | Anteil (%) | Anteil unter 15-Jähriger (%) | Anteil über 65-Jähriger (%) | Durchschnittsalter |
|---|---|---|---|---|---|
| Bevölkerung ohne Migrationshintergrund | 66 569 000 | 81,0 | 68,7 | 91,5 | 45,3 |
| Bevölkerung mit Migrationshintergrund | 15 566 000 | 19,0 | 31,3 | 8,5 | 34,4 |

M 102: Altersaufbau der Bevölkerung Deutschlands ohne und mit Migrationshintergrund 2008

Die Ausländer, die seit Mitte der 1950er-Jahre angeworben wurden und ins Land strömten, wurden zunächst nicht als Einwanderer gesehen. Wie der Begriff „Gastarbeiter" ausdrückt, ging man von einer temporären Arbeitsbeschäftigung aus. Später war der in Gang gesetzte Wanderungsprozess auch durch restriktive Maßnahmen nicht mehr vollständig umzukehren. Nur ein Teil der Arbeitskräfte kehrte in die Heimatländer zurück. Viele holten ihre Familien nach und blieben. Ende 2002 lebte mehr als die Hälfte der Ausländer bereits mehr als 20 Jahre in der Bundesrepublik. Ab den 1990er-Jahren gelangte die politische Führung Deutschlands zu der Erkenntnis, dass die Mehrzahl der Ausländer Einwanderer sei, und reagierte mit entsprechenden Maßnahmen. Heute gilt die **Integration** der dauerhaft bleibenden Ausländer als politisches Ziel.

## Übungsaufgaben: Raumwirksamkeit des demographischen Wandels

Aufgabe 32  Erläutern Sie die in M 103 dargestellten Wirkungszusammenhänge am Beispiel Deutschland bzw. an Beispielen aus Deutschland. Greifen Sie dazu auch auf geeignete statistische Angaben zurück.

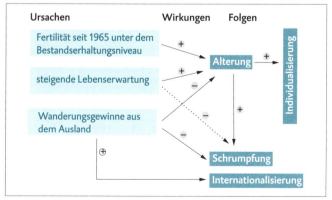

M 103: Ursachen, Wirkungen und Folgen des demographischen Wandels

**Aufgabe 33** Vergleichen Sie die Bevölkerungsvorausberechnungen für die ausgewählten Regierungsbezirke und Landkreise (M 104), erläutern Sie die daraus resultierenden Veränderungen der Bevölkerungsstruktur und erörtern Sie die räumlichen Auswirkungen.

|  | 2008 | 2028 | Zu-/Abnahme |
| --- | --- | --- | --- |
| Oberfranken | 1,083 Mio. | 0,979 Mio. | −9,6 % |
| Landkreis Hof | 102 500 | 84 200 | −17,8 % |
| Landkreis Kronach | 71 600 | 60 600 | −15,4 % |
| Landkreis Wunsiedel | 78 400 | 61 400 | −21,7 % |
| Oberbayern | 4,335 Mio. | 4,663 Mio. | +7,6 % |
| Landkreis Erding | 125 500 | 145 000 | +15,5 % |
| Landkreis Landsberg | 113 700 | 128 600 | +13,0 % |
| Landkreis München | 317 500 | 358 800 | +13,0 % |

M 104: Bevölkerungsvorausberechnung für ausgewählte Regierungsbezirke und Landkreise in Bayern

**Aufgabe 34** Beschreiben und erläutern Sie unter Einbeziehung von M 105 die Entwicklung des Wanderungssaldos über die Grenzen Deutschlands zwischen 1954 und 2060.

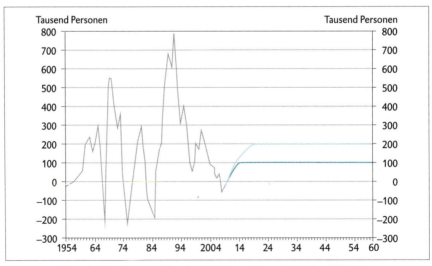

M 105: Entwicklung des Wanderungssaldos über die Grenzen Deutschlands (bis 1990 früheres Bundesgebiet, ab 2009 Annahmen der 12. koordinierten Bevölkerungsvorausberechnung)

## 2 Entwicklungen in städtischen Räumen

### 2.1 Tertiärisierung

Bei der **Tertiärisierung** handelt es sich grundsätzlich um einen **intersektoralen** bzw. **sozioökonomischen Strukturwandel**, nämlich die Verlagerung der wirtschaftlichen Aktivitäten in den Dienstleistungssektor hinein. Diese Verlagerung betrifft sowohl die Wertschöpfung/Wirtschaftsleistung als auch die Zugehörigkeit der Beschäftigten zu den einzelnen Wirtschaftssektoren.

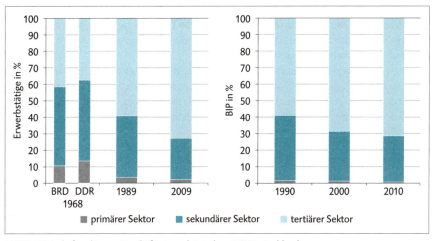

M 106: Wirtschaftssektoren: Beschäftigte und Anteil am BIP, Deutschland

Modellhafte Grundlage für die Tertiärisierung im volkswirtschaftlichen Sinn ist die **Drei-Sektoren-Theorie** nach Fourastié. Nach ihr verlagern sich die wirtschaftlichen Tätigkeiten zunächst vom primären auf den sekundären und später vom sekundären auf den tertiären Sektor. Damit verbunden sei ein Übergang von Agrar- zu Industrie- und nachfolgend zu Dienstleistungsgesellschaften.

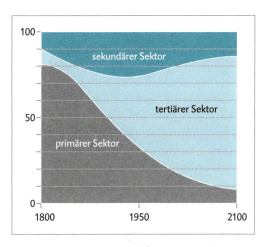

M 107: Entwicklung der Wirtschaftssektoren nach Fourastié

### Ursachen für den Prozess der Tertiärisierung

- **Freisetzung von Arbeitskräften** aus dem primären und sekundären Sektor infolge einer Erhöhung der Produktivität; Dienstleistungssektor als „Auffangbecken",
- nachfragebedingte **Ausweitung des tertiären Sektors** besonders in den städtischen Agglomerationsräumen,
- **Erhöhung der Nachfrage** nach Industrie- und später Dienstleistungsprodukten im Rahmen der wirtschaftlichen Entwicklung und als Folge steigender Realeinkommen,
- **steigender Bedarf** an Dienstleistungen innerhalb der verschiedenen Unternehmensstrukturen, insbesondere auch als Folge von Outsourcing (Produktionsauslagerung, Externalisierung) und Intensivierung der Managementprozesse,
- **Wachstum der Freizeitindustrie** und damit der Dienstleistungen in diesem Bereich,
- erhöhter Bedarf an **Reparatur- und Wartungsdienstleistungen** infolge höherer technologischer Komplexität der Produkte,
- steigender **Regelungs- und Überwachungsbedarf** als Folge der wachsenden Komplexität gesellschaftlicher Systeme (z. B. Gesundheitswesen, Verwaltung, Finanzmärkte),
- steigender Bedarf an **Logistikdienstleistungen** zur Organisation innerbetrieblicher Produktionsprozesse und zum Vertrieb der Dienstleistungen.

### Differenzierung innerhalb des tertiären Sektors

Der allgemeine **sektorale Strukturwandel** in der deutschen Wirtschaft beinhaltet nicht nur Verschiebungen zwischen den einzelnen Wirtschaftssektoren, sondern auch **funktionale Veränderungen** innerhalb des tertiären Sektors. Motoren hierfür sind u. a. die Entstehung neuartiger Dienstleistungsbereiche (z. B. Software-Entwicklung, Telekommunikationswesen, Verkehrs- und Logistikbereich), der beschleunigte wissenschaftlich-technische Fortschritt (erhöhte Aktivitäten in der Forschung und Entwicklung), der erhöhte Bedarf an nationaler und internationaler Rechtsberatung zur Abwicklung hoch komplizierter juristischer Prozesse (z. B. Haftungs-, Lizenz- und Patentfragen) und die steigende Nachfrage nach Schulungsdienstleistungen.

Allgemein betrachtet findet im tertiären Sektor gerade eine divergierende Entwicklung zwischen allgemeinen Dienstleistungen im traditionellen Sinn und hoch spezialisierten, höchste berufliche Qualifikationen erfordernden im neueren Sinn statt.

Vielfach wird deshalb bereits der sogenannte **quartäre Sektor** (z. B. Forschung, Kommunikation, berufliche Ausbildung, unternehmensjuristische Aktivitäten) aus dem tertiären Sektor ausgegliedert. Dieser quartäre Sektor bildet räumlich sich in zweifacher Weise heraus, nämlich in den städtischen Ballungszentren allgemein und als **footloose activity** ohne direkten Standortbezug (z. B. Software-Entwicklung).

**Folgen der Tertiärisierung für die Städte**

Im Anschluss an die Entstehung von rohstoff-, absatz- und arbeitsorientierten Industrieagglomerationen während der Hochindustrialisierungsphase Deutschlands im 19. und den ersten beiden Dritteln des 20. Jh., den damit verbundenen Prozessen der Entsiedelung ländlicher Räume und den Land-Stadt-Migrationen, schlagen sich neuere Veränderungen in den Städten heute als Spiegelbild einer **postindustriellen Gesellschaft** nieder. Die deutschen Städte sind heute primär tertiärwirtschaftlich geprägt. Städte, die noch bis etwa in die 1970er-Jahre hinein altindustriell (Bergbau, Eisen- und Stahlindustrie) geprägt waren, haben einen Großteil ihrer ursprünglichen Arbeitsbevölkerung infolge eines **Entindustrialisierungsprozesses** verloren und müssen sich heute langwierigen und komplizierten Strukturwandelprozessen (z. B. Versuche zur Diversifizierung des Industrieangebots, Umwidmung ehemaliger Industrieanlagen zu Freizeiteinrichtungen etc. im ehemaligen Ruhrgebiet) unterwerfen. Gleichzeitig wandeln sich räumlich eher solitär definierte Städte (Beispiel Frankfurt a. M., München, Düsseldorf) in schnell wachsende tertiärwirtschaftliche Zentren um. In ihnen stellt der tertiäre Sektor nicht mehr nur ein Teilelement wirtschaftlicher Aktivitäten dar, sondern wird standortbestimmend und -festigend (Beispiel: globale Bedeutung des finanzwirtschaftlichen Sektors in Frankfurt a. M.).

| | | |
|---|---|---|
| Zunehmende Standortkonkurrenz kapitalintensiver Produktions- und Dienstleistungsstandorte in den Stadtzentren bei steigenden Boden- und Immobilienpreisen |  | Verlagerung von Produktionsstandorten an den Stadtrand (z. B. Supermärkte an den Ausfallstraßen) und ins Umland (z. B. Güterverteilungszentren); Verdrängung von ehemals innerstädtischen Wohnfunktionen an den Stadtrand und ins Umland; Verbleib von luxussanierten Wohnstandorten im Kernstadtbereich mit nachfolgender sozialer Segregation |
| Räumliche Konzentration hochqualifizierter Dienstleistungen im Kernstadtbereich |  | Bedeutungsverlust traditioneller Dienstleistungssparten in den Innenstädten, u. a. ehemalige Versorgungsstandorte; Kapitalisierung der Innenstädte, Gefahr des Kulturverlustes; |
| |  | Suburbanisierungsprozesse mit Verlagerung der Wohn- und Produktionsstandorte in die Peripherie |

M 108: Räumliche Folgen der Tertiärisierung innerhalb der Stadtregionen

## Die zukünftige Bedeutung des Dienstleistungssektors – Beispiel Frankfurt am Main

Das BAW (Institut für regionale Wirtschaftsforschung) hat für den tertiären Sektor und dessen zukünftige Bedeutung in deutschen Großstädten den Begriff der **wissensintensiven Dienstleistungen** als Motoren zukünftiger städtewirtschaftlicher Entwicklung geprägt. Wissensintensive Dienstleistungen sind durch folgende Trends und Merkmale gekennzeichnet:

| Internationalisierung und Globalisierung | Kundenorientierung der Unternehmen | Steigende Bedeutung von Humanressourcen und Wissen |
|---|---|---|
| • zunehmende Internationalisierung von Systemen und Netzwerken gesellschaftlicher Beziehungen<br>• Anstieg des Welthandels/globaler Konkurrenzkampf<br>• beschleunigter technischer Fortschritt<br>• politische Bestrebungen für uneingeschränkten globalen Freihandel | • komplexe Anforderungsprofile der Nachfrager wissensintensiver Dienstleistungen<br>• alleiniges Anbieten innovativer Dienstleistungen nicht ausreichend<br>• zunehmende Einbeziehung des Kunden in Entwicklung und Generierung von Dienstleistungen sowie der Erstellung abnehmerbezogener Lösungen<br>• Kundenorientierung und Service Engineering bieten Wachstums- und Innovationspotenziale | • Wissensintensivierung von Wirtschaft und Gesellschaft<br>• Wissen als wichtigste Ressource moderner Gesellschaften<br>• sich rapide ändernde Anforderungen im Bereich der Arbeitswelt<br>• Anstieg der Nachfrage nach neuen Qualifikationsprofilen<br>• umfassendes Wissensmanagement als zentraler Erfolgsfaktor im globalen Wettbewerb<br>• wissensintensive Dienstleistungen wichtige Treiber des Innovationsgeschehens, damit Impulsgeber für Wachstum und Beschäftigung |

M 109: Determinanten der zukünftigen Ausrichtung wissensintensiver Dienstleistungen

Frankfurt am Main weist derzeit einen Tertiärisierungsgrad von 86 % auf. Hier lassen sich folgende Voraussetzungen für wissensintensive Dienstleistungen ausmachen:

| Stärken | Chancen |
|---|---|
| • zentrale Lage<br>• Internationalität (Unternehmen, Messeplatz, Flughafen, Universität)<br>• innovativer Finanzplatz<br>• duale Ausbildungsangebote<br>• Hochschul- und Forschungslandschaft<br>• starkes privates Engagement bei Hochschulen und Berufsakademien<br>• Attraktivität der Metropolregion FRM | • wissensintensive Dienstleistungen bieten erhebliche Wachstums- und Beschäftigungschancen<br>• Stärkung der Wettbewerbsfähigkeit durch kundenorientierte und systematische Dienstleistungsentwicklung (Service Engineering)<br>• EU-Dienstleistungsrichtlinien erleichtern Zugang zu europäischen Märkten<br>• Know-how/Kostenvorteile durch Auslagerung von Teilleistungen an Spezialanbieter |

| Schwächen | Risiken |
|---|---|
| • chinesischer sowie osteuropäischer Markt bisher noch nicht ausreichend im Fokus bzw. vernachlässigt<br>• Hochschul- und Forschungseinrichtungen beim BMBF-Förderprogramm ‚Innovationen mit Dienstleistungen' nur gering vertreten<br>• Image der Metropolregion FRM ist angesichts der gegebenen Attraktivität verbesserungswürdig<br>• zunehmender Fachkräftemangel im Bereich wissensintensiver Dienstleistungen | • internationaler Wettbewerb um High Potentials<br>• zu geringe Investition in Bildung und fehlende Passgenauigkeit von vorhandenen Qualifikationsprofilen<br>• Kompetenzen im Bereich Dienstleistungsforschung und Service Engineering sind weiterzuentwickeln<br>• zu geringe Exportorientierung gekoppelt mit unzureichender Markteintrittsvorbereitung<br>• weiter steigender Preis-, Qualitäts- und Innovationswettbewerb |

M 110: Wissensintensive Dienstleistungen in der Metropolregion Frankfurt a. M.

## 2.2 Wandel der Stadt-Umland-Beziehungen durch Suburbanisierung

In deutschen Städten kann seit der Hochindustrialisierungsphase eine Ausweitung städtischer Lebens- und Siedlungsweise aus der Kernstadt hinaus in das Ergänzungsgebiet der Städte beobachtet werden (Suburbanisierung, siehe S. 71 ff.). Neben dem Verstädterungsprozess bestehender ländlicher Gemeinden im Umland größerer Städte entstehen durch Neugründung von Siedlungen Satelliten- oder Trabantenstädte, die funktional mit der Kernstadt verbunden sind.

Impulsgeber für Suburbanisierungsprozesse im Bereich deutscher Städte sind ein starker Siedlungs- und Flächendruck in den Kernstädten bei gleichzeitig steigenden persönlichen Flächenansprüchen der Wohnbevölkerung und hohen Immobilienpreisen in innerstädtischen Gebieten. Außerdem werden Suburbanisierungstendenzen durch eine deutlich gestiegene Motorisierung sowie den Ausbau des öffentlichen Personennahverkehrs und des Verkehrsnetzes für den Individualverkehr beschleunigt.

Die Kernstädte tragen die größte Kostenlast dadurch, dass ihre öffentliche Infrastruktur ungleich höheren Aufwand erfordert. Darüber hinaus erbringen sie meist Leistungen für das Umland, für die kein oder nur ein geringer Lastenausgleich erfolgt. Daneben riskieren die Kernstädte einen generellen Verlust an Zentralität und Bevölkerung. Dieser mündet in ökonomischen und gesellschaftlichen Strukturveränderungen, so z. B. den allgemeinen Verlust meist höher qualifizierter Arbeitsplätze (Abwanderung ins Umland zusammen mit den Standortverlagerungen des Gewerbes), den Verlust von Standorten des Einzelhandels (Neuinstallation von Großmärkten an den Ausfallstraßen im

Stadtrandgebiet bzw. in den umliegenden Suburbanisierungszentren) und eine steigende gesellschaftliche Segregation marginalisierter Bevölkerungsgruppen in den innerstädtischen Bezirken.

Infolge der Suburbanisierung der Wohnbevölkerung entstehen bei Beibehaltung des Arbeitsstandortes in der Kernstadt häufig längere Pendlerstrecken. Die daraus entstehende steigende Verkehrsbelastung verbraucht zusätzliche Flächen, verstärkt die Zersiedelung, erhöht den Bedarf an Energiebereitstellung und widerspricht somit dem Prinzip einer nachhaltigen Entwicklung.

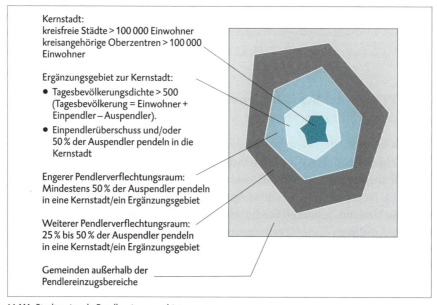

M 111: Stadtregionale Pendlereinzugsgebiete

Infolge der zu erwartenden Zunahme der Ungleichverteilung von Einkommen und Vermögen und dem Auseinanderklaffen der Schere zwischen einkommensschwachen und einkommensstarken Bevölkerungsgruppen ist in deutschen Städten mit einer Zunahme der sozialökonomischen **Segregation** (siehe S. 74 ff.) und der Herausbildung von sozialräumlich geprägten Stadtvierteln zu rechnen. Segregation in deutschen Städten ist meist niemals nur auf ein, sondern als Projektion und räumliche Überlagerung unterschiedlicher Merkmale wie ethnischer, Familien- und sozialökonomischer Status zurückzuführen (siehe M 112).

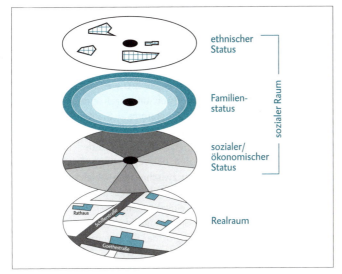

M 112:
Überlagerungsmodell der Segregation

Eine solche räumliche Differenzierung der Gesellschaft nach Einkommensverhältnissen und Lebensstil wird voraussichtlich durch den generellen Abbau von Sozialleistungen, die derzeit schwache Finanzausstattung der Kommunen, den Rückbau im Bereich des sozialen Wohnungsbaus und die angespannte Arbeitsmarktsituation vor dem Hintergrund der allgemeinen Wirtschaftskrise verstärkt werden.

## 2.3 Maßnahmen nachhaltiger Stadtentwicklung – Stadtumbau

**Stadtumbau** (auch: **Städteumbau**) umfasst alle städtebaulichen Maßnahmen in Teilen von oder ganzen Städten, die in ganz besonderer Weise vom Rückgang der Bevölkerung und den negativen Folgen des städtischen Strukturwandels betroffen sind. Zur Durchführung dieser Maßnahmen werden in Deutschland städtebauliche Entwicklungskonzepte (siehe M 113) erstellt.

Insbesondere die Kommunen in Ostdeutschland unterliegen seit der Wiedervereinigung infolge der Abwanderungen Schrumpfungsprozessen. Aber auch eine zunehmende Zahl westdeutscher Städte zeigt vor dem Hintergrund der allgemeinen Wirtschaftskrise typische Erscheinungen des Funktionsverlustes, wie etwa die Abwanderung von Einzelhandelsstandorten aus dem Innenstadtbereich in die Peripherie, den Wegzug von mittleren Altersgruppen aus den Kernstädten in die suburbanisierte Zone oder den Leerstand von Geschäfts- und Wohnhäusern bei gleichzeitig oft vernachlässigter Bausubstanz infolge fehlender Investitionsmöglichkeiten.

Die Städte stehen zunehmend sowohl in den neuen als auch in den alten Ländern aufgrund des wirtschaftlichen Strukturwandels, rückläufiger Bevölkerungszahlen, Wohnungsleerstands und der veränderten Zusammensetzung der Bevölkerung vor neuen städtebaulichen Herausforderungen. Das erfordert die Anpassung der städtebaulichen Strukturen an die Entwicklung von Bevölkerung und Wirtschaft auf der Grundlage von städtebaulichen Entwicklungskonzepten. Der Bund unterstützt Länder und Städte beim Stadtumbau und hat dazu die Städtebauförderungsprogramme Stadtumbau Ost (seit 2002) und Stadtumbau West (seit 2004) aufgelegt. Die Aufgabe Stadtumbau ist auch im Baugesetzbuch (BauGB) geregelt. Die Programme Stadtumbau Ost und West sollen nach den Ergebnissen der Evaluierung des Stadtumbau Ost mittelfristig zusammengeführt werden. Dies soll in Teilschritten und nach einer Evaluierung des Programms Stadtumbau West erfolgen. Schon jetzt wird die enge Zusammenarbeit zwischen den Transferstellen und der regelmäßige Erfahrungsaustausch zwischen den Akteuren im Stadtumbau Ost und West intensiviert, die sich auch eingehend mit den Gemeinsamkeiten und Möglichkeiten der Zusammenführung beider Programme befasst haben. So soll das schrittweise Zusammenwachsen der Programme befördert werden.

M 113: Stadtumbau

### Stadtumbau Ost – Beispiel Dresden

**Ausgangslage:**
- Allein zwischen 1990–2000 Verlust von 30 000 Einw. durch Abwanderung; seit 2000 wieder leichte Bevölkerungszuwächse;
- Prognosen bis 2020: mäßig steigende Bevölkerungszahlen;
- seit 1990 Bevölkerungsverluste in Plattenbaugebieten von über 30 % bei gleichzeitigen Zuwächsen in Stadtteilen am Stadtrand bzw. in sanierten Altbaugebieten.

**Strategie(n) und Maßnahmen zur Aufwertung:**
- Schaffung eines räumlichen Leitbilds mit der Doppelstrategie der gezielten baulichen Wachstums- und Schrumpfungssteuerung
- Wachstumspotenziale: Konzentration auf den Erhalt, die Vitalisierung und weitere Verdichtung der traditionellen städtischen Strukturen
- Schrumpfungsprozess: Begrenzung der Ausweitung ins Umland; Entdichtung in den Randzonen der Stadt; Schaffung von großräumigen grünen Bereichen in der Kernstadt
- Abrissmaßnahmen in den Plattensiedlungen, dadurch Reduzierung des Wohnungsleerstands
- Sanierung, Wiedernutzung und Um- und Ausbau von Originalsubstanz
- Wohnbauflächenmanagement für innerstädtisches Wohnen

- Renaturierung von Brachflächen und Reduzierung des Bauflächenüberschusses; Neugliederung des Stadtkörpers und Ausbau der Erholungsfunktionen mit stadtökologischer Aufwertung

M 114: Abriss eines Plattenbaus in Dresden

**Übungsaufgaben: Entwicklungen in städtischen Räumen**

Aufgabe 35  Erläutern Sie mögliche Entwicklungschancen für einen altindustrialisierten Raum Deutschlands durch den Prozess der Tertiärisierung.

Aufgabe 36  Suburbanisierungseffekte führen bezüglich der finanziellen Belastungen öffentlicher Haushalte häufig zu einer Benachteiligung der Kernstädte. Stellen Sie dar, inwieweit die Kernstädte indirekt aber auch von Suburbanisierungseffekten profitieren können.

## 3 Wirtschaftsräume in Deutschland – Strukturen und Prozesse

### 3.1 Wirtschaftsräumliche Disparitäten

Aufschluss über die räumlichen Disparitäten innerhalb Deutschlands erhält man durch die Analyse wirtschaftlicher **Indikatoren** wie etwa dem Bruttoinlandsprodukt (BIP) pro Einwohner, der Arbeitslosenquote oder dem verfügbaren Haushaltseinkommen.

Die regionale Differenzierung des **Bruttoinlandsprodukts pro Einwohner** (siehe M 116) zeigt neben einem Süd-Nord-Gefälle in den alten Bundesländern ein starkes **West-Ost-Gefälle** zwischen alten und neuen Bundesländern. Dies ist nicht verwunderlich, denn niemand hatte ernsthaft erwartet, dass es binnen kürzester Zeit „[…] gelingen wird, Mecklenburg-Vorpommern und Sachsen-Anhalt, Brandenburg, Sachsen und Thüringen schon bald in blühende Landschaften zu verwandeln, in denen es sich zu leben und zu arbeiten lohnt. […] Viele Landsleute in der DDR werden sich auf neue und ungewohnte Lebensumstände einstellen müssen und auch auf eine gewiss nicht einfache Zeit des Übergangs" (aus der Regierungserklärung des Bundeskanzlers Helmut Kohl am 1. Juli 1990). Allerdings sind zwei Jahrzehnte nach dem Mauerfall die West-Ost-Disparitäten in Deutschland kaum geringer geworden. Heute erreicht das BIP pro Einwohner in den neuen Bundesländern erst ca. 70 % des westdeutschen Durchschnitts.

|  | alte Bundesländer | neue Bundesländer |
|---|---|---|
| 1991 | 22 030 € | 9 442 € |
| 2010 | 32 340 € | 22 384 € |

M 115: Bruttoinlandsprodukt pro Einwohner in den alten und neuen Bundesländern im Vergleich

Kleinräumig betrachtet sind die Unterschiede der Pro-Kopf-Wirtschaftsleistung in Deutschland jedoch erheblich größer, als dies das großräumige West-Ost-Gefälle erahnen lässt. Auffällig ist auch, dass in den Städten und Landkreisen Westdeutschlands die wirtschaftliche Leistungskraft stärker variiert als im Osten. So beträgt in den Landkreisen Südwestpfalz und Rhein-Pfalz das BIP pro Kopf weniger als die Hälfte des bundesdeutschen Durchschnitts von 30 566 € (2010) und liegt damit noch unter der Wirtschaftsleistung der „ärmsten" Regionen in Ostdeutschland. Im Gegensatz hierzu erwirtschaften die Einwohner im Münchner Umland ein BIP pro Kopf, das dreimal so hoch ist wie das bundesdeutsche Mittel, während die einkommensstärksten Städte im Osten Deutschlands gerade den landesweiten Durchschnittswert erzielen.

Dies macht deutlich, dass die nach wie vor geringe Wirtschaftskraft in den neuen Bundesländern ein flächendeckendes Problem darstellt, während im Westen Deutschlands neben dem Süd-Nord-Gefälle vor allem kleinräumige Disparitäten wie etwa zwischen der Stadt Wolfsburg und dem Landkreis Wolfenbüttel hervortreten. Bei letzterem Beispiel ist zu bedenken, dass die herausragende Stellung von Wolfsburg ausschließlich aus der hohen Produktivität des Volkswagenwerks resultiert, was zu einem hohen Wert für das Bruttoinlandsprodukt insgesamt und pro Einwohner führt.

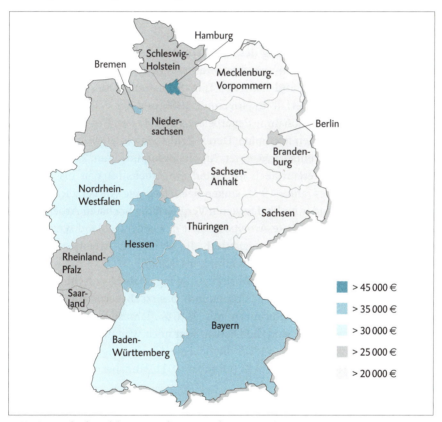

M 116: Bruttoinlandsprodukt pro Einwohner in jeweiligen Preisen 2010

|  | die „reichsten" Regionen | | die „ärmsten" Regionen | |
|---|---|---|---|---|
| Im Westen | Landkreis München | 83 624 | Landkreis Wolfenbüttel | 16 087 |
|  | Stadt Frankfurt | 79 494 | Landkreis Rhein-Pfalz | 13 845 |
|  | Stadt Düsseldorf | 72 425 | Landkreis Südwestpfalz | 13 226 |
| Im Osten | Stadt Schwerin | 31 405 | Landkreis Ostvorpommern | 16 496 |
|  | Stadt Jena | 32 007 | Landkreis NW-Mecklenburg | 15 129 |
|  | Stadt Neubrandenburg | 32 409 | Landkreis Mecklenburg-Strelitz | 15 152 |

M 117: Bruttoinlandsprodukt pro Einwohner ausgewählter kreisfreier Städte und Landkreise 2010 (in €)

Die räumliche Differenzierung des **Indikators Arbeitslosigkeit** zeigt ebenfalls erhebliche Disparitäten zwischen alten und neuen Bundesländern (siehe M 118): In **Ostdeutschland** hatte der Transformationsprozess bereits in der Zeit zwischen dem Mauerfall im November 1989 und der Wiedervereinigung 1990 eine sprunghafte Zunahme der arbeitslos gemeldeten Erwerbsbeschäftigten auf 1 Mio. Menschen zur Folge. Deren Zahl stieg bis 2005 kontinuierlich auf 1,6 Mio. an (das entspricht einer Arbeitslosenquote von 21 %), ehe der positive Konjunkturverlauf auch im Osten die Arbeitslosigkeit bis auf 15 % (2008), den Wert des Jahres 1991, sinken ließ. Nach wie vor verzeichnen aber die neuen Bundesländer im landesweiten Vergleich die höchsten Arbeitslosenquoten. Die regional höchste Arbeitslosigkeit in Ostdeutschland wurde 2011 in der Uckermark mit 16,6 % registriert, die geringsten Arbeitslosenquoten wies das südliche Umland von Berlin mit 7 bis 8 % auf.

Aber auch in **Westdeutschland** sind große regionale Unterschiede zu verzeichnen. Die niedrigste Arbeitslosenquote besitzt Bayern mit 3,8 %, die höchste Mecklenburg-Vorpommern mit 12,6 % (Jahresdurchschnitt 2011). Auf kleinräumiger Ebene sind die Disparitäten noch weitaus größer. So weist die Stadt Gelsenkirchen mit 14,2 % die höchste Arbeitslosigkeit auf, während in der Region Eichstätt mit 1,4 % (Oktober 2011) annähernd Vollbeschäftigung herrscht.

Wirtschaftsräume in Deutschland – Strukturen und Prozesse / 177

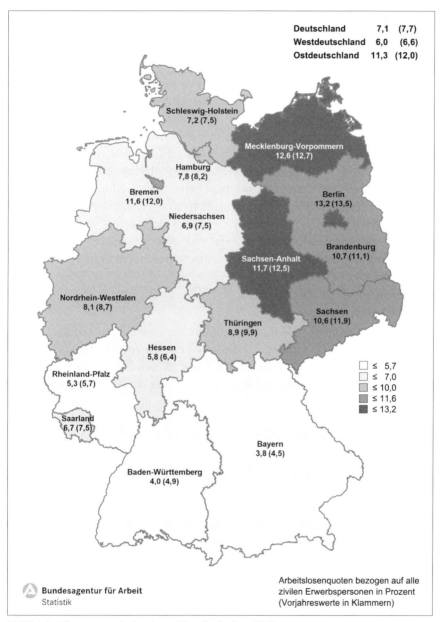

M 118: Arbeitslosenquoten der Länder im Jahresdurchschnitt 2011

## 3.2 Ursachen und Probleme der wirtschaftlichen Entwicklung in Ostdeutschland

Bis zum Mauerfall 1989 hatte die Staatsführung der DDR den Rang als **zehntstärkste Industrienation der Welt** für sich beansprucht. Nach der Einführung der Wirtschafts-, Währungs- und Sozialunion am 1. Juli 1990 offenbarte sich, dass weder die wirtschaftlichen Grunddaten noch die veröffentlichten Statistiken die wahre Lage widerspiegelten. Bis zuletzt hatte die Staatsführung die herrschende Misswirtschaft verschleiert und bewusst das unrealistische Bild eines Staates ohne größere wirtschaftliche Probleme gezeichnet, während dieser tatsächlich auf den Bankrott zusteuerte. Als „Gütezeichen" der DDR galten stets Vollbeschäftigung, freie medizinische Versorgung und Niedrigstmieten. Genau diese Errungenschaften aber waren ebenso wie die staatlich festgesetzten Niedrigpreise für Waren und Dienstleistungen des täglichen Bedarfs mit entscheidende **Ursachen des wirtschaftlichen Niedergangs** des „Arbeiter- und Bauernstaates".

### Planwirtschaft

In der DDR herrschte, wie in allen Ländern des ehemaligen Ostblocks, nach dem Vorbild der Sowjetunion die sozialistische Planwirtschaft. Das gesamte Wirtschaftssystem wurde vom Staat gelenkt. Wesentliches Ziel war die Bedarfsdeckung der Bevölkerung mit allen Gütern des täglichen Bedarfs zu niedrigen Preisen. Statt des Ausgleichs von Angebot und Nachfrage wie in der Marktwirtschaft bestimmte ein genau von der Staatsführung festgelegter Plan, in der Regel für fünf Jahre, alle denkbaren Wirtschaftsabläufe. Dies bedeutete, dass nicht der einzelne Bürger, sondern die Bürokratie vorgab, was produziert, angeboten und gekauft werden konnte. Der Staat legte die Stückzahlen der Produktion, die Preise und die Löhne der Arbeiter fest. Ebenso verhielt es sich in der Wohnungswirtschaft: Der Staat bestimmte die Miethöhe für jede Wohnung, die den Mietern zugewiesen wurde. Einen freien Wohnungs-, Boden- und Immobilienmarkt gab es nicht. Dafür durften sich die Bürger wirtschaftlich sicher fühlen: Der Staat subventionierte Grundnahrungsmittel, Mieten, Energie und die Fahrpreise für die öffentlichen Verkehrsmittel. Arbeitslosigkeit und Unterbeschäftigung gab es nicht, denn sollten etwa für Schulabgänger nicht genügend Beschäftigungsmöglichkeiten zur Verfügung stehen, so mussten die Staatsbetriebe Arbeitsplätze doppelt besetzen.

Der große **Nachteil der Planwirtschaft** ist der fehlende Wettbewerb in der Wirtschaft. So unterbleiben Investitionen in Forschung und Entwicklung neuer Produkte, Fertigungsanlagen werden nicht modernisiert und die Motivation der Arbeitskräfte sinkt zusehends. Wie es tatsächlich um den wissenschaftlich-technischen Fortschritt in der DDR bestellt war, illustriert die Produktion des 64-KBit-Chips. Fünf Jahre, von 1981 bis 1986, hatte dessen Entwicklung bis zur Serienreife in den „Volkseigenen Betrieben" (siehe unten) gedauert. Als japanische Unternehmen 1982 als erste Anbieter den Chip auf den Markt brachten, bekamen sie hierfür 125 US-Dollar. Als die DDR vier Jahre später dessen Herstellung als technologischen Erfolg feierte, kostete der Chip nur noch einige Cent und war auf den Wühltischen eines jeden Elektronikladens zu haben.

**Verstaatlichung**
Die Verstaatlichung begann bereits wenige Monate nach Kriegsende 1945 in der **Landwirtschaft** mit der Bodenreform. Alle Großgrundbesitzer wurden enteignet, ihre Ländereien gingen an ehemalige Landarbeiter und Vertriebene über. Bis 1960 erfolgte dann im Rahmen der Kollektivierung die Überführung aller landwirtschaftlichen Betriebe in **„Landwirtschaftliche Produktionsgenossenschaften" (LPG)**, in denen die Bauern als Angestellte beschäftigt waren. Die Folgen waren eine starke Abnahme der Privatinitiative und eine sich dramatisch verschlechternde Versorgungslage der Bevölkerung mit Fleisch, Butter und Milch. Bis 1989 machten aber auch Missernten den Import von Getreide aus „nicht sozialistischen Ländern" notwendig, wofür die DDR jedoch nur mit Mühe die notwendigen Devisen aufbringen konnte.

Im **Industrie- und Dienstleistungssektor** hatte die Besatzungsmacht Sowjetunion 1945 die Enteignung und Verstaatlichung von Banken, Versicherungen und großen Industrieunternehmen beschlossen. Bis 1972 wurden mit Ausnahme von wenigen privaten Kleinunternehmen im Einzelhandel und im Handwerk alle Betriebe verstaatlicht. Diese sogenannten **„Volkseigenen Betriebe" (VEB)** produzierten 99 % aller in der DDR erzeugten Güter und waren direkt der Landkreis- oder Stadtverwaltung unterstellt. Darüber hinaus wurden besonders große und wichtige Betriebe der Grundstoff-, chemischen und Elektroindustrie in landesweiten **Kombinaten** zusammengefasst, die direkt von der Staatsführung kontrolliert wurden.

Trotz großer Anstrengungen galt die Industrie der DDR im internationalen Wettbewerb als rückständig und nicht konkurrenzfähig. DDR-Unternehmen erreichten nur ein Drittel der Produktivität westlicher Firmen und die produzierten Güter waren kaum weltmarktfähig. Die meisten Staatsbetriebe erwirtschafteten riesige finanzielle Verluste, der Maschinenpark war völlig veraltet und kaum noch funktionstüchtig.

Die Öffnung der DDR zum Weltmarkt führte daher binnen kürzester Zeit zum **wirtschaftlichen Zusammenbruch 1990**. Ostdeutsche Produkte fanden jetzt weder in den ehemaligen sozialistischen „Bruderländern", wohin früher zwei Drittel des Warenexports gingen, noch im Westen Käufer. Zugleich wurde der ostdeutsche Binnenmarkt mit Westprodukten überschwemmt. Zwischen 1989 und 1997 ging in Ostdeutschland die Zahl der Arbeitsplätze in der Industrie von 4,3 Mio. auf 1,9 Mio. zurück. Allein durch die **Privatisierung** der Staatsbetriebe hoffte die Politik, deren Fortbestand sichern zu können und die Voraussetzung für einen wirtschaftlichen Neuanfang und rasche Modernisierung der Industrie zu schaffen. Bis 1994 gelang es dann auch, 10 000 Volkseigene Betriebe zu privatisieren oder an ihre ehemaligen Besitzer zurückzugeben. Die Mehrheit dieser Unternehmen kam in den Besitz westdeutscher Konzerne, die sie meist als „verlängerte Werkbänke" ohne eigene Forschungs- oder Entwicklungsabteilungen nutzten. Gleichzeitig mussten aber auch fast 4 000 Unternehmen stillgelegt werden, da sich hierfür keine Interessenten fanden. Arbeitslosigkeit, Massenabwanderung junger und qualifizierter Arbeitskräfte und Überalterung der zurückbleibenden Bevölkerung prägen bis heute das Bild in vielen ehemaligen Industriezentren Ostdeutschlands.

## 3.3 Wirtschaftsdynamik in Wachstumsräumen

Kennzeichen von Räumen mit starker Wirtschaftskraft sind eine hohe Beschäftigungs- und Innovationsdynamik. Dabei sind es in Deutschland zumeist die zentral gelegenen Verdichtungsräume, in denen die modernen Industrie- und Dienstleistungsbranchen optimale Standortbedingungen vorfinden.

### Isar-Valley – München als Zentrum der deutschen Hightech-Industrie

In Bayern hat sich der **Strukturwandel** vom Agrarstaat zum modernen Industrie- und Dienstleistungsland nach dem Zweiten Weltkrieg rasch vollzogen, wodurch auch der Aufstieg der Landeshauptstadt München zu einer bedeutenden europäischen Wirtschaftsmetropole begünstigt wurde. Die Stadt besitzt heute eine vielseitig diversifizierte und zukunftsorientierte Wirtschaftsstruktur, deren Schwerpunkte forschungs- und entwicklungsintensive Branchen (elektrotechnische Industrie, Fahrzeugbau, Luft- und Raumfahrtindustrie) und ein hochwertiger tertiärer Sektor mit einer großen Zahl von Hauptverwaltungen global tätiger multinationaler Konzerne bilden.

Der Wirtschaftsstandort München nimmt im Bereich der **Informations- und Kommunikationstechnologien (IuK)** eine Spitzenstellung ein, die nur von den Technologiezentren San Francisco-Silicon Valley, Boston und Greater London übertroffen wird. Über 240 000 Beschäftigte erwirtschaften in dieser Branche jährlich 7 Mrd. Euro, Tendenz steigend. Informations- und Kommunikationstechnologien – das sind sämtliche Wirtschaftszweige, die sich mit der Entwicklung von Hard- und Software für Computer, der Anwenderprogramme für die elektronische Datenverarbeitung sowie der Produktion vielfältiger Medien (Printmedien, Rundfunk, Fernsehen, Internet) beschäftigen. „Jung, dynamisch und innovativ", so beschreibt die IuK-Branche ihre Unternehmen.

| Gründungsjahr | vor 1950 | 1950–1979 | 1980–1989 | 1990–1999 | 2000–2009 |
|---|---|---|---|---|---|
| Anteil der Unternehmen | 3 % | 8 % | 13 % | 32 % | 44 % |

M 119: Aufgliederung der IuK-Unternehmen nach dem Gründungsjahr

Die Gründe für den Boom der Hightech-Industrien in München sind vielfältig. Ausgangspunkt der Entwicklung war der Weltkonzern Siemens, der 1977 seine „Denkfabrik" im neu erschlossenen Stadtteil Neuperlach errichtete. Hier entwickelten bis zu 10 000 Beschäftigte, von denen die Hälfte Hochschul- und Fachhochschulabsolventen waren, Hard- und Softwareprodukte. Der Elektronikkonzern zog andere Firmen nach: entweder durch die Vergabe von Aufträgen an externe Partner oder ganz einfach deshalb, weil eine solche Weltfirma eine Sogwirkung innerhalb einer Branche entfaltet. Fast alle Global Player der IuK-Branche besitzen inzwischen Standorte in der Region München. Der Software-Gigant Microsoft beschäftigt hier 1 300 Mitarbeiter, Konkurrent Sun Microsystems hat seine Europazentrale an die Isar verlegt, die Software-Unternehmen SAP und Oracle, der Halbleiterhersteller Intel und die Internet-Provider Netscape und Yahoo arbeiten hier.

Mit ausschlaggebend für diese Standortkonzentration ist die Verfügbarkeit **hoch qualifizierter Arbeitskräfte** in der Region. 30 % der 694 000 Erwerbstätigen (2010) in München besitzen einen Hochschulabschluss. Viele davon haben bereits an den drei Universitäten und den zehn weiteren Hoch- und Fachhochschulen des **Wissensstandorts** München studiert, wo 2011 über 94 000 Studenten eingeschrieben waren. Über 30 000 Studenten sind allein in den Fachbereichen Naturwissenschaften und Mathematik immatrikuliert und bilden so ein großes künftiges Arbeitskräftereservoir für die Hightech-Industrie. Hinzu kommen zahlreiche **außeruniversitäre Forschungseinrichtun-**

**gen:** die Fraunhofer-Gesellschaft, die Max-Planck-Gesellschaft, das Helmholtz-Zentrum und das Deutsche Zentrum für Luft- und Raumfahrt.

Ein wichtiger Standortfaktor ist auch das **Messe- und Ausstellungszentrum**. Jährlich besuchen weit über 2 Mio. Besucher (2010) die 22 Messeveranstaltungen, wo mehr als 30 000 Aussteller ihre Produkte anbieten. Die Stadt ist aber auch mit ihrer Börse und mehreren Hauptverwaltungen weltweit tätiger Banken und Versicherungen ein bedeutendes **Finanzzentrum**. Von hieraus werden etwa 25 Risikokapitalfonds verwaltet, die bevorzugt in die IuK-Branche investieren und Firmengründern im Internet- und Multimediabereich ein attraktives Gründerklima bieten.

Ein wichtiger Standortfaktor ist die herausragende **Verkehrsanbindung** durch den Großflughafen im Norden der Stadt. Die für viele Branchen notwendigen internationalen „Face-to-Face"-Kontakte werden durch 244 weltweite Direktverbindungen, die von 100 Fluggesellschaften bedient werden (Stand 2010), sichergestellt. Seit der Inbetriebnahme des neuen Flughafens 1992 hat sich die Zahl der Passagiere auf 35 Mio. verdreifacht. Durch viele neue Unternehmen ist die Zahl der Arbeitsplätze am Flughafen seit 1989 von 8 600 auf 30 000 gestiegen. Und mit jedem Arbeitsplatz am Flughafen werden etwa zwei weitere Arbeitsplätze außerhalb des Flughafengeländes geschaffen. So ist es nicht verwunderlich, dass im Umland des Flughafens mit 2 % im Jahr 2011 eine der geringsten Arbeitslosenquoten des ganzen Bundesgebiets registriert wird.

Daneben begünstigen **weiche Standortfaktoren** wie das kulturelle Angebot mit bundesweit bedeutenden Theatern, Museen und Konzertveranstaltungen, Großveranstaltungen auf dem Olympiagelände sowie die sportlichen Erfolge des FC Bayern München und das attraktive südliche Münchner Umland mit seinen Seen und der Nähe zu den Alpen ein überaus positives Image der Stadt München, sodass laut Umfragen die meisten Deutschen, wenn sie die Wahl hätten, am liebsten in München leben und arbeiten würden.

### Der Wirtschaftsraum Leipzig

Im Zentrum eines ehemaligen industriellen Verdichtungsraumes gelegen, befindet sich Leipzig seit 1990 in einem wirtschaftlichen Umstrukturierungsprozess, der in Umfang und Ausmaß die widersprüchlichen Entwicklungstendenzen in den neuen Bundesländern beispielhaft aufzeigt.

Seit 1900 fanden regelmäßig sogenannte Mustermessen in Leipzig statt und ließen die Stadt zur bedeutendsten Messestadt Mitteleuropas werden. Selbst zu Zeiten des Kalten Krieges und der Teilung Deutschlands besaß der **Messe-**

**platz Leipzig** eine herausragende Funktion als Informations- und Kontaktbörse im innerdeutschen und europäischen West-Ost-Handel. Während der Messetage genoss die Stadt eine Vorzugsbehandlung durch die Staatsführung der DDR. Die Internationalität des Messeplatzes Leipzig und die Bedeutung der Stadt als „Schaufenster" der DDR verhinderten etwa größere Versorgungsengpässe in den Geschäften. Dass die Bürgerbewegung und die Montagsdemonstrationen für Freiheit und Demokratie gerade in Leipzig ihren Ausgangspunkt nahmen, ist kein Zufall, sondern Ergebnis der historischen Entwicklung und der zentralen Bedeutung der Stadt für ganz Mitteldeutschland sowie des wirtschaftlichen Niedergangs zu Zeiten der DDR.

Die dominierende Stellung des Wirtschaftsraums Leipzig-Halle wurde bis 1989 von der **Braunkohlenindustrie** bestimmt. Braunkohle war der wichtigste Energieträger in der DDR, aber auch Rohstoff der chemischen Großindustrie. Die Bedeutung der Region war innerhalb der DDR mit einem Viertel der gesamten Energieerzeugung und der Hälfte der chemischen Produktion herausragend. Aber auch der Maschinen- und Schienenfahrzeugbau sowie eine leistungsfähige Nahrungsmittelindustrie prägten die Branchenstruktur des Wirtschaftsraumes.

Leipzig und Halle sind die Zentren einer Agglomeration mit über 1 Mio. Menschen. Seit den 1960er-Jahren verzeichnete der Ballungsraum einen anhaltenden **Bevölkerungsrückgang** durch einen hohen Gestorbenenüberschuss und deutliche Wanderungsverluste. Gründe für die Abwanderung waren die zunehmende Verschlechterung der Lebensbedingungen durch den Braunkohlenabbau und die daraus resultierende Landschaftszerstörung, Wasser- und Luftverschmutzung sowie die städtebaulichen Missstände und ungelöste Wohnungsprobleme. Von 1989 bis 1997 sank die Einwohnerzahl Leipzigs von 530 000 auf 430 000, vor allem durch die Abwanderung hoch qualifizierter Arbeitskräfte und Auszubildende in die alten Bundesländer. Eine Gebietsreform ließ die Bevölkerung bis heute wieder auf etwas über eine halbe Mio. (2010) ansteigen.

Der wirtschaftliche **Transformationsprozess** in den neuen Bundesländern wurde geprägt durch eine anhaltende **Deindustrialisierung** und einen damit verbundenen Abbau von Arbeitsplätzen im sekundären Sektor. In Leipzig gingen zwischen 1990 und 1994 zwei Drittel der ehemals 100 000 Arbeitsplätze des verarbeitenden Gewerbes verloren.

Die sächsische Landesregierung versuchte, durch Steuervergünstigungen und Investitionshilfen die verbliebenen Großunternehmen der Metall-, Elektroindustrie und Medienwirtschaft zu stützen, um diese als industriellen Kern der Leipziger Wirtschaft zu erhalten. Höchste Priorität besaßen die Investitionen in die **Modernisierung der Verkehrsinfrastruktur**. Hierbei war der Leipziger Norden einer der wichtigsten Investitionsschwerpunkte, wo in den vergangenen Jahren mehrere Mrd. Euro für überregional bedeutsame Bauvorhaben aufgewendet wurden. Den Schwerpunkt bildeten die Projekte des „Verkehrswegeplans Deutsche Einheit"; der Ausbau des Flughafens Leipzig/Halle, der Aus-und Neubau von Autobahnen und Bahnstrecken sowie die Errichtung eines Güterverkehrszentrums.

Besondere Bedeutung für die künftige wirtschaftliche Entwicklung des Ballungsraums Leipzig besitzt der bis 1989 vorwiegend nur während der Leipziger Messe genutzte **Flughafen**. Der Neubau einer zweiten Start- und Landebahn nördlich der Autobahn A 14 ermöglichte neue europäische und interkontinentale Flugverbindungen, die zu einer Steigerung der Passagierzahlen auf über 2,3 Mio. (2010) führten. Die Modernisierung des Flughafens war auch die Voraussetzung für die Ansiedlung des europäischen Logistikzentrums des Kurierdienstes DHL, der von hier aus bis zu 34 000 internationale Frachtflüge pro Jahr im 24-Stunden-Betrieb durchführen will. Damit sind ca. 3 500 neue Arbeitsplätze direkt bei DHL am Flughafen und weitere 7 000 bei Zulieferern und Dienstleistungsunternehmen bis 2012 verbunden.

Der erste **unternehmerische Kristallisationskern** in diesem von einem fundamentalen **Strukturwandel** gekennzeichneten Raum war das neue Logistikzentrum des Quelle-Konzerns. Ursprünglich hatte das Unternehmen den Neubau einer Versandanlage am Firmensitz Nürnberg-Fürth geplant, aber nach der Wiedervereinigung diese Pläne beiseitegelegt und in den neuen Bundesländern einen geeigneten Standort mit optimalen Verkehrsanbindungen gesucht. Im Mai 1995 ging das modernste **Versand- und Logistikzentrum** der Welt im Beisein des Bundeskanzlers in Betrieb. Eine Investitionssumme von über 500 Mio. Euro wurde aufgebracht, 3 500 neue Arbeitsplätze bei Quelle und Tausende von Arbeitsplätzen bei vielen neuen Zulieferern in der Region und den neuen Bundesländern wurden in Aussicht gestellt. Doch schon 2009 kam das Aus – durch die Insolvenz des Unternehmens verloren die nach den ersten Entlassungswellen seit 2007 verbliebenen 860 Beschäftigten ihren Arbeitsplatz.

In unmittelbarer Nachbarschaft zum Quelle-Versandzentrum nahm 1996 die Leipziger Messe GmbH das neue **Messezentrum** in Betrieb, um die internationale Wettbewerbsfähigkeit des traditionellen Messestandortes mit einem Angebot von mehr als 20 Fachmessen im Jahr zu wahren. Daneben entstanden hier auch viele vor- und nachgeordnete Dienstleistungsunternehmen wie etwa ein Modezentrum, Büros und Gastronomiebetriebe.

M 120: Das Quelle-Versandzentrum im Leipziger Norden

Im Jahr 2006 hat ebenfalls im Leipziger Nordosten der Internethändler Amazon sein zweites deutsches Versandzentrum in Betrieb genommen. Die Stammbelegschaft zählt inzwischen rund 900 Mitarbeiter, zusätzlich werden 3 000 Saisonarbeiter im Weihnachtsgeschäft befristet beschäftigt.

Die **Reindustrialisierung** in der Region begann mit der Gründung neuer Standorte der **Automobilindustrie**. Den Auftakt machte im Jahr 2002 die Firma Porsche mit ihrem neuen Werk im Leipziger Norden. 17 verschiedene Standorte in Deutschland standen ursprünglich zur Wahl; den Ausschlag für die sächsische Stadt gaben schließlich die hervorragende Verkehrsinfrastruktur und die Verfügbarkeit qualifizierter und motivierter Arbeitskräfte. 650 Beschäftigte (2011) fertigen hier exklusiv die modernste Fahrzeugreihe des Unternehmens, weitere 1 000 Neueinstellungen sind geplant.

2005 nahm schließlich auch das hochmoderne BMW-Werk in unmittelbarer Nähe zum Messegelände an der Autobahn A 14 die Produktion auf. 5 200 Menschen arbeiten im Zwei-Schicht-Betrieb auf dem Werksgelände, die Tagesproduktion betrug 2011 über 700 Fahrzeuge täglich. Die **Standortentscheidung** war ein langfristiger Prozess mit umfassender Prüfung der Vor- und Nachteile der möglichen neuen Werksorte. Folgende Kriterien waren bei dieser Entscheidung besonders wichtig: Wirtschaftlichkeit und Flexibilität, Lage und Beschaffung des zukünftigen Werksgeländes, Verfügbarkeit qualifizierten Fachpersonals, Nutzung vorhandener Strukturen hinsichtlich Zulieferer und Logistik, Infrastruktur für Verkehr, Versorgung und Entsorgung, Anbindung an das BMW-Produktionsnetzwerk und ein schneller Prozess der Umsetzung in Planung, Bau und Produktionsanlauf. Neben Leipzig hatten sich über 250 Kommunen aus ganz Europa für den neuen Unternehmensstandort beworben.

Im Freistaat Sachsen waren 2011 über 300 Unternehmen der Kfz-Industrie tätig. Ihr Anteil am Ergebnis des verarbeitenden Gewerbes beträgt ca. 20 %. Am Exportaufkommen ist die Branche mit 40 % beteiligt und nimmt damit eine Spitzenposition in der sächsischen Wirtschaft ein. Das Ziel in diesem Industriezweig ist der Aufbau einer umfassenden Kompetenz für die komplette Kfz-Produktion. Durch die Ansiedlung modernster Produktionsstätten namhafter deutscher Automobilkonzerne hat sich die Region Leipzig zum Zentrum dieses bedeutenden und wachstumsorientierten Industriezweiges in Mitteldeutschland entwickelt.

## 3.4 Neuorientierung altindustrieller Räume in Deutschland

Altindustrialisierte Räume in Deutschland sind durch eine stagnierende Wirtschaftskraft, Arbeitslosigkeit und Abwanderung gekennzeichnet. Der notwendige Strukturwandel fällt besonders dann schwer, wenn eine periphere Lage Investitionen und Ansiedlungen neuer Unternehmen zusätzlich erschwert.

### Transformationsprozess im Lausitzer Braunkohlerevier

In Deutschland ist die **Braunkohle** mit einem Anteil von 38 % (2011) an der Primärenergiegewinnung der bedeutendste heimische Energieträger. Der Anteil der Braunkohle am Primärenergieverbrauch beträgt seit 1995 etwa 12 %, bei der Stromerzeugung sogar 25 %. Während in den alten Bundesländern der Primärenergieverbrauch seit den 1990er-Jahren nahezu konstant ist, hatte in den neuen Bundesländern die Öffnung des Energiemarktes rasche Veränderungen bei der Energiegewinnung und beim Energieverbrauch zur Folge. Wegen des wirtschaftlichen Umstrukturierungsprozesses und des Rückgangs der Industrieproduktion nahm der Primärenergieverbrauch deutlich ab. Besonders betroffen hiervon war die Braunkohlenförderung, die aber trotz des Rückgangs um über 70 % nach wie vor der wichtigste Energieträger im Osten Deutschlands ist.

M 121: Förderbrücke des Tagebaus Jänschwalde

In der DDR war die Braunkohle der einzige verfügbare **heimische Energieträger**. Um bei der Energieversorgung vom Ausland möglichst unabhängig zu sein und die stets knappen Devisen zu sparen, stützte sich die DDR-Wirtschaft auf die Nutzung der eigenen Braunkohlenvorkommen. Im internationalen Vergleich hatte die DDR bei der Braunkohlengewinnung stets mit mehr als einem Viertel der Weltjahresförderung den ersten Rang inne. Während in den 1970er-Jahren die jährliche Fördermenge konstant 260 Mio. t betrug, stieg diese bis 1986 auf 311 Mio. t und sollte bis 1990 335 Mio. t erreichen. Die Hälfte der Fördermenge wurde zu Briketts für Haushalte, Industriebetriebe und lokale Heizkraftwerke verarbeitet oder zu Koks, Stadtgas, Schwel- und Flüssigprodukten veredelt. Die andere Hälfte nutzten die nahe gelegenen Großkraftwerke, die bis zu 80 % der gesamten Stromerzeugung der DDR „produzierten".

Mit der Entscheidung der Staatsführung der DDR für eine auf Autarkie ausgerichtete Energiewirtschaft wurde die Lausitz zum Zentrum der Braunkohlenindustrie. Das „**Braunkohlenkombinat** Senftenberg" umfasste 17 Tagebaue und 13 Brikettfabriken. 1989 förderten und verarbeiteten 54 000 Beschäftigte über 200 Mio. t Kohle, zwei Drittel der gesamten DDR-Produktion. Die Gründung neuer Braunkohle verarbeitender Großbetriebe verstärkte die **industrielle Monostruktur**. Fast 80 % aller Arbeitsplätze in der Lausitz waren direkt oder indirekt als Zulieferer von der Förderung und Veredlung der Braunkohle abhängig. Tausende neuer Arbeitsplätze führten zu einem raschen Bevölkerungswachstum in der Region.

Mit der am 1. Juli 1990 vollzogenen Wirtschafts- und Währungsunion begann auch in der Lausitz der wirtschaftliche **Transformationsprozess**. Die

Privatisierung des Senftenberger Braunkohlenkombinats sollte den Fortbestand überlebensfähiger Tagebau- und Veredelungsbetriebe sichern. Die Verhandlungen mit interessierten westdeutschen Energiekonzernen zogen sich über viele Jahre hin. Erst hohe finanzielle Zugeständnisse der Bundesregierung führten 1994 zur Gründung der LAUBAG, der Lausitzer Braunkohlen Aktiengesellschaft, die heute im Besitz des schwedischen Vattenfall-Konzerns ist.

| | | 1989 | 1990 | 1995 | 2000 | 2010 |
|---|---|---|---|---|---|---|
| Braunkohleförderung | (in Mio. t) | 195 | 168 | 71 | 55 | 56 |
| Briketterzeugung | (in Mio. t) | 24 | 22 | 3 | 0,7 | 0,4 |
| Beschäftigte im Bergbau und Energieerzeugung | | 79 000 | 48 000 | 10 200 | 8 500 | 8 050 |

M 122: Kohlenförderung, Briketterzeugung und Beschäftigte

Seit 1990 ist die **Braunkohlenförderung** im Lausitzer Revier stark rückläufig. Die Gründe für diese Entwicklung waren
- die stark rückläufige Stromerzeugung in den Kraftwerken vor allem wegen des geringeren Absatzes von Industriestrom,
- die drastische Reduzierung bzw. Stilllegung der Gas- und Kokserzeugung aus Braunkohle und
- der extreme Rückgang im Brikettabsatz durch Umstellung der Verbraucher auf andere Energieträger.

Von den ehemals 17 Tagebaubetrieben wurden bis 1992 acht und bis 1996 weitere vier geschlossen. Die verbleibenden fünf Kohlegruben reichen aus, langfristig den Bedarf der Kraftwerke zu decken, wo 90 % (2008) der Braunkohle verstromt werden. Nach der Wende wurden zahlreiche Kraftwerke stillgelegt. Nur die Standorte Jänschwalde bei Cottbus und Boxberg bei Hoyerswerda sind, mit modernen Filteranlagen und verbesserter Kraftwerkstechnik nachgerüstet, in Betrieb. Dagegen ist die Brikettproduktion heute fast ohne Bedeutung. Von ehemals elf Brikettfabriken ist nur noch eine einzige in Betrieb.

Der **Niedergang der Braunkohlenindustrie** ließ die Lausitz zu einem ökonomischen und sozialen Problemgebiet werden. Der Verlust der wirtschaftlichen Basis wirkte sich nachhaltig auf die Arbeitsplatzentwicklung in der Region aus. Seit 1989 nahm die Zahl der Beschäftigten im Bergbau und der Energiewirtschaft von 79 000 auf 8 400 (2010) ab. Gleichzeitig stieg die Arbeitslosigkeit stark an, obwohl viele ehemals im Bergbau Beschäftigte in den Vorruhestand gingen oder Überbrückungshilfen bis zum Erreichen der Pensionierung erhielten.

|  |  | 1990 | 1993 | 1997 | 2004 | 2011 |
|---|---|---|---|---|---|---|
| Arbeitslosigkeit | (in %) | 1,8 | 15,2 | 22,2 | 23,6 | 15,1 |

M 123: Arbeitslosigkeit in der Region Lausitz

Statistisch nicht erfasst ist die große Zahl von Fernpendlern, die in den alten Bundesländern einen neuen Arbeitsplatz gefunden haben. Darüber hinaus haben viele Arbeitsuchende mit ihren Familien im Rahmen der Ost-West-Wanderung den Wohnort gewechselt, sodass in den vergangenen Jahren die Einwohnerzahlen vieler Gemeinden in der Lausitz zurückgehen.

Charakteristisch für die **demographische Entwicklung** ist die Bevölkerungsentwicklung der Stadt Hoyerswerda. Hoyerswerda galt neben Eisenhüttenstadt als Musterbeispiel für die Planung und Realisierung einer sozialistischen Stadtanlage. Der Zusammenbruch der Bergbau- und Energiewirtschaft 1990 und die resultierenden Arbeitsplatzverluste waren für die Stadt und ihre Bürger eine Katastrophe. Fast die Hälfte der Einwohner hat die Stadt seitdem verlassen, vor allem junge Familien und qualifizierte Arbeitsuchende. Trotzdem beträgt die Arbeitslosigkeit immer noch 11 % (November 2011), ohne Aussicht auf eine kurzfristige Verbesserung der Situation. In wenigen Jahren wird jeder zweite Einwohner über 65 Jahre alt sein und von staatlichen Versorgungsleistungen leben. In der Stadt, wo bis 1990 zwei bedeutende Kombinate ihre Hauptverwaltungen hatten, sind heute keine größeren Wirtschaftsunternehmen mehr ansässig. Die Stadtverwaltung, das Klinikum Hoyerswerda und die Werkstätten für Behinderte sind jetzt die wichtigsten Arbeitgeber.

|  | 1950 | 1971 | 1981 | 1990 | 1997 | 2011 |
|---|---|---|---|---|---|---|
| Einwohnerzahl | 7 365 | 59 144 | 71 124 | 65 400 | 56 700 | 36 154 |

M 124: Einwohnerentwicklung Hoyerswerda

In einem bundesweiten Standortranking der **Zukunftsfähigkeit** nimmt die Lausitz laut einer Regionalanalyse nur Rang 385 im Vergleich aller 439 Landkreise und kreisfreien Städte ein. Eine günstige Perspektive besitzt lediglich die Stadt Cottbus durch die Gründung und Erweiterung der Technischen Universität und der Fachhochschule sowie der guten Verkehrsanbindung. Ansonsten erschweren erhebliche Zukunftsrisiken den Transformationsprozess in der Lausitz. So ist keines der 500 umsatzstärksten Unternehmen Deutschlands hier ansässig. Der Anteil der Arbeitsplätze in den Bereichen Forschung und Entwicklung ist extrem gering und der Anteil der Beschäftigten in den wachstumsstarken Zukunftsbranchen liegt sogar noch unter dem niedrigen ostdeutschen Niveau.

## Das Ruhrgebiet – Neuorientierung und Strukturwandel in einem Altindustriegebiet

Nach London und Paris ist das Ruhrgebiet mit 53 Städten und 5,3 Mio. Einwohnern der drittgrößte Ballungsraum Europas. Namen wie „das Revier" oder „der Kohlenpott" stehen für eine Region von ca. 130 km Nord-Süd- und 35 km West-Ost-Ausdehnung, die sich im Osten bis Unna und Hamm erstreckt, zwischen der Lippe im Norden und der Ruhr im Süden liegt und im Westen über den Rhein hinausgreift.

Die ursprüngliche Dominanz der Montanindustrie beruhte auf den reichen Steinkohlenlagerstätten. Mit einem Anteil von 26 % an der Steinkohlenförderung und 16 % an der Stahlproduktion der Europäischen Union ist die Region auch heute noch das Zentrum der europäischen Montanindustrie und erwirtschaftet allein ein Bruttosozialprodukt, das dem von Ländern wie Dänemark, Schweden oder Belgien entspricht. Der **Niedergang des Ruhrgebiets** vom „blühenden" Industrieraum zum Altindustriegebiet ist das Ergebnis des drastischen Bedeutungsverlusts der Montanindustrie in ganz Europa.

### Die Kohlenkrise

Die **erste „Kohlenkrise"** führte Ende der 1950er-Jahre zu einem deutlichen Absatzrückgang und ersten Zechenschließungen. **Ursachen** waren:
- die Konkurrenz billiger Importkohle aus den USA und Südafrika,
- die Substitution von Steinkohle durch andere Energieträger, vor allem Erdöl,
- der Absatzrückgang für brikettierte Steinkohle für den privaten Haushalt,
- der Absatzrückgang für die Eisenbahn durch Elektrifizierung des Bahnverkehrs,
- die geringere Nachfrage der Stahlindustrie durch neue kokssparende Technologien (Reduzierung des Koksbedarfs für die Verhüttung von 1 t Stahl von 4 t auf 0,5 t Koks).

Um wettbewerbsfähig zu bleiben, führten die Bergbauunternehmen vielfältige Rationalisierungsmaßnahmen durch, was sich etwa in einer deutlichen Erhöhung der Schichtleistung pro Beschäftigten zeigte. In weniger als zwei Jahrzehnten sank die Zahl der Arbeitsplätze im Bergbau um zwei Drittel, während die Förderung „nur" um ein Drittel zurückging. Die Situation für den Steinkohlenbergbau verschlechterte sich in den Folgejahren aber weiter durch eine sinkende Nachfrage für Roheisen und Stahl. Allein im Zeitraum 1975–1985 gingen im Ruhrgebiet in den Schlüsselindustrien Bergbau und Eisen- und Stahlindustrie über 180 000 Arbeitsplätze verloren, von denen – direkt oder indirekt – nochmals ca. 200 000 Arbeitsplätze in vor- und nachgelagerten Branchen abhängig waren. Gleichzeitig stieg die Zahl der Arbeitslosen im Ruhrgebiet stark an.

## Die Stahlkrise

Die Ursachen der Stahlkrise nach 1975 waren:
- die Auswirkungen der zunehmenden weltwirtschaftlichen Verflechtungen: Import von Billigstahl aus Fernost (Japan, Südkorea) und Entwicklungsländern (Brasilien, Indien),
- der allgemeine Rückgang der Stahlnachfrage in Europa,
- der Rückgang der Stahlexporte durch zunehmende Konkurrenz auf dem Weltmarkt,
- die Substitution von Stahl durch Kunststoffe, Aluminium und andere neue Werkstoffe,
- die Wettbewerbsverzerrungen durch staatliche Subventionen für die Stahlindustrie in anderen europäischen Ländern.

Selbst staatliche Subventionen (bis zu 100 Euro für jede Tonne geförderte Kohle bei einem Weltmarktpreis von unter 50 Euro je t Kohle) und staatlich garantierte Abnahme durch die deutschen Energieunternehmen konnten den Niedergang des Steinkohlenbergbaus nicht aufhalten. Bis 2018 sollen die staatlichen Subventionen auslaufen, was gleichbedeutend ist mit dem **Ende des Steinkohlenbergbaus** in Deutschland.

| Jahr | Bevölkerung | Erwerbstätige im produzierenden Gewerbe | Erwerbstätige im Dienstleistungssektor | Arbeitslose | Arbeitslosenquote |
|---|---|---|---|---|---|
| 1970 | 5 658 381 | 1 285 700 | 881 100 | 12 762 | 0,6 % |
| 1980 | 5 396 144 | 1 065 000 | 968 500 | 104 232 | 5,3 % |
| 1990 | 5 396 208 | 963 500 | 1 180 600 | 231 719 | 10,8 % |
| 2000 | 5 359 228 | 710 000 | 1 393 000 | 278 392 | 12,2 % |
| 2010 | 5 150 307 | 592 000 | 1 599 000 | 277 573 | 12,1 % |

M 125: Der Strukturwandel im Ruhrgebiet in Zahlen

| Jahr | Beschäftigte im Bergbau | Steinkohleförderung in Mio. t | Beschäftigte in der Eisen- und Stahlindustrie | Beschäftigte in der Eisen schaffenden Industrie | Rohstahlerzeugung in Mio. t |
|---|---|---|---|---|---|
| 1961 | 371 381 | 116,1 | 278 391 | 193 506 | 22,4 |
| 1970 | 191 380 | 91,1 | 226 762 | 169 370 | 28,5 |
| 1980 | 140 536 | 69,1 | 184 484 | 139 543 | 25,2 |
| 1990 | 100 352 | 54,6 | 123 181 | 86 809 | 20,5 |
| 2000 | 48 672 | 25,9 | 51 167 | 33 787 | 18,5 |
| 2010 | 18 563 | 9,6 | 44 279* | 29 457* | 19,2 |

* Daten 2006 (Statistik wird nicht mehr erhoben)

M 126: Die Montanindustrie des Ruhrgebiets

Der fortschreitende wirtschaftliche **Strukturwandel** im Ruhrgebiet dokumentiert sich beispielhaft in **Bochum**, wo 1974 die letzte von ehemals 22 Zechen geschlossen wurde. Die **Diversifizierung der Industrie** zeigte bereits 1961 einen ersten Erfolg, als der Autobauer Opel auf ehemaligen Zechenflächen drei Produktionsbetriebe errichtete. Im Jahr 1962 fanden in den Opel-Werken fast 10 000 Menschen Arbeit, überwiegend ehemalige Bergarbeiter. Im Jahr 2010 beschäftigte Opel jedoch nur noch 5 300 Arbeitskräfte in Bochum, von denen weitere 2 000 im Zuge der Neustrukturierung des Konzerns ihren Arbeitsplatz wohl verlieren werden. Bereits 2008 wurde das Nokia-Werk in Bochum geschlossen. Der Standort geht in seinen Anfängen auf ein Werk zur Fertigung von Fernsehgeräten zurück, das 1956 errichtet wurde. Nach mehreren Besitzerwechseln erwarb 1988 der finnische Konzern Nokia den Betrieb für die Produktion von Mobiltelefonen. Bis zu 4 500 Beschäftigte fanden hier einen Arbeitsplatz, ehe seit 2001 die Belegschaft schrittweise verringert wurde. Obwohl das Werk die einzige Produktions- und Entwicklungsstätte für Mobiltelefone in Deutschland war, beschloss Nokia 2008 die Verlagerung der Fertigung nach Rumänien, die Freistellung der verbliebenen 2 300 Mitarbeiter und die Werksschließung im gleichen Jahr.

Seit 1961 nahm in Bochum die Zahl der Beschäftigten im Bergbau und im verarbeitenden Gewerbe von 110 000 auf 27 000 ab. Der Anstieg der Arbeitsplätze im **tertiären Sektor** auf über 90 000 (2011), etwa im Rahmen der Gründung der Ruhr-Universität, der Eröffnung des Ruhr-Einkaufszentrums und des Musicaltheaters, konnte die Arbeitsplatzverluste im sekundären Sektor bei Weitem nicht ausgleichen. So beklagt die Stadt seit Jahrzehnten eine hohe Arbeitslosigkeit (9,4 %, Stand November 2011) und die Abwanderung von über 70 000 Einw. seit 1961.

Die **Phasen des industriellen Wandels** im Ruhrgebiet lassen sich folgendermaßen gliedern:

- In einer **1. Phase ab 1960** förderte man die **Ansiedlung neuer Industriebranchen** wie Elektrotechnik, Fahrzeugbau und Kunststoffindustrie und unterstützte nachgelagerte Industrien der Kohle- und Stahlgewinnung z. B. chemische Industrie, Anlagen-, Maschinen- und Apparatebau.

- In einer **2. Phase ab 1970** erfolgte die **Umwandlung traditioneller Montankonzerne** wie etwa Thyssen, Mannesmann, Krupp und Hoesch **in moderne diversifizierte Technologieunternehmen**. Die oft verlustreichen Montanbereiche der ehemaligen Konkurrenten fusionierten, um so im globalen Wettbewerb mit ausländischen Firmen standhalten zu können.

- In einer **3. Phase ab 1980** begann der **Siegeszug der neuen Technologien und der Hightech-Industrie**, begleitet und unterstützt durch die Errichtung zahlreicher neuer Hochschulen, Gründerzentren, Technologieparks sowie privater und staatlicher Forschungsinstitute. Die Umwandlung des Montanreviers in eine moderne Wachstumsregion sollte vor allem von innovativen Klein- und Mittelbetrieben getragen werden, die sich an die ständig verändernden Marktbedingungen schneller und flexibler anpassen können als die großen Konzerne.
- Die **gegenwärtige 4. Phase** zeigt die nach wie vor **hohe Krisenanfälligkeit der Wirtschaft** im Ruhrgebiet auf. Hiervon sind auch Unternehmen der Wachstumsbranchen wie etwa Automobilbau oder Hightech-Industrie betroffen. Stellenabbau und Werksschließungen sind vor allem bei jenen Unternehmen zu beobachten, die weltweit tätig sind und im Ruhrgebiet aufgrund hoher staatlicher Subventionen nur „verlängerte Werkbänke" oder Montagewerke errichtet hatten. Hierbei erweist sich der Mangel an Standorten mit Unternehmensverwaltungen oder Forschungs- und Entwicklungsabteilung als besonders nachteilig.

Die **Tertiärisierung des Altindustriegebiets** zeigt sich besonders in den Großstädten. In Essen, der einstigen „Kohlenhauptstadt" Europas, sind nur noch 1,1 % der Beschäftigten in der Montanindustrie tätig, über 70 % aber im Dienstleistungsbereich. Im Ruhrgebiet findet man, häufig auf ehemaligen Industriebrachen in zentraler Lage, die höchste Konzentration neuer Einkaufszentren. Die moderne Freizeitindustrie bietet sowohl dem Einheimischen als auch den Touristen mit der „Warner Brothers Movie World" in Bottrop, dem CentrO Einkaufs- und Vergnügungspark in Oberhausen, den Musicaltheatern in Bochum, Duisburg und Essen sowie anderen Erlebnis-Events ein vielfältiges kulturelles Angebot. Ein Defizit sehen Fachleute aber noch im Bereich der höherwertigen Dienstleistungen wie Unternehmensmanagement, Marketing, Rechtsberatung sowie Forschung und Entwicklung. Bundesweite Public-Relations-Kampagnen zur Imageverbesserung („Ruhrgebiet, ein starkes Stück Deutschland", Kulturhauptstadt Europas 2010) unterstützen den wirtschaftlichen Strukturwandel.

## 3.5 Neubewertung ländlicher Räume – das „Niederbayerische Bäderdreieck"

Der ländliche Raum ist in Deutschland keine einheitliche homogene Kategorie, sodass es schwerfällt, hierfür charakteristische Merkmale zu benennen. Ein Kennzeichen ist die geringe Besiedlungsdichte, während die Landwirtschaft allenfalls bei der Flächennutzung, aber nicht mehr bei der Beschäftigung dominant ist. So unterscheiden die Förderrichtlinien der Bundesregierung

- ländliche Räume mit sehr starken Entwicklungsproblemen, etwa in den Bundesländern Mecklenburg-Vorpommern und Sachsen-Anhalt,
- ländliche Räume mit starken und weniger starken Entwicklungsproblemen in Mitteldeutschland und im nördlichen Bayern sowie
- ländliche Räume mit günstigen Entwicklungsaussichten, etwa in der Landwirtschaft oder im Tourismus.

Zur letztgenannten Gruppe gehört das **Niederbayerische Bäderdreieck Bad Füssing, Bad Birnbach und Bad Griesbach** in den Landkreisen Passau und Rottal-Inn. Die natürliche Grundlage für die auch europaweit einzigartige Wirtschaftsdynamik sind Thermal-Mineralwässer in Tiefen von ca. 900 bis 1 600 m, die erstmals 1938 bei der Suche nach Erdöl gefördert wurden. Erst in den 1950er-Jahren begann der Aufbau eines Kurbetriebs zur therapeutischen Nutzung des bis zu 60 °C warmen und stark mineralhaltigen Thermalwassers. Risikobereite einheimische Unternehmer, die zunehmende Bedeutung des Gesundheitswesens, hohe steuerliche Vergünstigungen und staatliche Subventionen ließen diesen strukturschwachen Raum wirtschaftlich aufblühen. Dies gilt besonders für Bad Füssing, wo 1947 noch ausschließlich landwirtschaftliche Betriebe das Dorfbild prägten. Erst 1969 wurde der Gemeinde der Titel „Bad" verliehen. Sie nimmt heute einen Spitzenplatz in der Rangliste europäischer Fremdenverkehrsorte ein.

| Jahr | Einw. | Betten | Übernachtungen |
|---|---|---|---|
| 1938 | 476 | – | – |
| 1960 | 708 | 730 | 113 800 |
| 1965* | 806 | 1 530 | 306 949 |
| 1985 | 6 423 | 11 800 | 2 600 000 |
| 2010 | 6 800 | 13 145 | 2 676 000 |

\* Bis 1965 beziehen sich die Daten auf die Gemeinde Safferstetten, dessen Ortsteil der Weiler Füssing bis 1971 war.

M 127: Bad Füssing – Bevölkerung und touristische Entwicklung

Dank des Kurbetriebs wurden fast 10 000 neue, zum Teil hoch qualifizierte Arbeitsplätze in der ehemals stark agrarisch geprägten Region geschaffen. Gleichzeitig entwickelte sich eine attraktive **Freizeit-, Erholungs- und Unterhaltungsinfrastruktur**. Sie begünstigt die Ansiedlung neuer vor- und nachgelagerter Gewerbe- und Dienstleistungsbetriebe wie die 1999 eröffnete einzige staatliche Spielbank Ostbayerns und bietet auch den hier lebenden Menschen eine höhere Lebensqualität. In Bad Griesbach etwa entstand die **größte Golfanlage Europas** auf ehemaligen Ackerflächen, wofür die Bauern langfristige Pachteinnahmen erzielen. Viele ehemals in der Landwirtschaft Tätige sind auf den Golfanlagen beschäftigt.

Ob die Entwicklung im Niederbayerischen Bäderdreieck ein Vorbild für den **Strukturwandel** anderer landwirtschaftlich geprägter, strukturschwacher Gebiete ist, wird sich zeigen. Unbestritten ist jedoch, dass an der Ostseeküste, der Mecklenburgischen Seenplatte oder im Erzgebirge viele Gemeinden großes touristisches Potenzial mit vielfältigen Nutzungsmöglichkeiten besitzen, das darauf wartet, von risikobereiten Investoren erschlossen zu werden.

## Übungsaufgaben: Wirtschaftsräume in Deutschland – Strukturen und Prozesse

**Aufgabe 37** Erklären Sie folgende Raumkategorien, charakterisieren Sie diese durch aussagekräftige Indikatoren und geben Sie jeweils ein Beispiel in West- und Ostdeutschland an: *ländlicher Raum – Altindustriegebiet – strukturschwacher Raum – strukturstarker Raum.*

**Aufgabe 38** Mit dem Beginn der 1960er-Jahre geriet das Ruhrgebiet in eine Strukturkrise. Erklären Sie die Ursachen dieser Krise und zeigen Sie unter Einbeziehung von M 128 die wirtschaftliche Neuorientierung dieses Industrieraums auf.

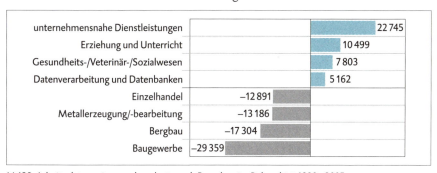

M 128: Arbeitsplatzgewinne und -verluste nach Branchen im Ruhrgebiet 1999–2005

**Aufgabe 39** Die Reindustrialisierung der Region Leipzig beruht unter anderem auf der Errichtung neuer Werke bedeutender Automobilhersteller in den vergangenen Jahren. Erläutern Sie unter Einbeziehung von M 129 die Standortgunst des Wirtschaftsraums Leipzig.

M 129: Das neue Werksgelände von Porsche im Leipziger Norden

**Aufgabe 40** Erklären Sie, aus welchen Gründen die Region Lausitz, die einst zu den bedeutendsten Wirtschaftsräumen der DDR zählte, auch zwanzig Jahre nach der Wiedervereinigung als „strukturschwacher Raum mit geringen Entwicklungsaussichten" bewertet werden muss.

# 4 Tourismus in Deutschland

## 4.1 Formen und Bedeutung des Tourismus

Beim Tourismus, der heute international gebräuchlichen **Bezeichnung** für den **Reiseverkehr**, findet eine befristete Ortsveränderung statt. Bezüglich der Aufenthaltsdauer des Ortswechsels wird zwischen Kurzzeit- und Langzeittourismus bzw. Urlaubsreise unterschieden, deren Grenzwert bei mindestens vier Übernachtungen liegt. Beim Tagestourismus hingegen fehlt die Übernachtung. Die Arten und Formen des Tourismus werden durch bestimmte Anlässe bestimmt, die den Tourismus insgesamt als ein **Freizeitphänomen** charakterisieren. Der Geschäfts- und Dienstreiseverkehr wird deshalb nicht zum Tourismus gezählt. Tourismus lässt sich demnach in vielfältiger Weise differenzieren.

| Kriterien | Beispiele für Tourismusarten bzw. -formen |
|---|---|
| Anzahl der Teilnehmer | Individual-, Gruppen-, Massentourismus |
| Ziel/Distanz | Binnen- oder Inlands-, Auslands-, Städte-, Ferntourismus |
| Reisezeit | Sommer-, Winter-, Hochsaison-, Nebensaisontourismus |
| Verkehrsmittel | Flug-, Bahn-, Schiffs- oder Kreuzfahrt-, Bus-, Radtourismus |
| Reiseform | Individual-, Pauschaltourismus, Halbpension, „All-Inclusive" |
| Unterkunft | Hotel-, Ferienhaus-, Pensions-, Bauernhof-, Campingtourismus |
| Anlass/Motivation | Erholung-, Bade-, Sport-, Gesundheits-, Bildungstourismus |
| Aktivität | Ski-, Golf-, Reit-, Wander-, Kunst-, Yachttourismus |
| Aufenthaltsdauer | Langzeit-, Kurzzeit-, Wochenend-, Tagestourismus |
| Region | Hochgebirgs-, Mittelgebirgs-, Seebad-, Stadttourismus |
| Infrastrukturnutzung | Ökotourismus, sanfter, nachhaltiger oder harter Tourismus |

M 130: Touristische Erscheinungsformen

Deutschland gehört zu den Ländern mit der höchsten **Reiseintensität**, denn kaum ein Volk auf der Welt reist so viel und so oft wie die Deutschen. Während Mitte der 1960er-Jahre erst 25 % der **Deutschen ab 14 Jahren** eine **Urlaubsreise** (mindestens vier Übernachtungen) machten, waren dies 2000 schon **76 %**. Laut Jahrbuch des Statistischen Bundesamtes für das Jahr 2010
- führten 58 % (46,4 Mio.) der Deutschen über 14 Jahre insgesamt **281 Mio. private Reisen** mit mindestens einer Übernachtung durch;
- war **Deutschland** mit 113,1 Mio. deutschen Gästeankünften bei 26,8 Mio. ausländischen Gästeankünften das **beliebteste Reiseziel der Deutschen**.

Die ausländischen Touristen konzentrieren sich auf die Großstädte Berlin, München, Hamburg und berühmte Sehenswürdigkeiten wie Rothenburg o. d. Tauber oder Neuschwanstein. Hierbei machen die europäischen Länder zusammen einen Anteil von rund 76 % aller Übernachtungen von ausländischen Gästen in Deutschland aus. Spitzenreiter mit 3,9 Mio. Gästen waren die Niederlande, gefolgt von den USA mit 2,2 Mio. und Großbritannien/Nordirland mit 1,9 Mio.;
- führten über 19 % der Deutschen neben einer Haupt- noch Zweit- und Drittreisen sowie Kurzurlaubsreisen unter vier Tagen durch.

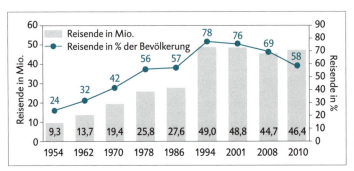

M 131: Urlaubsreiseintensität der Deutschen

Der Tourismus stellt einen **bedeutenden Wirtschaftsfaktor** dar. Etwa 8 % des BIP werden in Deutschland durch den Tourismus erwirtschaftet. Im Jahr 2010 belief sich der Bruttoumsatz in der Tourismusbranche auf 232,6 Mrd. €. Den Großteil dieses Umsatzes generierte hierbei der **Tagestourismus**.

| | Bruttoumsätze (Mrd. €) | Bruttoumsätze (Mrd. €) | |
|---|---|---|---|
| Tagestourismus | 163,0 | | |
| Übernachtungstourismus | 69,6 | davon: | |
| | | Städtetourismus | 82,4 |
| | | Campingtourismus | 11,6 |
| | | Fahrradtourismus | 9,2 |
| | | Wassersporttourismus | 1,8 |
| | | Wandertourismus | 11,1 |

M 132: Umsatz ausgewählter Bereiche des Deutschlandtourismus 2010 (Ausgaben für den Aufenthaltsort sowie Kosten für die An- und Rückreise)

Auch der Staat, die Länder und Gemeinden profitieren vom Tourismus, denn sie erzielten im Jahr 2010 ein beachtliches **Steueraufkommen** in Höhe von insgesamt 33 Mrd. Euro aus den Umsätzen der Tourismuswirtschaft.

Von den Ausgaben der Touristen vor Ort profitierten in erster Linie die Beherbergungsbetriebe (Hotels, Pensionen, Ferienhäuser, Gasthöfe, Jugendherbergen, Campingplätze, Berghütten), die im Jahr 2008 Unterkünfte vom Luxusressort bis zur Berghütte mit etwa 2,6 Mio. Betten anboten, wobei Deutschland qualitativ und quantitativ in Europa an erster Stelle steht.

Der Tourismus ist mit **2,8 Mio. Arbeitsplätzen** im Gastgewerbe, Einzelhandel und in vielen weiteren Dienstleistungszweigen aber auch einer der größten **Arbeitgeber** in Deutschland. Wahrscheinlich liegt die tatsächliche Zahl durch die große Masse indirekt durch den Tourismus Beschäftigter noch weit höher, da sich das touristische Angebot mit vielen anderen Beschäftigungsbranchen überschneidet.

| Heilbäder und Kurorte | 330 | Natur- und Nationalparks | 115 |
|---|---|---|---|
| Museen | 6 190 | Biosphärenreservate | 18 |
| Öffentliche und private Theater | 311 | Themenstraßen | 180 |
| Freizeit- und Erlebnisparks | 27 | Radfernwege | 75 900 km |
| Golfplätze | 648 | markierte Wanderwege | 200 000 km |
| Tennisplätze | 45 000 | Binnenwasserstraßen | 10 000 km |

M 133: Touristische Infrastruktur in Deutschland 2010

Neben der Gastronomie und dem Einzelhandel profitieren viele weitere Dienstleistungsbereiche wie beispielsweise der Öffentliche Personennahverkehr oder Dienste im Gesundheits- und Wellnessbereich oder im Kunst-, Kultur-, Unterhaltungs- und Sportbereich indirekt vom Tourismus.

| Unterkunft | 35,3 |
|---|---|
| Restaurant-/Cafebesuch | 33,1 |
| Dienstleistungen | 13,8 |
| Einkäufe | 10,0 |
| Freizeit und Unterhaltung | 5,2 |
| Lokaler Transport | 2,6 |

M 134: Ausgabenstruktur bei Übernachtungsgästen in %

## 4.2 Tradition und Wandel in Fremdenverkehrsregionen

In Deutschland konzentriert sich der Tourismus auf die **klassischen Urlaubsregionen** vor allem an der Küste und im deutschen Alpenraum; die bedeutendsten Kurzreisestandorte sind hingegen die deutschen Großstädte. Dennoch gibt es außerhalb dieser Großräume vielseitige touristische Attraktionen, die auch dort den Tourismus- oder Ausflugsverkehr attraktiv machen.

| 1 | Kölner Dom | Köln | 7 | Oktoberfest | München |
|---|---|---|---|---|---|
| 2 | Brandenburger Tor | Berlin | 8 | Stadt Berlin | Berlin |
| 3 | Frauenkirche | Dresden | 9 | Michel | Hamburg |
| 4 | Schloss Neuschwanstein | Schwangau | 10 | Heidelberger Schloss | Heidelberg |
| 5 | Hamburger Hafen | Hamburg | 10 | Wartburg | Eisenach |
| 6 | Berliner Fernsehturm | Berlin | 10 | Zugspitze | Grainau |

M 135: Die Top 10 der beliebtesten Sehenswürdigkeiten 2008 (Abstimmung unter 3 000 Internetnutzern)

Vor allem die Bundesländer mit Anteilen an der Nord- und Ostseeküste sowie an Alpen und Alpenvorland profitieren stark vom Tourismus. **Bayern** ist mit Abstand das **bedeutendste Urlaubsreiseziel** und das **übernachtungsstärkste Bundesland.** Jedoch haben sowohl die neuen Bundesländer als auch die Bundeshauptstadt Berlin seit 1990 große Zuwächse erzielt. So liegt nach der Fremdenverkehrsintensität Mecklenburg-Vorpommern mit 10 278 Übernachtungen je 1 000 Einw. mit Abstand auf Rang eins. Es hat damit Schleswig-Holstein auf den zweiten und Bayern auf den dritten Rang verdrängt.

| Land | Private Urlaubsreisen in Mio. (mind. 4 Übernachtungen) |
|---|---|
| Deutschland davon: | 45,7 |
| Bayern | 9,6 |
| Niedersachsen | 5,4 |
| Mecklenburg-Vorpommern | 5,1 |
| Schleswig-Holstein | 5,1 |
| Baden-Württemberg | 4,8 |
| NRW | 4,0 |
| Berlin | 2,8 |

M 136: Beliebteste Urlaubsziele in Deutschland 2010

Alle Reiseregionen stehen miteinander im gegenseitigen **Wettbewerb** um den Kunden. Deshalb versucht jede Region ihre Besonderheit oder etwas Einzigartiges – ihr **Alleinstellungsmerkmal** – herauszustellen. Dennoch läuft die historische Entwicklung in allen Regionen entsprechend des Zeitgeistes als ein kontinuierlicher Prozess in fast gleichen Phasen ab.

### Der Städtetourismus – Urform des Reisens

Die Ursprünge des neuzeitlichen Tourismus liegen in den Unternehmungen **junger Adeliger** im **16. und 17. Jh.**, die zur Vorbereitung ihrer diplomatischen Karriere **Bildungsreisen** in die bedeutenden Zentren Europas unternahmen. Im 18. und 19. Jh. orientierte sich das **Großbürgertum** als neue wirtschaftliche Elite am Reiseverhalten des Adels. Doch trat nun die **Besichtigung** von technischen Einrichtungen und Fabriken sowie von **Kulturdenkmälern** in den Vordergrund des Reisens. Aber auch der Erholungsaspekt gelangte immer mehr in den Vordergrund. Damit wurden die Wurzeln für den gegenwärtigen Städtetourismus gelegt. Beim Adel löste diese zunehmende Reisetätigkeit des Bürgertums als Reaktion ein Segregationsverhalten aus; man zog sich in die binnenländischen **Kurorte** wie z. B. Baden-Baden mit ihren Mineralquellen zurück.

Mit der Einführung der Eisenbahn unternahmen immer mehr Bürger der Mittel- und Oberschicht Reisen in die Großstädte und Kurbäder. In den Städten löste der Anschluss an das Eisenbahnnetz ein rasches Wachstum der Besucherzahlen aus. Die Umgebung des Hauptbahnhofs wurde Standort des Beherbergungswesens und der Gastronomie.

Nach dem Zweiten Weltkrieg kam es im Städtetourismus wegen der Kriegszerstörungen zu erheblichen Einbrüchen. Ab den 1960er-Jahren fungierten die Städte dann vorrangig als Quell- und weniger als Zielgebiete des Tourismus. Erst in den 1980er- und **1990er-Jahren** setzte ein **städtetouristischer Boom** ein, da die Städte zur Aufwertung ihrer Attraktivität erhebliche Mittel in die kulturelle Infrastruktur, die Sanierung historischer Bauwerke und Altstädte investierten. Auf der Nachfrageseite führte das gestiegene Bildungsniveau der Bevölkerung zu gesteigertem Interesse am Besuch von **Kulturveranstaltungen** mit hohem Prestigewert. Zudem nahm die Zahl der Kurzreisen sowie der Zweit- und Drittreisen deutlich zu, die häufig in Städte unternommen wurden. Darüber hinaus reagierten die Städte auf die wachsende Erlebnisorientierung der Besucher, indem sie als Schauplätze traditioneller Veranstaltungen (z. B. Oktoberfest in München, Reichstage in Rothenburg), für **Events** (Open-Air-Konzerte, Sportgroßveranstaltungen) oder aber als Standorte für Musical-Produktionen fungierten. Heute sind die Großstädte die beliebtesten Ziele des deutschen und ausländischen Tagesausflugsverkehrs, von Kurzurlaubern und ausländischen Besuchern – überwiegend an Wochenenden und Feiertagen. 2010 wurde ein Drittel aller Touristenankünfte in Deutschland in Großstädten gezählt.

| Stadt | Übernachtungen in Mio. | Veränderung zu 2009 in % |
| --- | --- | --- |
| Berlin | 20,7 | +10,2 |
| München | 11,0 | +12,1 |
| Hamburg | 8,9 | +9,2 |
| Frankfurt am Main | 6,0 | +13,2 |
| Köln | 4,5 | +10,7 |
| Düsseldorf | 3,5 | +11,4 |
| Dresden | 3,5 | +6,5 |
| Stuttgart | 2,7 | +7,7 |
| Nürnberg | 2,4 | +13,4 |
| Leipzig | 2,0 | +7,8 |

M 137: TOP 10 der Städtereiseziele in Deutschland 2010

### Tradition und Wandel des Tourismus an Nord- und Ostsee

Die Nord- und Ostseeküste war nach den Städten und Kurorten der dritte Natur- bzw. Kulturraum, der für eine touristische Nutzung in Wert gesetzt wurde. Als die binnenländischen Kurorte vom bürgerlichen Publikum überlaufen wurden, entdeckte der Adel im **18. Jh.** die Meeresküste als neues Reiseziel. Erste Badeorte entstanden an der deutschen Ostsee- (1793 Heiligendamm) und Nordseeküste (1797 Norderney, 1818 Sommerresidenz der preußischen Könige). Das Bedürfnis nach Kommunikation und Unterhaltung spiegelte sich in der typischen Infrastruktur wider: **mondäne Kurhotels**, **Kurtheater**, **Musikpavillons**, Ballhäuser und Lesesäle. Die Nähe zum Meer und vor allem der Meerblick als wichtige Standortfaktoren der neuen Badeorte ließen Piers, **Ufer- und Strandpromenaden** entstehen. In dieser gründerzeitlichen Blütephase kam es zu einer baulichen Erweiterung und Verdichtung der ehemaligen kleinen Fischerdörfer.

Der eigentliche Durchbruch des Fremdenverkehrs war jedoch eng an den Ausbau des Eisenbahnnetzes Ende des **19. Jh.** geknüpft. Die Bahn erlaubte nun auch dem **bürgerlichen Mittelstand** das Reisen, der zumeist jedes Jahr mit der Familie in die **Sommerfrische** aufbrach. Man reiste mit der Bahn stets an den gleichen Ort in die Alpen oder an die See, wo man traditionell das gleiche vergleichsweise bescheidene Quartier bezog, während die bürgerliche Oberschicht das Leben in den mondänen Kurorten und Bädern genoss.

In den 1930er-Jahren versuchten die Nationalsozialisten, unter dem Motto „Kraft durch Freude" breiten Bevölkerungsschichten einen Urlaub an der See oder im Gebirge zu ermöglichen.

Nach den Entbehrungen des Zweiten Weltkriegs gab es in weiten Teilen der Bevölkerung ein „touristisches Nachholbedürfnis". Doch erst der **Wirtschaftsaufschwung** in den **1950er-Jahren** schuf mit steigendem Einkommen, Verkürzung von Tages-, Wochen- und Lebensarbeitszeit, bezahltem Urlaub und zunehmender individueller Mobilität die Grundlage für den Massentourismus in Deutschland. Durch den **Boom des Badetourismus** entwickelte sich die Küste zu einer der bedeutendsten touristischen Destinationen in Deutschland, mit Alleinstellungsmerkmalen wie Erholungs- und Familienfreundlichkeit durch frische Seeluft, gesundes Klima, ausgedehnte Dünen und Strände, Gezeiten und Wattenmeer. Der Ansturm der Touristen führte zu einem ungeheuren Ausbau der touristischen Infrastruktur mit **Campingplätzen** und **Ferienhaussiedlungen**. Prägten den Innenstadtbereich z. B. von Westerland auf Sylt bisher die traditionellen Friesenhäuser und wilhelminischen Bädervillen und Hotels, so entstanden jetzt neue **Apartmentanlagen** und mehrgeschossige Zweckbauten mit bis zu 14 Stockwerken. Und um dem Ansturm der Massen Herr zu werden, baute man von 1969 bis 1973 an der deutschen Ostseeküste mit Damp, Heiligenhafen, Weißenhäuser Strand riesige touristische Feriendörfer und **Großprojekte** mit Großhotels, Ferienhäusern und Apartmentanlagen.

Aber in den 1960er-Jahren bekamen die Urlaubsorte an der deutschen Nord- und Ostseeküste zunehmend Konkurrenz. Mit der privaten Motorisierung und dem Ausbau der transalpinen Verkehrsträger wurden die Länder am Mittelmeer die beliebtesten Sommerreiseziele der Deutschen. Dem Problem der ungewissen Wetterbedingung an den deutschen Küsten setzte Südeuropa trockene heiße Sommer des subtropischen Klimas sowie das warme Wasser des Mittelmeers entgegen.

In den letzten 40 Jahren stagnierten die Gästezahlen an Nord- und Ostsee trotz Investitionen in die Übernachtungskapazitäten sowie die Freizeitinfrastruktur bzw. waren sogar leicht rückläufig. Diese Entwicklung ist Ausdruck

- einer generellen **Sättigung der touristischen Nachfrage**,
- des verstärkten Angebots von **billigen Charterflügen** und infolgedessen die Zunahme der Fernreisen,
- einer globalen Ausweitung der touristischen Angebote, die immer vielseitiger, anspruchsvoller und individueller werden,
- des Wandels der Urlaubswünsche, Reisestile und Urlaubsformen vom Erholungsurlaub zum **Erlebnistourismus**,
- des Trends der Verkürzung der Dauer des Sommerurlaubs bzw. zu mehr und kürzeren Urlaubsreisen zu verschiedenen Jahreszeiten zu immer unterschiedlicheren Urlaubszielen pro Jahr.

Das Problem der ausgeprägten **Saisonalität** der Nachfrage und die kurze Zeit der Temperaturen zum Baden versuchen die Destinationen an der deutschen Küste durch „**Indoor-Angebote**" wie Wellenbäder oder Schlechtwetterprogramme oder sonstige „wasserdichte" Angebote zu mindern. Um die deutsche Küste bei den stetig steigenden Ansprüchen als Reiseziel attraktiv zu halten, setzt man auf **Qualitätssteigerung** des touristischen Angebotes. Luxushotels und Clubanlagen lösen die Campingplätze und Feriendörfer der 1950er- und 1960er-Jahre ab. Zahlreiche Badeorte haben sich außerdem auf bestimmte Zielgruppen wie Singles, Senioren, Gesundheits- oder Kurzurlauber spezialisiert. Arrangements wie etwa „Gesundheitswochen" oder **Wellnessangebote** setzen auf den Trend zu mehr Wohlbefinden von Körper, Geist und Seele.

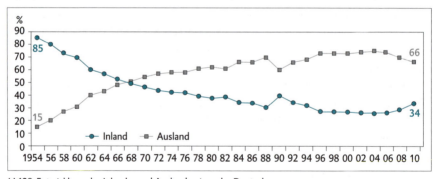

M 138: Entwicklung der Inlands- und Auslandsreisen der Deutschen

**Entwicklung des Tourismus im Alpenraum**

Die touristische Nutzung der Alpen setzte nach der Entdeckung der Städte und Küsten für den Tourismus erst **Ende des 18. Jh.** ein. Im Bestreben, unberührte Natur zu entdecken, begann im 19. Jh. die Begeisterung für das Bergsteigen. Vom **Alpinismus** gingen auch die ersten Impulse zur touristischen Erschließung der Berge aus: Anlage und Kennzeichnung von Wanderwegen, Bau von Schutzhütten. Die Freude an der Bewegung in freier Natur und Abenteuerlust lockten fortan vor allem die akademische und finanzielle Oberschicht an. Zudem verstärkten medizinische Forschungsergebnisse die Begeisterung für die Alpen, als Mediziner die **Heilwirkung der Höhenluft** entdeckten. In den Bergdörfern entstanden repräsentative Palasthotels, monumentale Gebäude mit bis zu 600 Zimmern, die sich architektonisch an den Residenzschlössern orientierten. Bis zum Zweiten Weltkrieg folgte eine touristische Ausbauphase des Alpenraums mit der notwendigen touristischen Infrastruktur von den mondänen Hotels in diversen Kurbädern bis hin zu Hütten in den Hochgebirgen. Zentrale Voraussetzung war die Erschließung der Alpen durch Eisenbahnen und Bergstraßen.

Nach 1955 bewirkten die zunehmende Motorisierung und der Ausbau des alpinen Straßennetzes einen massenhaften **Sommertourismus**. Das Angebotsspektrum der Sommersaison ist dabei im Wesentlichen durch die Tradition des **bergsport-** und **naturorientierten** Tourismus bestimmt. Nach **1965** setzte dann mit dem **Aufkommen des Skilaufs** der **Wintertourismus** als Massenphänomen ein. Die alpine Bergwelt wurde technisch durch den Bau von Tausenden von Seilbahnen und Skiliften erschlossen. Mit dieser Entwicklung wurde ab den 1980er-Jahren in vielen Touristenorten der Alpen die Wintersaison zur ökonomisch bedeutendsten Jahreszeit, während die Sommersaison an Bedeutung verlor. Jedoch führte dies im positiven Sinn zur Ausbildung einer ausgesprochenen **Zweisaisonalität** und zu einer besseren Auslastung der vorhandenen touristischen Infrastruktur. In den Alpen entstanden durch Hotelbauten und Sportzentren riesige Wintersportzentren. Retortenwintersportstationen im hochalpinen Gelände mit extremer Hochhausbauweise wie in Italien und Frankreich wurden in Deutschland jedoch nicht errichtet.

Ab den **1980er-Jahren** zeigten sich mit der **Stagnation** bzw. auch Rückgang der Gäste die ersten Probleme im sommerlichen Erholungstourismus. In den 1990er-Jahren gab es kaum Zuwächse im Skitourismus, obwohl sich das Spektrum der Wintersportarten durch Carving und Snowboarding erweiterte. Neben den schon beim Küstentourismus erwähnten Problemen sind speziell für den Alpentourismus aufzuzählen:

- Es besteht der **Trend zum** wenig gewinnbringenden **Tages- und Wochenendtourismus**, d. h. einer immer kürzer werdenden Aufenthaltsdauer bei gleichzeitig extrem sinkenden Übernachtungen.
- Außerdem altert die klassische Klientel des Bergwandertourismus. So ist die Mehrheit der Alpenreisenden über 50 Jahre.
- **Schneearme Winter** in den 1990er-Jahren haben die bereits bestehende Konkurrenzsituation zwischen den Wintersportorten verschärft.

Viele Fremdenverkehrsorte reagieren auf diese Entwicklung und stellen sich im Sommertourismus auf die veränderten Ansprüche und Trends ihrer Gäste wie Mountainbiking oder Rafting ein, z. B. durch Qualitätssteigerungen, Angebot von Outdoor-Aktivitäten usw.

Mit massiven Investitionen versuchen Wintersportregionen, im internationalen Vergleich konkurrenzfähig zu bleiben. Der Innovationszwang, unter dem die alpinen Tourismusregionen stehen, hat zu neuartigen Konzepten geführt.

- Durch **Verknüpfung** mehrerer **Skiregionen** entstanden großräumige Pisten- und Seilbahnsysteme (Skizirkus, Skiarena), die dem Interesse der Skifahrer nach Abwechslung und Erlebnis entsprachen.
- Die Pisten werden mit erheblichem Energie- und Wassereinsatz flächendeckend **künstlich beschneit**, Skigebiete mit neuen, bequemeren Skiliften, Flutlichtanlagen und Fun-Parks ausgebaut.
- Dem Touristen stehen gut ausgebaute Skiarenen mit integrierten Fun-Parks zur Verfügung.
- Neben der Ausweitung der Après-Ski-Unterhaltung mit Bars und Diskotheken werden Großevents mit Stars aus der Musikszene veranstaltet. Werbespots künden in allen Medien die Wintersaison in den Alpen an und Skigebiete kooperieren mit binnenländischen Indoor-Skianlagen.

Aufgrund der hohen Investitionskosten konzentriert sich seither der Wintersport auf wenige schneesichere Zentren, die frühzeitig und konsequent ihre touristischen Angebote professionalisiert haben. Demgegenüber stehen kleinere oder entlegene Skigebiete, die diesen Erfordernissen nicht genügen und im Wettbewerb nicht bestehen können. Diese fallen auf eine rein regionale Bedeutung zurück oder werden gar geschlossen. Dies betrifft vor allem die traditionell kleinbetrieblich strukturierten Fremdenverkehrsorte im deutschen Alpenraum.

## 4.3 Nachhaltige Raumnutzung durch sanften Tourismus

Zu Beginn der 1980er-Jahre wurde eine alternative Strategie zum Massentourismus konzipiert, der sogenannte **sanfte Tourismus**. In diesem Konzept eines **umwelt- und sozialverträglichen** Fremdenverkehrs sollen die negativen Auswirkungen des Tourismus auf Mensch und Umwelt möglichst minimiert, gleichzeitig die soziokulturellen Folgen wie auch die ökonomischen Risiken für die einheimische Bevölkerung verringert und trotzdem ökonomisch ein gutes Einkommen ermöglicht werden. Durch eine **nachhaltige Raumnutzung** soll der Fremdenverkehr seine wichtigsten Grundlagen, eine intakte Natur- und Kulturlandschaft, nicht zerstören und durch einen schonenden Umgang späteren Generationen keine irreversiblen Schäden hinterlassen (siehe S. 23 ff.).

**Ziele** des sanften Tourismus sind zudem,
- durch Veränderung der organisatorischen und wirtschaftlichen Strukturen des Tourismus wie auch des Urlaubsverhaltens des einzelnen Reisenden die negativen Folgen auf die Umwelt weitgehend zu reduzieren,
- in den Urlaubsregionen die Bedürfnisse der Touristen mit den Interessen der ortsansässigen Bevölkerung in Einklang zu bringen,
- die Natur möglichst nah und unverfälscht „mit allen Sinnen" zu erleben,
- sich der Kultur des bereisten Landes möglichst anzupassen.

| Hartes Reisen | Sanftes Reisen |
| --- | --- |
| Massentourismus | Einzel-, Familien-, Freundesreisen |
| Wenig Zeit, schnelle Verkehrsmittel | Viel Zeit, angemessenes Verkehrsmittel |
| Festes Programm | Spontane Entscheidungen |
| Außengelenkt | Innengelenkt |
| Importierter Lebensstil | Landesüblicher Lebensstil |
| Sehenswürdigkeiten | Erlebnisse |
| Bequem und passiv | Anstrengend und aktiv |
| Wenige landeskundige Vorbereitung | Vorhergehende Beschäftigung mit der Region |
| Einkaufen und Souvenirs | Erinnerungen, Aufzeichnungen, Erkenntnisse |
| „Knipsen", Ansichtskarten | Fotografieren, Zeichnen, Malen |
| Neugierde, laut | Taktvoll und leise |

M 139: Hartes versus sanftes Reisen nach R. Jungk (Begründer des sanften Tourismus)

Als Gegenpol zu den immer deutlicher werdenden Defiziten und Problemen des harten Tourismus enthält das Konzept des sanften Tourismus eine Reihe von Maßnahmen, wie der Urlaub gestaltet werden soll (**„Dreieck der Nachhaltigkeit"**).

**Ökologische Dimension**
- Vermeidung oder Rückbau landschaftsbelastender, überdimensionierter Fremdenverkehrs-, Infrastruktur- und Verkehrsprojekte
- sparsamer Umgang mit Ressourcen durch Abfallvermeidung und Reduktion des Energieaufwands
- Erhalt von Vielfalt und Schönheit der Natur- und Kulturlandschaft und Schutz der Flora und Fauna durch Ausweisung von Natur- und Nationalparks oder Schutzgebieten
- Erschließung von Naturschönheiten, jedoch Beobachtungsstationen, Absperrungen bzw. markierte Wanderwege um Bereiche, die geschützt werden sollen
- Benutzung umweltschonender öffentlicher Verkehrsmittel zur An- und Abreise, aber auch in der Urlaubsregion (z. B. abgasreduzierte Erdgasbusse; Radtourismus)
- Aufstellung von Verhaltensregeln (z. B. Ökobilanzen, Umwelttipps und -broschüren)

**Ökonomische Dimension**
- persönlich oder vor Ort organisierte Einzel- oder Gruppenreisen
- Schaffung und Sicherung von Arbeitsplätzen Förderung von touristischen Kleinprojekten
- Förderung kleiner, ortsansässiger Privatvermieter
- Bewahrung traditioneller Wirtschaftszweige
- Förderung ökologischer Landwirtschaft bzw. der Landschaftspflege
- Vermarktung der landwirtschaftlichen Produkte vor Ort („slow food")
- Wettbewerbsvorteil durch ökologische und sozialverträgliche Gütesiegel

**Soziale Dimension**
- Gewährleistung der Teilnahme der Bevölkerung an Entscheidungen
- Anpassung an Umgangsform und Verhaltensweise der Einheimischen
- spontane Unternehmungen ohne festes Programm
- Anpassung von Unterkünften, Ernährung und Architektur an die regionalen Gegebenheiten
- Naturerlebnis durch sachkundige Wanderführungen oder Themenwanderwege

M 140: Dreieck der Nachhaltigkeit

Das Konzept des sanften Tourismus bietet einerseits Chancen für Veränderungen im Fremdenverkehr, andererseits gibt es Probleme. In bestehenden Urlaubsdestinationen müsste zunächst zweimal investiert werden: einerseits, um die Schäden des Massentourismus zu beseitigen; andererseits, um dann auf sanften Tourismus umzustellen. In einer massentouristisch genutzten Destination lassen sich zwar der Energieverbrauch und Abfall reduzieren, doch es dürfte unmöglich sein, weitere Nachhaltigkeitsforderungen zu erfüllen, beispielsweise einen hohen regionalen Selbstversorgungsstand nur mit lokalen Produkten herbeizuführen. Zudem kann der sanfte Tourismus nicht für alle Reisewilligen angeboten werden, denn ab einer bestimmten Sättigungsgrenze würde er wieder zu einem umweltschädlichen Massentourismus führen. Häufig sind sanfte Reisen auch kostenintensiver als die Ferienangebote aus dem Katalog. Das Absatzrisiko für nachhaltige Tourismusprodukte ist deshalb zu hoch. Oft wird der Begriff „sanft" auch nur als Marketinginstrument verwendet, um neue Kundengruppen zu gewinnen.

## 4.4 Neue Freizeitangebote und deren Standortfaktoren

Seit den 1990er-Jahren sind Freizeit-, Erlebnis- und Konsumwelten die größten Wachstumsmotoren im Tourismussektor. Die Ursachen für diese neuen Freizeitangebote finden sich im Zeitgeist der heutigen Gesellschaft. **Spaß**, **Sport** und **Kommerz** verschmelzen zu einem Lebensstil, der von der Freizeitindustrie kommerziell genutzt wird.

Zu den aktuellen Trends gehört insbesondere der **Trend zur Vielfalt**. Die Konsumenten verlangen nach individualisierten, aber auch ständig neuen Angeboten. So entstanden in kürzester Zeit immer neue Trendsportarten wie Freeclimbing, Snakeboarding oder Inline-Skaten, die immer wieder neue Einrichtungen erforderten.

Freizeit und Konsum sollen in der Erlebnisgesellschaft einen Gegenpol zum Alltag und der Arbeitswelt schaffen. Die neuen Freizeitangebote überhöhen dies zum **Erlebnis**, das vom Normalen oder Gewohnten abweicht und das Bedürfnis nach besonderen Gefühlen Spaß, **Abwechslung** und **Spannung** ebenso befriedigt wie soziale Bedürfnisse. Dieser Erlebnishunger ist der zentrale Motor für den Boom und die Akzeptanz künstlicher Welten, die durch perfekte Illusionen die Wirklichkeit übertreffen („heile Welt").

### „Eventisierung" als Freizeitangebot

Unterhaltungs-, Musik-, Kunst- und Sportveranstaltungen werden heute als **Events** zielgerichtet vermarktet. Teilweise handelt es sich um jährlich wiederkehrende Events wie Volksfeste, z. B. das Oktoberfest, Fußball-Endspiele usw. Andererseits führen touristische **Inszenierungen**, z. B. die Verhüllung des Reichstags oder die Ritterspiele von Kaltenberg, zu erhöhten Besucher- und Übernachtungsaufkommen. In den Städten werden Marktplätze und Fußgängerzonen durch mehrtägige Ereignisse festivalisiert. An Flüssen werden durch künstliche Stadtstrände städtische Vergnügungslandschaften errichtet.

### Freizeit- und Erlebnisparks

Freizeit- und Erlebnisparks sind meist **großflächige, kommerzielle Vergnügungsanlagen**. Ihr spezifisches Angebot umfasst u. a. Spaßbäder, Fahrgeschäfte, Theater und Shows, Ausstellungen, gastronomische Einrichtungen und Souvenirgeschäfte. Findet in diesen künstlichen Freizeitwelten eine **Inszenierung des Themas** statt, spricht man von einem Themenpark (Sport: z. B. Winterworld Bottrop; Natur: z. B: Tropical Islands im Raum Berlin-Brandenburg; Märchen: Phantasialand Brühl; Meer und Baden: Dom Aquaree Berlin; Politik und Geschichte: Europa-Park Rust; Film: Warner Bros. Movie World). Um für die Besucher eine perfekte Illusion zu schaffen, wird die Thematik künstlich durch architektonische, theatralische und technische Mittel umgesetzt. Meist sind Freizeitparks aufgrund des breiten Unterhaltungsangebots **Tagesausflugsziele** für Familien mit Kindern, Jugendliche und junge Erwachsene. Durch die ständige Erweiterung mit neuen Attraktionen versucht man einerseits die Gäste zu einem Wiederholungsbesuch anzuregen, andererseits durch Angliederung von Beherbergungseinrichtungen zu einem Aufenthalt von mehreren Tagen zu bewegen, um alle Einrichtungen hinreichend kennenzulernen. Freizeitparks haben sich dadurch zum Teil zu eigenständigen Tourismusdestinationen entwickelt.

### Brand Parks

Brand Parks nutzen als markenzentrierte Themenparks innerhalb des Vergnügungsangebots den Bekanntheitsgrad einer etablierten Marke. **Informations- und bildungsorientierte** Markenerlebniswelten basieren auf dem Grundgedanken einer Betriebsbesichtigung (VW-Autostadt Wolfsburg, BMW-Welt München). Spaß- und **unterhaltungsorientierte Markenerlebniswelten** (Playmobile Funpark in Zirndorf, Legoland Günzburg) entsprechen eher einem Themenpark, der die Markenbotschaft auf unterhaltsame Weise vermittelt.

## Urban Entertainment Center

Bei diesen Anlagen (z. B. CentrO in Oberhausen) handelt es sich um großdimensionierte, witterungsunabhängige, perfekt inszenierte und **multifunktionale Einrichtungen**, deren Angebot unterschiedliche Bausteine von **Konsum**, **Freizeit**, **Unterhaltung**, **Kultur** und **Sport** vermischt. Die Konsumenten können je nach aktuellem Bedürfnis eine individuelle Mischung des Angebots zusammenstellen. Zudem werden die Einkaufsmöglichkeiten und Dienstleistungen in diesen Einrichtungen mit Unterhaltung und Vergnügen angereichert, sodass sie nicht eindeutig einem Freizeit-, Handels- oder Dienstleistungsbereich zuzuordnen sind. Darüber hinaus fungieren diese Erlebnis- und Konsumwelten als Bühnen für Musik- und Kulturevents. Diese Komponenten werden durch zusätzliche Angebotsoptionen wie Hotels, Museen, Kongresseinrichtungen sowie Sport- und Eventhallen ergänzt, damit sich die Urban Entertainment Center zu Kurzurlaubsdestinationen entwickeln können.

| Thematisierung | | | Urban Entertainment Center | |
|---|---|---|---|---|
| Shops | Gastronomie | Theater | Museum/ Ausstellung | Platz/ Plaza |
| Multiplexkino | Musicaltheater | Sporteinrichtung | Kunstgalerie | Sauna |
| Tiere | Hotel/ FeWo | Arena | Produktionseinrichtung | Therme/ Wellness |
| Events | Architektur | Fahrgeschäfte | Großdiscothek | Info-Center |

M 141: Thematisches Angebot von Urban Entertainment Centern

Der regionale Einzugsbereich von Urban Entertainment Centern hat einen Radius von bis zu zwei Fahrstunden. Unter den Besuchern dominiert die Gruppe der 15- bis 45-Jährigen. Neben den Bewohnern des Umlandes spielen v. a. Tagesausflügler und Kurzurlauber eine wichtige Rolle. Generell bestehen die Erlebnis- und Konsumwelten häufig aus Kulissen, in denen mit theatralischen Mitteln und Spezialeffekten Themen erzählt werden, wie etwa in den Restaurants Hardrock Cafe, Planet Hollywood, Rainforest Cafe. Um Illusionsbrüche zwischen Lebensalltag und Konsumwelt zu vermeiden, werden die Urban Entertainment Center gegenüber der Umgebung zumeist durch Bepflanzung und Grünflächen abgegrenzt.

### Folgen für traditionelle Urlaubsdestinationen

Durch den Markteintritt dieser neuen Freizeitangebote hat sich die Wettbewerbssituation für die traditionellen Ausflugs- und Kurzurlaubsziele erheblich verschärft. Aufgrund ihrer Multioptionalität, ihrer professionellen Infrastruktur, ihrer Kundenorientierung sowie ihres künstlichen, aber perfekten Erlebnischarakters sind sie nicht nur attraktive Tagesausflugs- und Kurzreiseziele, sondern sie setzen auch die **Maßstäbe für traditionelle Tourismusdestinationen**. Schon heute übertreffen die künstlichen Welten schon die klassischen Tourismusstandorte an Besucherzahlen.

### Übungsaufgaben: Tourismus in Deutschland

**Aufgabe 41** Zeigen Sie den Wandel in der Struktur des Wintertourismus in den Alpen auf, der durch die Stagnation bzw. den Rückgang der Gästezahlen in den 1990er-Jahren ausgelöst wurde.

**Aufgabe 42** Stellen Sie die ökonomischen Vorteile nachhaltiger Regionalentwicklung durch den sanften Tourismus den entsprechenden Nachteilen gegenüber.

**Aufgabe 43** Geben Sie unter Zuhilfenahme geeigneter Atlaskarten die Gründe an, warum Bottrop-Kirchhellen als Standort für den Themenpark „Warner Bros. Movie World" ausgewählt wurde.

# Lösungen

## Eine Welt – Merkmale und Ursachen unterschiedlicher Entwicklung

Aufgabe 1  Erklärung des Begriffs „Dritte Welt":
- Durch Polarisierung zwischen den kommunistischen und den westlichen, stark auf individuelle Freiheitsrechte und Wettbewerb ausgerichteten Wertvorstellungen entstanden.
- Bezeichnung der westlichen Industrieländer mit freier Marktwirtschaft als „Erste Welt" und der östlichen kommunistischen Planwirtschaftsländer als „Zweite Welt".
- Begriff der „Blockfreien Staaten", die sich nicht durch den Kalten Krieg ideologisch vereinnahmen lassen wollten, als dritte, eigenständige Macht.

Erklärung des Begriffs „Eine Welt":
- Auflösung der Blöcke durch Niedergang des kommunistischen Staatenblocks des Ostens.
- Differenzierung der Entwicklungsländer in Staaten mit höchst unterschiedlichem Entwicklungsstand.
- Wirtschaftliche und gesellschaftliche Verknüpfung der Welt durch moderne Verkehrs- und Kommunikationsmöglichkeiten.
- Starke Verflechtung von Kapital, Waren und Dienstleistungen im Weltwirtschaftssystem.
- Wachsende globale Probleme wie Finanz- und Wirtschaftskrisen, Bevölkerungswachstum, Ressourcenknappheit und Umweltzerstörung, die nur noch gemeinsam gelöst werden können.
- Nur gemeinsames Handeln der Menschen aller Staaten kann Zukunft der Menschheit auf Dauer nachhaltig sichern.

Aufgabe 2  Bruttonationaleinkommen pro Kopf der Bevölkerung ist ein wichtiger Indikator für die wirtschaftliche Leistungsfähigkeit eines Landes, da die Wirtschaftskraft oftmals Voraussetzung zur Verbesserung der menschlichen Lebensbedingungen ist. Jedoch ergeben sich auch Schwierigkeiten:

## Lösungen

- Bei Erfassung des Bruttonationaleinkommens werden nur marktwirtschaftlich bewertete Güter und Dienstleistungen gemessen; Subsistenzwirtschaft, informeller Sektor oder Tauschhandel nicht erfasst.
- Zum Vergleich herangezogene Wechselkurse unterliegen Schwankungen und verzerren somit die Kaufkraft der Währungen.
- Daten sind Durchschnittswerte; statistisches Durchschnittseinkommen verrät nichts über die mögliche Ungleichheit der Verteilung zwischen dem Jahreseinkommen einer sehr wohlhabenden Oberschicht und der Masse der armen Bevölkerung.

Deshalb sollten auch Indikatoren für Ernährung, Gesundheit, Bildungsniveau und Lebenserwartung zur Messung der physischen Lebensqualität (Human Assets Index) und der Grad der menschlichen Entwicklung (HDI) herangezogen werden.

**Aufgabe 3**  Land A: Saudi-Arabien
- Hohes Einkommen durch Deviseneinnahmen aus Rohölexport.
- Vorhandenes Kapital zum Aufbau der medizinischen Versorgung und des Bildungswesens.

Land B: Kirgisistan
- Mittleres Einkommen durch Industrialisierung in ehemaliger UdSSR bei Vorkommen mineralischer Rohstoffe, jedoch Rückgang nach Zerfall der UdSSR.
- Hoher Wert von Bildung und medizinischer Versorgung in ehemaligen sozialistischen Ländern.

Land C: D. R. Kongo
- Extrem niedriges BNE durch einseitige agrarische Ausrichtung, Subsistenzwirtschaft o. Ä.
- Geringe Lebenserwartungen durch hohe Sterblichkeit durch schlechte medizinische Versorgung, mangelnde Hygiene und harte Lebensbedingungen.
- Kein Kapital für Bildungswesen vorhanden.

**Aufgabe 4**  Niedriger Entwicklungsstand nach geodeterministischer Theorie – mögliche Einflussfaktoren:
- Jährliche monsunale Starkregen führen zur Abschwemmung erosionsanfälliger Alluvialböden sowie zu Überschwemmungskatastrophen aufgrund der niedrigen Höhenlage Bangladeschs im Ganges- und Brahmaputra-Delta.
- Mangelnde Ausstattung mit Ressourcen, Ausnahme: Jute.

Niedriger Entwicklungsstand nach Modernisierungstheorie – mögliche Einflussfaktoren:
- Demographische Hemmnisse durch hohe Geburtenrate, hohe Anzahl von Kindern pro Frau.
- Traditionelle Wirtschaftsstrukturen mit einem hohen Anteil der Beschäftigten in der Landwirtschaft bzw. hoher Unterbeschäftigung.

Niedriger Entwicklungsstand nach Dependenztheorie – mögliche Einflussfaktoren:
- Mit hohem Anteil an Kleidung, Strick- und Strumpfwaren einseitige, auf Industrieländer ausgerichtete Exportstruktur.
- Unproduktive Landbesitz- und Landbewirtschaftungsverhältnisse in der Landwirtschaft als Ergebnis des Einflusses der ehemaligen britischen Kolonialmacht.

**Aufgabe 5** Strategie der Entwicklungszusammenarbeit: Grundbedürfnisstrategie

Wesentliche Ziele dieses Leitbildes:
- Verbesserung der Lebensverhältnisse zur Überwindung der Armut.
- Ermöglichung des Zugangs zu lebenswichtigen Gütern (hier: Unterkunft, Straßen, Trinkwasser, Energie).
- Immaterielle Dienstleistungen (Abwasserentsorgung).

Maßnahmen dieses Leitbildes:
- Finanzielle, personelle und technische Anstöße von außen.
- Unterstützung der Eigeninitiative („Hilfe zur Selbsthilfe").
- Programm zur Gesundheitsvorsorge und Arbeitsbeschaffung.

**Aufgabe 6** Zuordnung der Modelle:
A  Modernisierungstheorie
B  Dependenztheorie

Folgen für ein Entwicklungsland nach der Modernisierungstheorie:
- Aufbau industrieller, infrastruktureller oder touristischer Großprojekte an sogenannten Wachstumspolen (Hauptstadt, Küste, Rohstofflagerstätten) bewirkt einen Entwicklungsschub von außen („big push").
- Entstehung vieler Dienstleistungen, z. B. Verwaltung oder Instandsetzung, und Zulieferer- und Weiterverarbeitungsindustrien im Umfeld („take off").

- Durchsickern von positiven Arbeitsmarkt- sowie Einkommenseffekten auf die breite Schicht der Bevölkerung und in die peripheren Passivräume („Trickle-Down-Effekt").
- Massenkonsum aller Bevölkerungsschichten und Regionen durch gestiegenes Einkommen und höhere Nachfrage.

Folgen für ein Entwicklungsland nach der Dependenztheorie:
- Entwicklungsländer nur Rohstofflieferanten, Billiglohnproduzenten oder Absatzmärkte in der Weltwirtschaft.
- Vernachlässigung der auf den eigenen Markt ausgerichteten Produktion.
- Große Kluft zwischen dem Zentrum als Brückenkopf der globalen Metropolen sowie den ausgebeuteten peripheren ländlichen Räumen.
- Soziale Disparitäten durch wirtschaftliche Ausbeutung der Unterschicht bei zunehmendem Reichtum der Führungsschichten des Entwicklungslands.

## Eine Welt – Bevölkerungsentwicklung

Aufgabe 7  Beschreibung der Bevölkerungsverteilung Sambias um 1975:
- Bevölkerung recht ungleich verteilt.
- Größte Städte und damit ein hoher Bevölkerungsanteil befinden sich in einem Nord-Süd-Korridor zwischen den Grenzen zu Simbabwe und zur kongolesischen Provinz Katanga.
- Dicht besiedelte Gebiete, weitgehend voneinander isoliert, vor allem in Ost- und Nordsambia, weniger häufig in Westsambia.
- Weitgehend unbesiedelte Gebiete im Landesinneren.

Mögliche Einflussfaktoren auf die Bevölkerungsverteilung:
- Höhenlage und Niederschlagsverteilung offenbar von geringem Einfluss.
- Deutliche Bevölkerungskonzentration an Seen und zum Teil auch Flüssen.
- Weitgehende Übereinstimmung zwischen nahezu unbesiedelten Gebieten und den Verbreitungsgebieten der Tsetsefliege.
- Bevölkerungsverdichtung in Räumen mit Fischfang (Seen, Flüsse) und Rinderzucht.
- Lage der Städte in der Nord-Süd-Achse mit Bodenschätzen (Kupfer, Blei, Zink, Titan) und Industrie (Buntmetallverhüttung, Textil-, Metall-, Nahrungsmittelindustrie usw.).
- Verstärkung der Bedeutung der Nord-Süd-Achse durch den Ausbau der Verkehrswege (vor allem Eisenbahn zwischen Simbabwe und dem Kupfergürtel an der Grenze zum Kongo).

- Bevölkerungsverteilung ist in erster Linie durch europäische Kolonisation mit Nutzung der Ressourcen bestimmt.
- Auch mehrere Stammeszentren des 19. Jh. sind relativ dicht besiedelt.

Insgesamt: Zusammenspiel einer Reihe von Faktoren aus dem naturgeographischen (Seen, Bodenschätze, Tsetsefliege) und dem kulturgeographischen Bereich (europäische Kolonisation, Stammesgebiete). Auch bei scheinbar direkter Übereinstimmung von Einflussfaktor und Bevölkerungsverteilung besteht nicht unbedingt ein zwingender Kausalzusammenhang: z. B. Ausbreitung der Tsetsefliege auch aufgrund von Entvölkerungsprozessen möglich.

Aufgabe 8   Interpretation der Lorenzkurven und begründende Zuordnung bestimmter Wirtschaftsformen:
- Lorenzkurven als grafische Darstellung der statistischen Verteilung der Bevölkerung auf der zugehörigen Fläche.
- Hier schematische Darstellung, nicht auf bestimmtes Land bezogen, lokale Unterschiede nicht berücksichtigt.
- Strecke AB: völlig gleichmäßige Verteilung der Bevölkerung über die gesamte betrachtete Fläche, in der Praxis kaum vorkommend.
- Kurve (1): Bevölkerung nicht gleichmäßig über die Fläche verteilt, aber keine extremen Ballungen. Aus der Kurve abzulesen: auf einem Viertel der Fläche etwa 15 % der Bevölkerung, auf den weiteren drei Vierteln 20 %, 30 % und 35 %.
- Zuordnung der Kurve (1) zu Agrargesellschaften mit relativ einheitlichen naturgeographischen Produktionsbedingungen und geringer Verstädterung; selbst in Entwicklungsländern mit niedrigem Entwicklungsstand wegen der meist starken Verstädterung heute kaum noch anzutreffen; kennzeichnend für vorindustrielle Gesellschaften (mit einheitlichen Produktionsbedingungen).
- Kurve (2): Bevölkerung sehr ungleichmäßig über die Fläche verteilt. Die Hälfte der Fläche unbewohnt, weniger als 5 % der Bevölkerung im dritten Viertel, mehr als 95 % im letzten Viertel.
- Zuordnung der Kurve (2): 50 % unbewohnten Landes nur unter extremen Naturbedingungen möglich, z. B. sehr hoher Flächenanteil an Trockenwüste (z. B. Ägypten, Irak, Arabische Emirate), Kältewüste (z. B. Island, Grönland) oder Gebirge (z. B. Japan). Grundsätzlich in allen Wirtschaftsformen denkbar.

## 218 / Lösungen

**Aufgabe 9**  **a**  Vergleich der Geburten- und Sterberaten:
- Industrieländer: leichter Rückgang der Sterberate bereits seit 1775 bei gleichbleibend hoher Geburtenrate, dadurch wachsende Bevölkerung; ab ca. 1875 gleichmäßig deutlicher Rückgang von Geburten und Sterberate bis 1988, gleichbleibendes Bevölkerungswachstum.
- Entwicklungsländer: bis 1875 gleichmäßig hohe Geburten- und Sterberate, höher als bei den Industrieländern. Dann leichter Rückgang der Sterberate, dadurch deutlich verstärktes Bevölkerungswachstum. Ab 1930 verstärkter Rückgang der Sterberate, geringerer Rückgang der Geburtenrate, daher sehr starkes, zunehmendes Bevölkerungswachstum.

**b**  Weiterer Verlauf der Kurven:
- Industrieländer: Stabilisierung der Sterberate auf niedrigem Niveau, Absinken der Geburtenrate unter das Niveau der Sterberate; Übergang zur Phase der Stabilisierung der Bevölkerung und anschließend zur Phase des Bevölkerungsrückgangs.
- Entwicklungsländer: Zunächst Phase des Bevölkerungswachstums auf höchstem Niveau, dann Einpendeln der Sterberate auf niedrigem Niveau bei gleichzeitigem Rückgang der Geburtenrate; dadurch Rückgang des Bevölkerungswachstums. Anschließend einpendeln bei niedrigen Wachstumsraten.

**Aufgabe 10**  Zusammenhänge zwischen sozialer Schichtung und demographischem Übergang in Entwicklungsländern:
- Unterschiedliches generatives Verhalten der sozialen Schichten in Entwicklungsländern.
- Heutiges generatives Verhalten der untersten Schicht (25 % der Bevölkerung) entspricht dem der Gesamtbevölkerung früher in der prätransformativen Phase.
- Heutiges generatives Verhalten der obersten Schicht (5 %) entspricht dem in der posttransformativen Phase.
- Heutiges generatives Verhalten von jeweils ca. einem Viertel der Bevölkerung entspricht dem in der früh-, mittel- und spättransformativen Phase.
- Ergebnis: Demographischer Übergang der sozialen Schichten eines Landes nicht gleichzeitig, sondern nacheinander in Abhängigkeit vom sozialen Status; Übergang erfolgt umso früher und schneller, je höher der soziale Status.

Aufgabe 11  a  Vergleich des Altersaufbaus:
- Afrika: sehr „junge" Bevölkerung. Bis einschließlich 2010 über 40 % der Menschen 0–14 Jahre und unter 5 % über 65 Jahre.
  Alterung setzt erst danach ein: Rückgang der 0–14-Jährigen auf unter 30 %, Zunahme der über 65-Jährigen auf ca. 15 %.
- Europa: „alte" Bevölkerung. Altern der Bevölkerung bereits seit 1950: Rückgang der 0–14-Jährigen von ca. 27 % auf 14 % im Jahr 2010; danach hier kaum noch Veränderung. Zunahme der über 65-Jährigen von 8 % (1950) auf knapp 30 % (2050).
- Welt: Werte zwischen den Extremen von Afrika und Europa; Werte meist näher an den afrikanischen wegen der sehr starken Alterung der Bevölkerung Europas (und der relativ kleinen Bevölkerungszahl dort).

b  Mögliche Einordnung Chinas:
- 1950 ist Chinas Bevölkerung geringfügig älter als der Weltdurchschnitt; bis 2005 deutlicher Rückgang der 0–14-Jährigen, bis 2050 Angleichung dieser Altersgruppe an die europäischen Zahlen (Ein-Kind-Politik!), aber noch weniger über 65-Jährige als in Europa.
- Indiens Bevölkerung ist deutlich jünger als die Chinas: jeweils deutlich mehr 0–14-Jährige und weniger über 65-Jährige. Indische Bevölkerung auch jeweils jünger als der Weltdurchschnitt; gegen 2050 Annäherung.

Aufgabe 12  Beschreibung und Erläuterung der Bevölkerungszusammensetzung 1890 in sechs westpreußischen Regierungsbezirken:
- Überwiegender Teil der Bevölkerung mit nichtdeutscher Muttersprache: Bevölkerungszusammensetzung wird von Arbeitsmigration während der Industrialisierung bestimmt.
- Dominanz der männlichen Bevölkerung: entsprechendes Arbeitsplatzangebot in der Industrie vorhanden.
- Bei der männlichen Bevölkerung Italienisch, Polnisch und Niederländisch vor Deutsch als Muttersprache vorherrschend: Zuwanderung aus Nachbarländern mit entsprechendem Angebot an Arbeitskräften.
- Relativ niedriger Anteil der weiblichen Bevölkerung: entsprechend geringeres Arbeitsplatzangebot, möglicherweise bei Frauen weniger Bereitschaft zur Migration oder schnellere Rückkehr.
- Nur wenige weibliche Personen aus Italien, mehr aus Polen und den Niederlanden, die größte Gruppe aus Deutschland: bevorzugt aus geringerer Entfernung wegen geringerer Mobilität und kurzfristiger Beschäftigungsverhältnisse, z. B. im Haushalt.

- Starke Dominanz der Altersjahrgänge zwischen 20 und 30 Jahren: Migranten als „positive" Auslese, nämlich jung, gut ausgebildet, risikobereit.
- Männliche Arbeitskräfte mit italienischer Muttersprache um etwa 10 Jahre in die nächsthöhere Altersstufe hineinreichend: früherer Wanderungsbeginn.
- Geringer Anteil der 0–15-Jährigen: Migranten häufig ledig, volle Konzentration auf wirtschaftliche Ziele.
- Deutsche bei den über 60-Jährigen dominierend: in dieser Altersstufe noch keine Zuwanderung, evtl. auch Rückwanderung ausländischer Arbeitskräfte im Ruhestand.

Aufgabe 13 a Veränderungen der Wanderungsintensität:
- Insgesamt Übergang von einer weitgehend immobilen zu einer hochmobilen Gesellschaft in fünf Phasen.
- In Phase 1 kaum Wanderungen.
- In Phase 2 deutlicher Anstieg der Mobilität. Besonders starke Zunahme der Land-Stadt-Wanderung und der Auswanderung, etwas verzögert auch der Stadt-Stadt-Wanderung und der innerstädtischen Wanderung; allmähliche Zunahme der sonstigen Wanderungen.
- Im weiteren Verlauf zeitlich versetzte Maxima der Auswanderung und der Land-Stadt-Wanderung, später deutlicher Rückgang dieser Wanderungen.
- Kontinuierlicher Anstieg der Stadt-Stadt-Wanderungen und der innerstädtischen Wanderungen sowie der sonstigen räumlichen Bewegungen (z. B. freizeitorientiert) bis hin zu den Höchstwerten in der letzten Phase des Modells.
- Im Endzustand (Phase 5) sehr hohe Mobilität in und zwischen Städten sowie z. B. freizeitorientiert.

b Kritische Überprüfung der Parallelisierung mit dem Modell des demographischen Übergangs

Beschreibende Zuordnung:
- Phasen 1 (präindustrielle Gesellschaft): stagnierende Bevölkerung infolge hoher Geburten- und Sterberate ↔ geringe Mobilität.
- Phasen 2: Absinken der Sterberate, steigendes Bevölkerungswachstum vor allem auf dem Land ↔ Auswanderung, Land-Stadt-Wanderung.
- Phasen 3: hohes Bevölkerungswachstum ↔ verstärkte Land-Stadt-Wanderung, zunehmende Wanderung in und zwischen Städten, Rückgang der Auswanderung infolge steigenden Arbeitsplatzangebots.

- Phasen 4: abnehmendes Bevölkerungswachstum ↔ deutlicher Rückgang der Land-Stadt-Wanderungen, dafür starke Zunahme der innerstädtischen Wanderungen und der Wanderungen zwischen Städten und Verdichtungsräumen und der sonstigen Wanderungen.
- Phasen 5 (moderne Dienstleistungsgesellschaft mit sehr hohem Lebensstandard): Stagnation oder Rückgang der Bevölkerung ↔ höchste Mobilität in und zwischen den Städten, höchste sonstige Mobilität.

Kritische Auseinandersetzung:
- Beschreibende Zuordnung der Phasen ohne Weiteres möglich.
- Abgrenzung der Phasen des Mobilitätsübergangs durch Schwellenwerte nicht gegeben, daher Modell nicht eindeutig.
- Auf sozialistische Staaten nicht anwendbar wegen erheblicher staatlicher Eingriffe in das Wanderungsgeschehen.

Aufgabe 14 Interaktionstypen

a Mensch und Natur: z. B. Auswanderung von mehr als einer Mio. Iren infolge der „Großen Hungersnot" (1845–1851) nach Übersee. In den USA vorwiegend in den Industriestädten als Arbeitskräfte tätig. Innovatives Wanderungsverhalten: Leben in der Stadt mit Arbeit vorwiegend im sekundären Sektor anstelle von Leben auf dem Land und Tätigkeit im primären Sektor.

b Mensch und Staat: z. B. Auswanderung bzw. Flucht der Hugenotten aus Frankreich infolge staatlicher Verfolgung in der 2. Hälfte des 17. Jh. und Ansiedlung in deutschen Staaten und anderen Ländern. Zumindest teilweise konservatives Wanderungsverhalten: Beibehaltung der alten Gewerbe (Lederverarbeitung, Handschuh- und Hutmacherei).

c Mensch und seine Normen: freiwillige Wanderung, um die als unbefriedigend empfundene Lebenssituation zu verbessern, z. B. als Siedler in Russland an der unteren Wolga etwa zwischen 1760 und 1820, ausgestattet mit wirtschaftlichen und religiösen Privilegien sowie einer gewissen Autonomie. Eher konservatives Wanderungsverhalten aufgrund weitgehender Beibehaltung der bäuerlichen Lebensweise.

d Mensch und andere Menschen (kollektives Verhalten bzw. sozialer Druck – die Migration anderer wird zum Grund der Migration): z. B. Land-Stadt-Wanderung in größerem Umfang, angeregt durch Vorbilder und soziale Impulse aus dem engeren Umkreis. Innovatives Wanderungsverhalten: Neue Lebensweise und veränderte Lebensgrundlagen in der Stadt.

## Eine Welt – städtische Räume und deren Wandel

**Aufgabe 15** Grundlegende Prozesse, die für den enormen Zuwachs der städtischen Bevölkerung verantwortlich sind:
- Hohes Bevölkerungswachstum durch Zuwanderung aus den ländlichen Regionen aufgrund der vorherrschenden Pull- und Push-Faktoren. Dabei wandern vor allem junge Menschen, die sich noch in Ausbildung befinden oder bereits eine Familie gegründet haben.
- Zunahme der städtischen Bevölkerung ist auch eine Folge des hohen natürlichen Wachstums, verursacht durch eine hohe Geburten- und eine niedrige Sterberate. Verantwortlich hierfür ist die überwiegend junge Bevölkerung, besonders auch die Zuwanderer.

**Aufgabe 16** Beschreibung und Erläuterung der Bevölkerungsentwicklung im Großraum Los Angeles:
- Seit 1950 ist die Bevölkerung im Großraum Los Angeles von knapp 5 Mio. kontinuierlich und konstant auf über 20 Mio. 2010 angewachsen. Grund: vor allem Bedeutung Kaliforniens als Zielgebiet der Binnenwanderung aufgrund positiver Pull-Faktoren: wirtschaftlicher Bedeutungszuwachs der gesamten US-amerikanischen Pazifikküste einerseits und des Sun Belts andererseits, Ansiedlung und erste Standortgründungen moderner Hightech-Unternehmen und der Freizeitindustrie, Zuwanderung nicht mehr berufstätiger, einkommensstarker Bürger aufgrund der Klimagunst, Zuwanderung von Hispanics über die nahe gelegene mexikanische Grenze.
- Im Kernraum City of Los Angeles moderate Verdoppelung der Bevölkerung im Vergleich mit dem Großraum: Zuwanderung vor allem von ethnischen Minderheiten, die in den nahe dem CBD liegenden älteren Wohngebieten mit vorherrschenden Mietwohnungen und zum Teil schlechter Bausubstanz eine billige Unterkunft finden, Abwanderung der Mittelschicht in das Umland.
- Extrem hohes Bevölkerungswachstum in den an die Kernstadt angrenzenden Counties, hier Versechsfachung der Einwohnerzahlen – Folge der zunehmenden Suburbanisierung im großstädtischen Umland, Ausweisung ausgedehnter neuer Wohngebiete mit lockerer Einzelhausbebauung für die Mittel- und Oberschicht, begünstigt durch die Errichtung von Gewerbe- und Büroparks sowie großen Malls im suburbanen Raum.

Chancen und Risiken dieser Entwicklung aus Sicht eines Städteplaners:
- Chancen: Verhinderung von Nutzungskonflikten durch monofunktionale Stadtviertel, etwa CBD als reines Geschäftszentrum, Gewerbe- und Industriegebiete in Zentrumsnähe an den Verkehrsleitlinien, Wohngebiete ohne größere Umweltbelastungen am Stadtrand und im suburbanen Raum.
- Risiken: hohe Investitionen in die Verkehrsinfrastruktur für den privaten und den öffentlichen Verkehr, extrem hohe Verkehrsdichte während der Rush Hour, Abwanderung des Einzelhandels und vieler Dienstleistungen in den suburbanen Raum, hohe Kosten für lange Transportwege der Ver- und Entsorgungseinrichtungen (Strom, Wasser, Abwasser), Zerstörung naturnaher Landschaften durch zunehmende Zersiedelung, Notwendigkeit der Absprache und Einigung verschiedener Verwaltungseinheiten bei raumplanerischen Maßnahmen wie etwa Verkehrswegebau zwischen Stadt und Umland.

Aufgabe 17   Beschreibung und Begründung der Veränderung der ethnischen Bevölkerungsstruktur im Großraum Los Angeles:
- Zwischen 1980 und 2000 ist die Bevölkerung im Großraum Los Angeles insgesamt um 5 Mio. angestiegen. 1950: weiße Bevölkerung bildet mit 60 % die Mehrheit der Bevölkerung, 2000: Hispanics mit 44 % aller Einwohner als größte Bevölkerungsgruppe.
- In der Kernstadt ist die Bevölkerung um 1,5 Mio. gewachsen. Zahl der Weißen hat um 400 000 abgenommen, ihr Anteil ist von 54 % auf 33 % gesunken, die Zahl der Hispanics und der Asiaten hat sich mehr als verdoppelt. Teile der weißen Bevölkerung sind wegen der besseren Wohnverhältnisse in die Suburbs abgewandert. Dagegen sind viele Hispanics und Asiaten zum Teil grenzüberschreitende Zuwanderer (Einwanderung in die USA in Erwartung besserer Lebensverhältnisse, billige Unterkunft in den sanierungsbedürftigen zentrumsnahen älteren Wohnvierteln).
- Im suburbanen Raum Zunahme der Einwohnerzahl um drei Mio. Auch hier Rückgang der weißen Bevölkerung, wenn auch nur gering, verursacht sicherlich durch die niedrige Geburtenrate in der einkommensstarken Mittel- und Oberschicht. Dagegen hat sich die Zahl der Hispanics verdreifacht: Einwohner lateinamerikanischer Herkunft, die schon längere Zeit in den USA leben und arbeiten, verfügen heute über genügend Einkommen, um sich im suburbanen Raum ein kleines Anwesen leisten zu können. Dies gilt in gleicher Weise für die Zunahme der Menschen asiatischer Herkunft und

die (geringe) Zunahme der Afroamerikaner, die wie die weiße Bevölkerung bei höherem Einkommen der vorherrschenden Wanderungsrichtung aus der Kernstadt in den suburbanen Raum folgen.

Aufgabe 18   Begründete Zuordnung der Stadtgrundrisse:
- Stadtgrundriss A: europäische Stadt. Auf ein Zentrum ausgerichtetes sternförmiges Straßensystem und um das Zentrum herumführende Ringstraßen. Ausgehend vom Zentrum, gleichbedeutend mit der Altstadt, hat sich die Stadt zentrifugal ins Umland erweitert. Zentrumsnahe Ringstraße als Grenze zwischen mittelalterlicher und neuzeitlicher Stadt: Hier steht bzw. stand die Stadtmauer, evtl. mit Grüngürtel und paralleler Ringstraße. In den Außenbezirken ist kein regelmäßiger Grundriss zu erkennen.
- Stadtgrundriss B: nordamerikanische Stadt. Persistentes, schachbrettartiges Straßennetz, Folge der Landvermessung und Landvergabe im 19. Jh., in der Regel Ausrichtung der Straßen in Nord-Süd- und West-Ost-Richtung. Auffällig im rechten unteren Bildteil: größere rechteckige Fläche, ursprünglich innerstädtische Viehweide, auf der die Tiere bei äußerer Bedrohung in Sicherheit gebracht wurden, heute als innerstädtische Erholungs- und Parkfläche genutzt (z. B. Central Park in New York).
- Stadtgrundriss C: orientalische Stadt. Sackgassengrundriss in der Altstadt (Schutz der Privatsphäre), wo sich die fensterlosen Außenwände der Wohnhäuser reihen. Regelmäßiger Straßengrundriss in der unteren Bildhälfte weist auf eine neuzeitliche Stadterweiterung während der Kolonialzeit oder später hin.

Aufgabe 19   a   Chronologische Zuordnung der Grundrisse und Charakterisierung der Funktionen Arbeiten, Wohnen und Verkehr:
- Oberer Grundriss: mittelalterliche Stadt. Arbeiten und Wohnen räumlich nicht getrennt, Händler und Handwerker gingen ihrem Gewerbe in ihrem Wohnhaus nach. Nur größere Gassen von Pferdefuhrwerken befahrbar. In die Stadt gelangte man durch die gesicherten Stadttore, wo die wichtigen Handelswege endeten.
- Mittlerer Grundriss: Stadtgrundriss in der Epoche der Industrialisierung. Eisenbahn als wichtigster Verkehrsträger, erkennbar an den zu den Fabriken führenden Gleisanlagen. Das Straßennetz ist regelmäßig und weist auf eine Blockbebauung mit Wohn- und Fabrikgebäuden hin.

- Unterer Stadtgrundriss: Stadterweiterung ab 1950. Regelmäßiger Straßengrundriss abseits einer mehrspurigen Hauptverkehrsstraße und Anlage einer Reihenhaussiedlung als typische Elemente einer modernen Stadterweiterung am Stadtrand oder im Stadtumland.

b Erkennbare Merkmale:
- Historisches Stadtzentrum mit Burgviertel.
- Multifunktionaler Stadtkern mit Verwaltungs-, Kultur- und Geschäftsviertel.
- Viertelbildung durch soziale Segregation der Wohngebiete.
- Innerstädtische und randstädtische Industriegebiete.

Gliederungsprinzipien:
- Funktionale Gliederung durch Ausweisung von Vierteln mit gleicher Nutzung.
- Sozialräumliche Gliederung durch die Unterscheidung der Wohnviertel nach dem sozialen Status ihrer Bewohner.
- Erweiterung des Stadtgebietes in konzentrischen Ringen als Folge des zentrifugalen Städtewachstums von der Altstadt aus.
- Anordnung von Sektoren funktional homogener Stadtviertel entlang von Verkehrslinien wie etwa der Donau.

Aufgabe 20 Begründung für die zunehmende Zahl von Megastädten:
- Nur geringe Zunahme der Zahl der Megastädte in den entwickelten Staaten wegen der niedrigen Geburtenraten in den Industrieländern und hier besonders in den Großstädten wegen hoher Kosten für familiengerechte Wohnungen. Notwendigkeit, dass zur Finanzierung des teuren Lebensunterhalts beide Ehepartner arbeiten. Kinder gelten eher als Hemmnis bei der individuellen Selbstverwirklichung. Nachlassen der Land-Stadt-Wanderung wegen hoher Abwanderung aus den ländlichen Räumen in der Vergangenheit. Zunehmende Tendenz zur Desuburbanisierung, d. h. Abwanderung aus den Großstädten und deren Umland in ländliche Regionen.
- In den weniger entwickelten Staaten starke Zunahme der Zahl der Megastädte wegen hohem natürlichen Bevölkerungswachstum in den Städten und anhaltender Zuwanderung aus den ländlichen Regionen, da in den Städten die Verdienstmöglichkeiten und Lebensverhältnisse attraktiv erscheinen und einen sozialen Aufstieg erwarten lassen.

**Aufgabe 21** Diskussion der Ursachen und Folgen der räumlichen und sozialen Disparitäten in den Megastädten der Dritten Welt:
- Ursachen: Soziale Segregation führt zur Konzentration homogener Bevölkerungsgruppen in ausgewählten Stadtteilen, Zuwanderer finden anfangs Unterkunft in den innerstädtischen Marginalvierteln oder in provisorischen Unterkünften im Straßenraum. Bevorzugung der Nähe zum Stadtzentrum, da hier eher Möglichkeiten bestehen, eine Beschäftigung zu finden, während für gut verdienende Einwohner die Entfernung zwischen Wohnung und Arbeitsplatz keinen echten Kostenfaktor darstellt.
- Folgen: Im Stadtgebiet Trennung unterschiedlicher Sozialgruppen: Zuwanderer und Beschäftigungslose finden vor allem in Zentrumsnähe in den ältesten Wohngebäuden eine ärmliche Unterkunft oder leben in provisorischen Behausungen am Straßenrand, auf Grünflächen und Friedhöfen. Schon länger in der Stadt lebende untere Sozialschichten, die bereits aus formeller oder informeller Beschäftigung ein geringes Einkommen erzielen und im Familienverband wohnen, besitzen in den randstädtischen Hüttensiedlungen eine einfache, selbst errichtete Behausung, die möglicherweise bereits über eigene Ver- und Entsorgungseinrichtungen verfügt. Die Mittelschicht wohnt in legal errichteten Wohngebäuden und Wohnvierteln, mit ausreichender Infrastruktur, erschlossen durch öffentliche Verkehrsmittel. Die Oberschicht bevorzugt Villenviertel und Gated Communities in attraktiver Wohnlage am Stadtrand.

**Aufgabe 22** Erörterung der Chancen und Risiken informeller Beschäftigung und des informellen Wohnungsbaus in den Megacities:
- Informelle Beschäftigung: Oft erster Einstieg in den städtischen Arbeitsmarkt, bietet die Möglichkeit, durch das Einkommen die Existenz zu sichern. Oft erwirbt der Beschäftigte auch Kenntnisse und Fertigkeiten, die es ihm ermöglichen können, in eine formelle Beschäftigung zu wechseln. Risiken: fehlende Arbeitsverträge, unsicherer Verdienst etwa als Tagelöhner, fehlende soziale Absicherung etwa im Krankheitsfall, Rechtsunsicherheit im Verhältnis zum Arbeitgeber.
- Informeller Wohnungsbau: Chancen: Errichtung von Wohnraum durch Eigeninitiative, Möglichkeit der nachfolgenden Legalisierung durch die Stadtverwaltung, nachbarschaftliches Leben und Wohnen homogener Bevölkerungsgruppen mit aktiver Nachbarschaftshilfe als Ersatz für den verloren gegangenen Familienverband nach der Abwanderung in die Stadt. Risiken: gesetzeswidrige Landbesetzungen, Gefahr der Vertreibung und Zer-

störung illegaler Siedlungen durch die Landbesitzer und die Staatsgewalt, Lage vieler illegaler Siedlungen an Berghängen oder Flussufern, die bei Naturkatastrophen besonders gefährdet sind. Darüber hinaus stellt in illegalen Siedlungen häufig Kriminalität in Form von Prostitution, Drogenhandel und Bandenkriegen eine lebensbedrohliche Gefährdung der Einwohner dar.

## Eine Welt – Globalisierung

Chancen für die deutsche Wirtschaft bei deutschen Direktinvestitionen im Ausland:
- Direkte Beteiligung an ausländischen Unternehmen und Möglichkeit der unternehmerischen Mitbestimmung.
- Sicherung zukünftiger Marktanteile im Ausland durch unternehmerische Mitsprache und Nähe zu sich potenziell entwickelnden Märkten.
- Ausnutzung von Produktionskostenvorteilen, z. B. infolge geringerer ausländischer Lohnniveaus.
- Sicherung höher qualifizierter Arbeitsplätze im Inland durch Verlagerung von weniger qualifizierten ins Ausland.

Chancen für die deutsche Wirtschaft durch ausländische Direktinvestitionen in Deutschland:
- Kapitalzufluss in die deutsche Wirtschaft und Steigerung des Steueraufkommens, hierdurch potenziell höhere Investitionsvolumina in die öffentliche Infrastruktur.
- Chance zum Erhalt technologischen Spitzen-Know-hows aus dem Ausland.

Mögliche Risiken bei deutschen Direktinvestitionen im Ausland:
- Verlust des Entwicklungsvorsprungs durch unkontrollierten Transfer von Technologie.
- Verlust erhoffter Marktanteile in weltwirtschaftlichen Krisensituationen.
- Verlust von Kapital bei weltwirtschaftlich starken Währungsschwankungen.
- Verlust an Produktionsstandorten im Inland infolge Verlagerung ins Ausland; allgemeine Schwächung der Industrieproduktion.

Mögliche Risiken durch ausländische Direktinvestitionen in Deutschland:
- Stärkere Einflussnahme ausländischer Unternehmen auf deutsche Betriebe.
- Verlust nationaler oder regionaler Identifikation.
- Gefahr des „Scheibchenschneidens" (Zerstückelung der Unternehmensbereiche) durch ausländische Venture-Capital-Unternehmen (Risikokapitalbe-

teiligungsunternehmen), deren Ziel entsprechend einer Zukauf-/Verkauf-Strategie es ist, innerhalb kurzer Zeit möglichst hohe Kapitalerträge zu erzielen („Heuschrecken"-Problematik).

Aufgabe 24  Mögliche Rückwirkungen der Globalisierung auf die Gesellschafts- und Sozialstruktur des Wirtschaftsstandorts Deutschland (Beispiel)

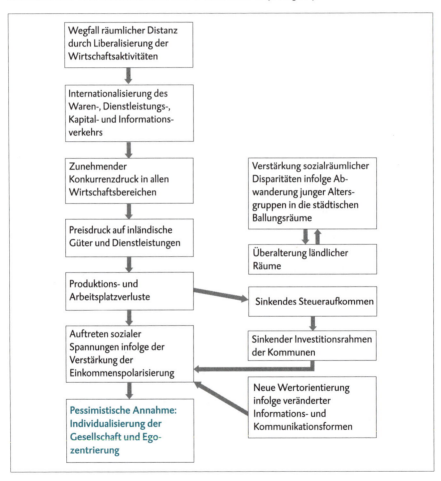

Lösungen ▌ 229

**Aufgabe 25** Mögliche Entwicklungsvorteile für Schwellenländer innerhalb des Welthandels:
- Chance auf Verstärkung des wirtschaftlichen Wachstumsimpulses sowie auf zunehmende Integration und Teilhabe am Welthandel.
- Chance auf Erwirtschaftung eines volkswirtschaftlichen Kapitalüberschusses und Möglichkeit zur Finanzierung einer nachholenden Entwicklung im sozialen Bereich (z. B. Bildung, Gesundheitswesen, etc.).
- Chance auf Entwicklung höher qualifizierter Arbeitsplätze durch Importsubstitution und Exportorientierung.
- Chance auf zunehmende Binnen- und Außenmarktanteile, wenn stufenweise eine höhere Produktwertigkeit erzielt wird (z. B. Textilindustrie → Eisen und Stahl schaffende Industrie → Fahrzeugbau und andere Investitionsgüter → hoch entwickelte chemische und elektrotechnische Produkte).

**Aufgabe 26** Die Legende des Materials beklagt indirekt eine zunehmende Regionalisierung des Warenhandels innerhalb der EU-Länder bei nachlassendem Außenhandel mit außereuropäischen Wirtschaftsräumen (z. B. Nordamerika und Asien). Die Grafik selbst verdeutlicht allerdings, dass die Gruppe der europäischen Länder unter allen Wirtschaftsblöcken die größten Handelsvolumina verzeichnet: Gesamter Welthandel spielt sich in erster Linie in und unter den drei Wirtschaftsblöcken Europa, Asien und Nordamerika ab; nach wie vor nehmen die restlichen Staaten, insbesondere die Afrikas und Lateinamerikas, nur geringfügig am Welthandel teil.

**Aufgabe 27** Naturräumliche Attraktivität Thailands:
- Lage an warmen Meeren im Bereich des Äquatorialstroms.
- Ausgedehnte Küsten und viele Inseln mit für den Bade-, Wassersport- und Erholungstourismus attraktiven Stränden (Inseln Phi Phi, Samui, Phuket, Tao), die dem Klischee des „Südseeparadieses" entsprechen.
- Korallengärten mit reicher Fischfauna als Attraktion für Schnorchel- und Tauchtouristen.
- Attraktive Berglandschaften mit reißenden Flüssen für Trekkingtourismus, Wildwasser- und Floßfahrten (Nordthailand).
- Eindrucksvolle Turm- und Kegelkarstlandschaften (Phangnabucht in Südthailand) mit teils ausgedehnten Höhlensystemen.
- Zahlreiche terrestrische und marine Naturschutzgebiete und Nationalparks mit einer artenreichen Fauna und Flora als Ansatz für Ökotourismus.

Kulturelle Attraktivität Thailands:
- Vielfalt religiöser, architektonischer Monumente, „antike" buddhistische Tempel und Königsstädte (z. B. Ayutthaya, Sukhothai).
- Exotik und Faszination des Buddhismus.
- Attraktive, von der westlichen Zivilisation noch scheinbar unberührte „exotische" indigene Völker (Hilltribes Nordthailands) für den Ethnotourismus.
- Eindrucksvolle, insbesondere durch Reisterrassen, Kokos- und Kautschukplantagen geprägte Kulturlandschaften.
- Viertel großer Städte mit exotischem bzw. kolonialzeitlichem Flair sowie ethnisch geprägten Stadtvierteln (Chinatowns).

Wichtige Rahmenbedingungen:
- Leistungsfähige differenzierte Hotellerie vom Luxusressort bis zur einfachen Hütte für Rucksacktouristen, sogenannte „Backpackers".
- Reichhaltiges gastronomisches Angebot vom internationalen Spezialitätenrestaurant bis zur heimischen Garküche an Straße und Strand.
- Vergnügungs- und Freizeitangebote wie Bars, Diskotheken, Elefantenritte, Tauchkurse und Rafting.
- Attraktives Preis-Leistungs-Verhältnis aufgrund günstiger Devisenkurse sowie des geringen Lohnniveaus.
- Geringe Kriminalität im Vergleich zu vielen anderen Entwicklungsländern.
- Liberale Einreise- und Aufenthaltsbestimmungen.
- Aufgeschlossenheit der Einheimischen gegenüber Fremden.

| | Chancen des Ferntourismus | Risiken des Ferntourismus |
|---|---|---|
| Aufgabe 28 | Steigerung der Deviseneinnahmen | • Starker Rückfluss der Devisen bzw. geringe Nettodeviseneinnahmen je nach wirtschaftlichem Entwicklungsstand des Landes bzw. Art des Tourismus, z. B. „All-Inclusive"<br>• Einbrüche bei den Deviseneinnahmen durch regionale Konflikte, Terroranschläge, Geiselnahmen, Infektions- und epidemischen Krankheiten, Naturkatastrophen, ökologische und soziale Folgen des Massentourismus, wirtschaftliche Probleme in den Quellgebieten<br>• Abhängigkeit von Tourismuskonzernen |
| | Vergrößerung des Staatshaushalts durch Steuereinnahmen und Gebühren | Hohe Ausgaben für:<br>• Zinsen für ausländische Kapitalleistungen<br>• Investitionen in Bau und Wartung touristischer Infrastruktur wie Straßen, Flughäfen oder Versorgungseinrichtungen<br>• Importausgaben für westliche Konsum- und Investitionsgüter sowie touristische Dienstleistungen, um den Ansprüchen der Touristen gerecht zu werden. |

| Verbesserung der Zahlungsbilanz im Außenhandel | Verschuldung durch auf den Tourismus ausgerichtete Importe |
| --- | --- |
| Schaffung von direkten, indirekten und induzierten Einkommen | • Preissteigerungen<br>• Geldentwertung/Inflation |
| Schaffung neuer und differenzierter Arbeitsplätze in der Tourismuswirtschaft, vor- und nachgeschalteten Betrieben und im informellen Sektor | • geringe Bezahlung<br>• Saisonalität<br>• ungeregelte Arbeits- und Beschäftigungsverhältnisse |

Aufgabe 29  Erläuterung touristischer Erschließung in Entwicklungsländern
- Initialphase: staatliche Infrastrukturinvestitionen in der Region, Bau einer isolierten Hotelanlage, ausschließliche Belieferung dieses touristischen Entwicklungspols mit Nahrungs- und Genussmitteln bzw. Bauleistungen aus der Hauptstadt, umfangreiche Einfuhren aus dem Ausland.
- Wachstumsphase: Ausbau des Standorts zu einem Touristenzentrum, daher boomender Bausektor in der Hauptstadt sowie Entwicklung lokaler Bauwirtschaft, Entstehung eines Großhandels für heimische Produkte in der Hauptstadt, Einbindung der heimischen Agrarwirtschaft aufgrund des steigenden Bedarfs an Nahrungsmitteln, Rekrutierung von Arbeitskräften aus der nahen, aber auch weiteren Umgebung.
- Konsolidierungsphase: Bedeutungsverlust der Bauindustrie durch nachlassende Bautätigkeit, jedoch weiterer Ausbau der heimischen Agrarwirtschaft zur Belieferung der Hauptstadt und des Urlaubsorts an der Küste, Einschaltung von Zwischenhandel in Agrargenossenschaften, Rückgang ausländischer Importe.

Aufgabe 30  Im Lauf der Internationalisierung der Waren-, Dienstleistungs-, Kapital- und Informationsströme ist es in den vergangenen Jahren zu einem steigenden Verlust an Autorität aufseiten der nationalen Regierungen gekommen. Gründe: Zum einen werden in zunehmendem Maß nationale Gesetzgebungen und wirtschaftspolitische Regelungen in übernationalen wirtschaftlichen Verbänden (z. B. EU) durchgeführt, entziehen sich somit dem nationalen Einflussbereich. Zum anderen führen Internationalisierung des Finanzwesens und internationale Arbeitsteilung zu wirtschaftlichen Entscheidungsprozessen, die nicht allein mehr innerhalb eines Landes, sondern zum Teil weltumgreifend stattfinden. Durch diese räumliche, global angelegte „Portionierung" von Wirtschaftsprozessen einerseits und die verschiedenartigen nationalen Rechtsgrundlagen andererseits wird es für die nationalen Regierungen immer schwieriger, global verlaufende Mechanismen auf nationaler Ebene zu steuern.

Aufgabe 31   Wesensmerkmale und Zielsetzungen auf chinesischer Seite:
China und sechs Staaten Südostasiens schaffen Handelszölle innerhalb einer Freihandelszone, zu der auch Australien, Neuseeland, Japan, Indien und Südkorea gehören, weitgehend ab. Dadurch Entstehung eines riesigen neuen Wirtschaftsblocks, der sowohl binnenmarktbezogen als auch hinsichtlich seiner Exportkraft ein Gegengewicht zu den bestehenden Wirtschaftsgroßregionen EU und NAFTA bilden wird.

Chancen für China: verbesserte Warenaustauschbedingungen und zunächst neue Absatzmärkte für die eher geringerwertige Konsumgüterindustrie. Außerdem erhofft China sich langfristig eine Zunahme der Kaufkraft in den südostasiatischen Staaten, um rückläufige Nachfrage nach chinesischen Gütern in Europa und Nordamerika zu kompensieren.

Gefahren für die Länder Südostasiens: vermehrte Einfuhren billiger Konsumgüter aus China, die dann in Konkurrenz zu den eigenen nationalen Produkten stehen. Außerdem Notwendigkeit für die südostasiatische Industrie, Zulieferverträge mit China auch in Zukunft zu sichern, um am Gesamtwirtschaftswachstum der Freihandelszone teilhaben zu können. Daneben Gefahr des Verlusts von Arbeitsplätzen in den betroffenen Ländern infolge der potenziellen Beeinträchtigung anderer Industriebranchen in Südostasien (Textil-, Stahl- und Elektronikindustrie) durch die aggressiven chinesischen Wirtschaftsmechanismen.

Die genannten Entwicklungen werden derzeit bereits durch den Trend zu negativen Außenhandelsbilanzen in Staaten Südostasiens sichtbar.

## Deutschland – Raumstrukturen und aktuelle Entwicklungsprozesse

Aufgabe 32   Ursachen, Wirkungen und Folgen des demographischen Wandels (belegt an Beispielen aus Deutschland):
- Sinken der Fertilitätsrate: Bestandserhaltungsniveau von 2,1 Kindern/Frau wird seit 1965 nicht mehr erreicht und ist auf heute 1,4 gesunken. Ersatz der Elterngeneration nur noch zu zwei Dritteln.

- Anstieg der Lebenserwartung von 72/67 Jahren (weiblich/männlich) 1959/60 auf 83/78 Jahre 2009, also um mehr als 15 %.
- Alterung vor allem infolge der niedrigen Fertilitätsrate; verstärkt durch die steigende Lebenserwartung.
- Die Bevölkerung schrumpft vor allem als Folge der Alterung: negative natürliche Bevölkerungsentwicklung aufgrund sinkender Geburtenrate und steigender Sterberate.
- Wanderungsgewinne aus dem Ausland: Anstieg der Ausländerzahlen von 0,5 Mio. (1950) über 2,9 Mio. (1970) auf 6,7 Mio. (2008).
- Aufgrund der Altersselektivität der Wandernden verringern sich Alterung und Schrumpfung (bis 2007 steigende Gesamtbevölkerung trotz negativer natürlicher Bevölkerungsbewegung).
- Internationalisierung der Bevölkerung durch Immigranten und ihre Nachkommen: große kulturelle Vielfalt innerhalb der knapp 16 Mio. Menschen mit Migrationshintergrund.
- Individualisierung als ein Ergebnis der Alterung: diverse Möglichkeiten der individuellen Lebensgestaltung nach dem Ausscheiden aus dem Berufsleben.

abe 33 Vergleich der Bevölkerungsvorausberechnungen und Veränderungen der Bevölkerungsstruktur:
- Extrem gegensätzliche Entwicklungen: Bis 2028 wird deutliches Bevölkerungswachstum für Oberbayern, besonders für den „Speckgürtel" um München, vorausberechnet. Dagegen deutliches Schrumpfen der Bevölkerung in Oberfranken, besonders in den peripheren, grenznahen Landkreisen.
- Oberbayern: Bevölkerungszunahme durch hohe Wanderungsgewinne, nur moderate Alterung der Bevölkerung infolge Zuwanderung jüngerer Erwerbspersonen, trotzdem Sterbeüberschüsse; möglicherweise weitere Internationalisierung durch steigenden Anteil der Menschen mit Migrationshintergrund.
- Oberfranken: Bevölkerungsabnahme durch natürliche Bevölkerungsbewegung sowie Abwanderung; starke natürliche Alterung der Bevölkerung (hohe Sterbeüberschüsse), verstärkt durch Abwanderung jüngerer Erwerbspersonen, evtl. auch durch Rückwanderung von Alten; Rückgang der Zahl der Menschen mit Migrationshintergrund.

Räumliche Auswirkungen:
- Oberbayern, insbesondere Raum München und Umgebung: weiter wachsende Siedlungen, fortschreitende Suburbanisierung, Ausbau von Infrastruktureinrichtungen aller Art, zunehmender Flächenverbrauch, steigende Verkehrsbelastung, evtl. vermehrte Umweltprobleme etc.

- Oberfranken, insbesondere periphere Landkreise: schrumpfende Siedlungen, Leerstand und Verfall von Gebäuden, verminderte Auslastung der technischen und sozialen Infrastruktur mit erhöhten Kosten für den Einzelnen, Abbau von Dienstleistungen, Schließen diverser Einrichtungen, Probleme bei der Aufrechterhaltung der Grundversorgung der Bevölkerung, Notwendigkeit der Anpassung an die stark alternde Gesellschaft bei sinkender finanzieller Ausstattung etc.

Aufgabe 34  Entwicklung des Wanderungssaldos zwischen 1954 und 2060:
- Fast durchwegs positiver Wanderungssaldo, kurzfristige Umkehr nur bei wirtschaftlicher Rezession.
- 1954–1965: starker Anstieg des Wanderungssaldos durch Anwerbung von Gastarbeitern.
- 1967: negativer Wanderungssaldo infolge wirtschaftlicher Rezession.
- 1968–1972: sehr positive Wanderungsbilanz durch verstärkte Zuwanderung von Gastarbeitern.
- 1974–1976: negativer Wanderungssaldo: Anwerbestopp 1973 aufgrund wirtschaftlichen Abschwungs („Ölkrise").
- 1977–1981: leicht positiver Wanderungssaldo durch verstärkten Familiennachzug.
- 1982–1985: negative Wanderungsbilanz aufgrund von Rückkehrförderung.
- 1986–1997: beträchtliche Wanderungsüberschüsse durch Asylbewerber, Aussiedler und Spätaussiedler aus ehemaligen Ostblockstaaten sowie Kriegsflüchtlinge aus dem ehemaligen Jugoslawien.
- 1998–2009: insgesamt abnehmender positiver Wanderungssaldo, auch aufgrund der verstärkten Abschottung durch die EU, vgl. „Frontex".
- 2010–2060: Zu- bzw. Abwanderung unbekannt; geschätzte Werte als Grundlagen für Bevölkerungsprognosen des Statistischen Bundesamtes.

Aufgabe 35:  Mögliche Entwicklungschancen für einen altindustrialisierten Raum – Beispiel Ruhrgebiet
- Im Nachklang der Deindustrialisierung seit etwa den 1960er-Jahren (Abbau von Arbeitsplätzen in der Eisen- und Stahlindustrie) und der nachfolgenden Neuindustrialisierung (Auflösung der industriellen Monostruktur durch Diversifizierung der Produktion) setzte im Ruhrgebiet eine Phase der Tertiärisierung ein.

- Kennzeichen: Umwandlung ehemaliger Industriebetriebe zu Freizeit- und Versorgungseinrichtungen (Beispiele: CentrO in Oberhausen auf dem Gelände der ehemaligen Gute-Hoffnungshütte, Umbau ehemaliger Werkshallen zu Musical Halls, Umnutzung ehemaliger Kohlebunker zu Kletterwänden etc.), durch den Ausbau und die Erweiterung der öffentlichen Infrastruktur und die Förderung des Forschungs-, Bildungs- und Ausbildungssektors (z. B. Ansiedlung neuer Forschungs- und Prüfinstitute, Errichtung von Techno- und Forschungsparks in neu gebauten und umgewidmeten Gebäuden).
- Durch die Bestrebungen zur Beseitigung ehemaliger monostrukturell orientierter und die Neuschaffung von höher und hoch qualifizierten Arbeitsplätzen auf der Grundlage einer neu geschaffenen Ausbildungsbasis lassen sich für die Zukunft wirtschaftliche Entwicklungschancen ableiten, z. B. in den Bereichen Dienstleistung, Freizeit und Tourismus sowie Forschung und Entwicklung.

**Aufgabe 36** Die Bevölkerung aus den umliegenden Wohngemeinden einer Kernstadt gibt einen Teil ihrer Kaufkraft für höher und höchstwertige Produkte und Dienstleistungen aus, die meist im Kernstadtbereich zu finden sind. Somit werden über die Umsätze bei diesen Gütern indirekt auch Arbeitsplätze in der Kernstadt gesichert und Gewerbesteueraufkommen erzielt.

**Aufgabe 37** Raumkategorien:
- Ländlicher Raum: Im Gegensatz zum städtischen Raum ein Gebiet, in dem dörfliche und kleinstädtische Siedlungsformen vorherrschen. Indikatoren: geringe Bevölkerungsdichte, vorherrschende Abwanderung jüngerer Bevölkerungsgruppen, hoher Anteil von Auspendlern, überdurchschnittlicher Anteil der Erwerbstätigen in der Landwirtschaft, gering entwickelte Verkehrsinfrastruktur. Beispiele: Küstengebiete Niedersachsens, große Teile von Mecklenburg-Vorpommern mit Ausnahme der Küstenstädte.
- Altindustriegebiet: Region mit einem hohen Industriebestand aus der Frühphase der Industrialisierung. Indikatoren: hohe Industriedichte, besonders Eisen- und Stahlindustrie sowie Textilindustrie, unterdurchschnittliches Wirtschaftswachstum, überdurchschnittlich hohe Arbeitslosigkeit, Dominanz weniger Großkonzerne, geringe Investitionstätigkeit, Wanderungssaldo bei den Erwerbstätigen. Beispiele: in Westdeutschland etwa das Saarland und im Osten das Lausitzer Revier.

- Strukturschwacher Raum: Hinter der allgemeinen Entwicklung zurückgebliebener Raum wie etwa ländliche Regionen oder Altindustriegebiete. Indikatoren: geringes Wirtschaftswachstum, kaum Neuansiedlung von Wirtschaftsbetrieben, gering entwickelte oder veraltete Infrastruktur, Abwanderung und Überalterung der Bevölkerung. Beispiele: Grenzgebiete zu Polen und Tschechien oder Ostfriesland.
- Strukturstarker Raum: Gebiet mit einem hohen Wirtschaftswachstum. Indikatoren: hohe Investitionstätigkeit, Dominanz von modernen Industriebranchen und Dienstleistungen, hochwertige Bildungs- und Kultureinrichtungen, Wanderungsüberschuss und geringe Arbeitslosigkeit. Beispiele: Rhein-Main-Gebiet, Region Dresden.

**Aufgabe 38** Ursachen der Strukturkrise:
- Kohlenkrise: Rückgang der Nachfrage nach Steinkohle wegen der Substitution von Kohle durch Erdöl und Erdgas bei der Energieerzeugung und in der chemischen Industrie. Zusätzliche Konkurrenz billiger Importkohle, da wegen der großen Abbautiefen die deutsche Kohle zu teuer war. Folgen waren die Drosselung der Steinkohleförderung und die Schließung von Zechen. Die stark wachsende Arbeitslosigkeit führte zu hohen Steuerausfällen in den Kommunen und Umsatzrückgängen im tertiären Sektor.
- Stahlkrise: Weltweite Überproduktion von Stahl, Import von billigerem Massenstahl aus den neuen Schwellenländern, Substitution von Stahl durch neue Werkstoffe wie Aluminium oder Kunststoff führten zu einem Rückgang der Stahlproduktion im Ruhrgebiet und einem weiteren Rückgang des Kohleabsatzes. Schließung von unrentablen Hütten, Rationalisierung und Modernisierung der bestehenden Betriebe ließen die Zahl der Arbeitsplätze in der Stahlindustrie stark zurückgehen und verschärften die Probleme der vorangegangenen Kohlenkrise.

Noch im Zeitraum 1999 bis 2005 starker Abbau von Arbeitsplätzen im Bergbau und in den vor- und nachgelagerten Betrieben der Stahlindustrie mit der unmittelbaren Folge eines stagnierenden Umsatzes und Beschäftigtenrückgang im Einzelhandel. Dagegen zeigt sich die Tertiärisierung des Ruhrgebiets an der Zunahme unternehmensnaher Dienstleistungen wie etwa freie Berufe, Finanzwesen und der Datenverarbeitung sowie dem Ausbau des Bildungs- und Gesundheitswesens.

abe 39　Standortgunst des Wirtschaftsraums Leipzig:
- Zentrale Lage in Ost- und Mitteldeutschland.
- Sehr gute und leistungsfähige Verkehrsinfrastruktur: Flughafen Leipzig, Schnittpunkt von Autobahnen und Eisenbahnstrecken im Nord-Süd- und West-Ost-Verkehr.
- Ansiedlung von Zulieferbetrieben in der Nähe der Abnehmer.
- Großzügige Betriebsflächen mit Erweiterungsmöglichkeiten.
- Qualifizierte und motivierte Arbeitskräfte.
- Günstige Bodenpreise in den neu erschlossenen Gewerbegebieten.
- EU- und staatliche Subventionen für neu angesiedelte Betriebe.
- Schnelle Genehmigungsverfahren.
- Hohe Akzeptanz für neue Betriebsansiedlungen in der Bevölkerung.
- Positives Image und hohe Bekanntheit der Stadt aufgrund der langen Tradition als Messestadt.
- Standort bedeutender kultureller Einrichtungen wie etwa Universität, Theater und Museen.

abe 40　Erklärung der Bewertung der Region Lausitz als strukturschwacher Raum mit geringen Entwicklungsaussichten:
- Bedeutungsverlust der Braunkohlenförderung und -verarbeitung.
- Hohe Arbeitsplatzverluste in der Braunkohlenindustrie sowie in den vor- und nachgelagerten Industriebranchen.
- Hohe Arbeitslosigkeit.
- Geringe Investitionstätigkeit bestehender Unternehmen und kaum Ansiedlung neuer Gewerbebetriebe.
- Abwanderung junger qualifizierter Arbeitskräfte und Überalterung der verbliebenen Wohnbevölkerung.
- Periphere Lage innerhalb Deutschlands.
- Grenzlage zu Polen als Standorthemmnis wegen der niedrigeren Produktionskosten im Nachbarland.
- Hohe Soziallasten bei gleichzeitigem niedrigen Steueraufkommen in den Kommunen, dadurch geringe Investitionen der Gemeinden.

238 / Lösungen

**Aufgabe 41** Strukturwandel im Wintertourismus:
- Entstehung von Skiarenen durch Verknüpfung mehrerer Skiregionen durch großräumige Pisten- und Seilbahnsysteme.
- Beschneiung der Pisten, Flutlichtanlagen, Fun-Parks.
- Ausweitung von Après-Ski-Unterhaltung und Großevents.

Folgen:
- Konzentration auf wenige schneesichere, professionalisierte Skizentren aufgrund der hohen Investitionskosten.
- Schließung kleinerer oder entlegener Skigebiete bzw. deren Rückfall auf regionale Bedeutung.

**Aufgabe 42** Ökonomische Vorteile durch sanften Tourismus:
- Höhere Einnahmen durch persönlich oder vor Ort organisierte Einzel- oder Gruppenreisen ohne Gewinnbeteiligung großer Reisekonzerne.
- Schaffung und Sicherung von Arbeitsplätzen.
- Förderung von touristischen Kleinprojekten und kleinen, ortsansässigen Privatvermietern.
- Bewahrung traditioneller Wirtschaftszweige.
- Förderung ökologischer Landwirtschaft.
- Vermarktung der landwirtschaftlichen Produkte vor Ort.
- Wettbewerbsvorteil durch ökologische und sozialverträgliche Gütesiegel.

Ökonomische Nachteile durch sanften Tourismus:
- Hohe Investitionen zur Beseitigung ökologischer Schäden.
- Hohe Ausgaben durch Umstellung auf sanften Tourismus.
- Begrenzte touristische Kapazität.
- Geringe Nachfrage durch höhere Urlaubsausgaben.

**Aufgabe 43** Gründe für die Standortwahl Bottrop-Kirchhellens als Standort für den Themenpark „Warner Bros. Movie World":
- Billige Bau- und Erweiterungsflächen durch vorhandene Industriebrache.
- Großes Arbeitskräftereservoir durch industriellen Strukturwandel im Ruhrgebiet.
- Lage in der bevölkerungsreichsten „Stadtregion Ruhrgebiet" mit 30 Mio. Menschen im Umkreis von zwei bis drei Fahrstunden.
- Optimaler Verkehrsanschluss durch Autobahnen.

# Stichwortverzeichnis

**A**DI siehe Direktinvestitionen, ausländische
Arbeitslosigkeit 176 f.
Association of Southeast Asian Nations/ASEAN 104 f., 144
Ausländeranteil 160 ff.
Außenwanderung 54

**B**evölkerungsentwicklung, natürliche 43
Bevölkerungspyramide 47 f.
Binnenwanderung 54
Bruttoinlandsprodukt 5 f., 174 f.
Bruttonationaleinkommen 5 f.

**C**entral Business District/CBD 84
Club of Rome 104
Counterurbanisation 38, 76

**D**eindustrialisierung 183
Desurbanisierung 76
Deviseneinnahmen 128 f., 131
Direktinvestitionen, ausländische 105 f.
Drei-Sektoren-Theorie nach Fourastié 165
Dritte Welt 2

**E**dge City 84 f.
Eine Welt 4 f.
Ein-Kind-Politik 51
Ersatzniveau der Fertilität 44
Erste Welt 2
Europäische Union/EU 144

**G**ated Community 75
Geburtenziffer
Gentrifikation 73, 82, 85
Gesamtfertilitätsrate 44
Gini-Koeffizient 6 f.
Global City 95
Global Player 105, 108

**I**sar-Valley 180 ff.

**K**ohlenkrise 190
Kombinat 179, 187
Konzentration, städtische 93 f.

**L**andflucht 9, 69
Land-Stadt-Wanderung 69 f.
Landwirtschaftliche Produktionsgenossenschaften/LPG 179
Lausitzer Braunkohlenrevier 186 ff.
Least Developed Countries 13
Leipzig 182 ff.

**M**arginalisierung 96
Marginalsiedlung 88, 96 f.
Megapolisierung 94
Metropole 93
Mobilitätsziffer 54
Modell der touristischen Erschließung 135
München 180 ff.

**N**achhaltigkeit
– Dreieck der ~ 208
– Entwicklung, nachhaltige 23 f.
– Raumnutzung, nachhaltige 207

Newly Declining Countries 14
Newly Industrializing
    Economies 12
Nord-Süd-Konflikt 2
North American Free Trade
    Agreement/NAFTA 104 f., 144

Planwirtschaft 178 f.
Primatstadt 93
Pro-Kopf-Einkommen 5 f.
Push-Pull-Hypothese 56

Race to the Bottom 149
Reindustrialisierung 185
Reurbanisierung 73, 76
Ruhrgebiet 190 ff.

Schuldenkrise 119
Schutzzölle 121
Schwellenland 3, 12, 123
Sektor, informeller 6 f., 98 f.,
    134, 139 f.
Slum 60, 96 ff.
Stadt
– europäische ~ 81 ff.
– lateinamerikanische ~ 87 f.
– nordamerikanische ~ 84 ff.
– orientalisch-islamische ~ 89 f.
– sozialistische 83
Stadtstrukturmodelle
– Mehrkernmodell 80
– Modell der konzentrischen
    Zonen 79 f.
– Sektorenmodell 80
Stahlkrise 191
Sterbeziffer 43
Strukturwandel 165 f., 180, 184,
    192 f., 195

Suburbanisierung 71 ff.
– Gewerbe~
– industrielle ~ 72, 76
– tertiäre ~ 72, 76
– Wohn~ 72, 76

Terms of Trade 8, 118 f.
Tertiärisierung 165 ff.
Tourismus
– Formen des ~ 197
– sanfter ~ 207 ff.
– Städte~ 201 f.
– ~ an Nord- und Ostsee 202 ff.
– ~ im Alpenraum 205 f.
Transformation, demographische
    44 ff., 152

Übergang, demographischer 44 ff.
Unternehmen, transnationale
    108 f.
Urban Entertainment Center 211 f.
Urbanisierung 66 f., 76

Verschuldung 120 f.
Verstaatlichung 179
Verstädterung 66 ff.

Wandel, industrieller 192 f.
Wanderung
– Wanderungsvolumen 54
– Wanderungssaldo 54
– Wanderungsgewinn 54
– Wanderungsverlust 54
Weltwirtschaftsordnung, neue
    21 f., 146 f.
Weltwirtschaftssystem 117,
West-Ost-Konflikt 2

Zweite Welt 2

# Quellennachweis

Umschlagbild: ullstein bild – Lineair
M 3: eigene Darstellung, Datengrundlage: CIA – The World Factbook 2009
M 5: World Bank. 2008. World Bank list of economies (country classification) appeared in „The Environmental Food Crisis - The Environment's Role in Averting Future Food Crises"; http://maps.grida.no/go/graphic/country-income-groups-world-bank-classification; Zugriff vom 28. 06. 10
M 6: Weltbank 2010
M 7: © Stepmap
M 8, M 9: UN Human Development Report 2010
M 10, M 11: Nach Weltbank, Weltentwicklungsbericht 1991, S. XII
M 12, M 15: Scholz, F.: Geographische Entwicklungsforschung. Methoden und Theorien. Stuttgart, Berlin, Gebr. Borntraeger 2004, S. 183 und 82; verändert und vereinfacht
M 13: Fischer Weltalmanach 2012
M 14: Eigene Zusammenstellung
M 16: UN-Statistiken
M 17, M 35, M 38: Kuls, Wolfgang/Kemper, Franz-Josef: Bevölkerungsgeographie. 3., neu bearb. Aufl. Nachdr. 2002, Verlag Borntraeger, S. 29, 199, 207
M 18, M 19, M 20, M 26, M 33, M 34: Bähr, Jürgen: Bevölkerungsgeographie. 4., aktualis. u. überarb. Aufl. 2004, Verlag UTB, S. 56, 57, 60, 223, 92, 94
M 21: nach Börsch, Dieter (Hg.): Handbuch des Geographieunterrichts, Band 2 Bevölkerung und Raum. Aulis Verlag in der Stark Verlagsgesellschaft mbH & Co. KG, 1993, S. 101
M 22: Landeszentrale für politische Bildungsarbeit A 65 Weltprobleme, 4. Aufl. 1995, S. 35, aktualisiert (Daten ab 1999)
M 23: Nach BMZ, www.bmz.de/de/service/infothek/bildung/unterricht/Gr9neu01L.pdf; Zugriff vom 28.06.2010
M 24: Bayerische Landeszentrale für politische Bildungsarbeit A65, 2007, S. 287
M 27: © Omnia Verlag GmbH, Grevenbroich 2003, www.omnia-verlag.de/upload_files/ls_arb_bev02.pdf
M 29, M 30: http://esa.un.org/unpp/
M 31: nach Lübbecke, R.: Unterricht Geographie, Bd. 15, Bevölkerung. Aulis Verlag in der Stark Verlagsgesellschaft mbH & Co. KG, 2002
M 32: K.M. Leisinger, Hoffnung als Prinzip – Bevölkerungswachstum: Einblicke und Ausblicke. Birkhäuser, Basel 1992, Schaubild 10, S. 219
M 36: eigene Darstellung nach Daten des UNHCR
M 37: nach Handbuch des Geographieunterrichts, Bd. 2, Aulis Verlag in der Stark Verlagsgesellschaft mbH & Co. KG, S. 81
M 39: UN/DESA: World Population Prospects: The 2003/2004/2007/2010 Revision.
M 40, M 41: Nach Prof. Dr. F. Scholz (unveröffentlicht). Fundort: www.e-geography.de/module/stadt_5/html/theorie_3.htm und www.e-geography.de/module/stadt_5/html/theorie_4.htm
M 42: www.scag.ca.gov/census
M 43: U.S. Census Bureau, Population Estimates Program
M 45, M 47: Stewig, Reinhard: Die Stadt in Industrie- und Entwicklungsländern. Paderborn: Schöningh, 1983
M 46: TERRA global – Das Jahrtausend der Städte, Klett, S. 17
M 48: © Xavier Marchant – Dreamstime.com
M 49: Roland Hahn, USA, Perthes Länderprofile 2002, S. 44
M 50: Bähr, Jürgen/Mertins, Günter: Idealschema der sozialräumlichen Differenzierung lateinamerikanischer Großstädte. In: Geographische Zeitschrift 69,1/1981
M 52: Wöß, Elke: Die orientalische Stadt. Linz 2001, www.ph-linz.at/ZIP/material/hs/gw/gw6/orient.htm

## Quellennachweis

M 55: eigene Darstellung, Datengrundlage: Weltbank, data.worldbank.org/country?display=default
M 56: UN, Dep. of Economic and Social Affairs, Population Division, 2006, World Urbanization Prospects The 2007 Revision; Lizenz: CC-by-nc-nd/2.0/de; Bundeszentrale für politische Bildung, 2008
M 57: UN-Habitat Global Urban Observatory, 2008
M 58: eigene Zusammenstellung nach UN
M 59: picture-alliance/dpa
M 60: Kohut, K. (Hrsg.): Die Metropolen in Lateinamerika – Hoffnung und Bedrohung für den Menschen. Eichstätter Beiträge, Abteilung Lateinamerika, Bd. 18/1986; S. 146
M 61: Karl Engelhard (Hrsg.). Welt im Wandel. Omnia-Verlag Stuttgart, 2007, S. 5
M 63: WTO: Time Series on International Trade
M 64: Fortune Global 500
M 65: BlankMap-World6,_compact.svg; Bearbeitung: Zanza2; http://de.wikipedia.org/wiki/Datei: Daimler_manufacturing_locations.png; aufgerufen am 30.06.2011
M 66, M 71, M 76, M 90: picture alliance/dpa-infografik
M 67: Basierend auf www.apollis.de und Daten des Statistisches Bundesamtes Wiesbaden
M 68: Statistisches Bundesamt Wiesbaden; Schaubild zum STATmagazin im April 2008
M 69, M 81: Le Monde diplomatique (Hrsg.): Atlas der Globalisierung, 2009, S. 57 und 69
M 70: © Prof.Dr. Claus Leggewie 2002; auswww.uni-giessen.de/fb03/vinci/msgs/seminare/globalisierung.jpg
M 72: IWF 2011
M 73: aus: www.mappedplanet.com/map/stats.php?param=37
M 74: WTO, in: Karl Engelhardt (Hrsg.). Welt im Wandel. ISBN 978-3-89344-066-5. OMNIA-Verlag Stuttgart, S. 17
M 75: http://databank.worldbank.org; World Bank 2011
M 77: Text nach Umweltinstitut München e. V., www.umweltinstitut.org/images/bedarf/hemd.gif. Foto: © neckermann.de GmbH
M 78: IMF 2009
M 82: www.unwto.org
M 84, M 85: Vorlaufer, Karl: Südostasien, WBG-Länderkunden 2009, S. 195 und 128
M 86: Eckert-Schweins, Werner
M 87: Reuber, Paul: Probleme des Tourismus in Thailand. GR 55, Westermann Verlag, 2003, Heft 3, S. 17 verändert
M 88: Vorlaufer, Karl: Tourismus in Entwicklungsländern. Möglichkeiten und Grenzen einer nachhaltigen Entwicklung durch Fremdenverkehr. Wissenschaftliche Buchgesellschaft, Darmstadt, 1996, S. 9
M 89: WTO Secretariat
M 91: Ökonomie AG/Heinrich-Heine-Gymnasium Ostfildern; www.e-globalisierung.org/kapitel4/6/
M 92: Aus: Hein, Christoph: FAZ.net, 3. 1. 2010, Fundort: www.faz.net/s/Rub0E9EEF84AC1E4A389 A8DC6C23161FE44/Doc~E4F630D747E8E46D5946366DE33916EBE~ATpl~Ecommon~ content.html
M 93, M 94, M 95, M 96, M 105: Statistisches Bundesamt: Pressekonferenz „Bevölkerungsentwicklung in Deutschland bis 2060" am 18. 11. 2009 in Berlin. Statement von Präsident Roderich Egeler. Abrufbar unter www.destatis.de/jetspeed/portal/cms/Sites/destatis/Internet/DE/Presse/pk/2009/Bevoelkerung/Statement__Egeler__PDF,property=file.pdf
M 97: Statistische Ämter des Bundes und der Länder
M 98: © Statistisches Bundesamt, Wiesbaden
M 99: Eigene Zusammenstellung nach Daten des Statistischen Bundesamtes, Wiesbaden
M 100: Eigene Darstellung nach Daten des Statistischen Bundesamtes
M 101: http://ims.destatis.de/Indikatoren/Default.aspx
M 102: © Statistisches Bundesamt, Wiesbaden
M 103: nach Bucher, H./Schlömer, C: Räumliche Varianz des demographischen Wandels in Deutschland. Geographie und Schule 172, Aulis Verlag in der Stark Verlagsgesellschaft mbH & Co. KG, 2008, S.12, verändert

## Quellennachweis 243

M 104: Bayerisches Landesamt für Statistik und Datenverarbeitung, Neuhauser Straße 8, 80331 München
M 106: Eigene Darstellung nach Daten des Statistischen Bundesamtes
M 107: Grafik A.Jo.; http://de.wikipedia.org/w/index.php?title=Datei:Fourastie.png&filetimestamp= 20051009025335; public domain; aufgerufen am 30.06.2010
M 109, M 110: aus:BAW Kompakt Nr. 23/2009, Bremen; www.baw-bremen.de/downpdf/0923_DL.pdf
M 111: Aus www.bbr.bund.de/nn_23688/BBSR/DE/Raumbeobachtung/Werkzeuge/Raumabgrenzungen/StadtregionalePendlerEB/stadtregionen.html, Zugriff 26. 5. 2010. © BBR Bonn 2008
M 112: Nach C. Breßler, http://de.wikipedia.org/w/index.php?title=Datei:Segregation_3status.png&filetimestamp=20040420135152, GNU free license, Zugriff am 26. 5. 2010
M 113: Aus www.bmvbs.de/Stadtentwicklung_-Wohnen/Stadtentwicklung-,1550/Stadtumbau.htm, Zugriff 25. 5. 2010
M 114: Foto © Kurt Schikora
M 115, M 117: Volkswirtschaftliche Gesamtrechnungen der Länder, hg. vom Arbeitskreis Volkswirtschaftliche Gesamtrechnung der Länder, 2011
M 116: Darstellung nach Daten des Statistischen Bundesamtes, Wiesbaden 2010
M 118: Bundesagentur für Arbeit, Statistik
M 119: Stadt München, Referat für Wirtschaft und Arbeit 2009; www.wirtschaft-muenchen.de/publikationen/pdfs/IuK_Studie-final.pdf; Seite 9; Zugriff vom 30.06.10
M 120: ©Martin Geisler, http://upload.wikimedia.org/wikipedia/commons/5/55/Quelle-raktar_Lipcse.jpg. GNU Free Documentation License
M 121: © Klaus Muche, Cottbus
M 122: Eigene Zusammenstellung
M 123: Bundesagentur für Arbeit
M 124: Stadt Hoyerswerda/eigene Zusammenstellung
M 125: Landesbetrieb für Information und Technik, NRW; RVR-Datenbank-Statistik
M 126, M 128: Quelle: www.statistik.metropole.ruhr.de, Lizenzgeber: Regionalverband Ruhr, Team Demografie
M 127: Daten:Gemeinde Bad Füssing, www.gde-badfuessing.de/index.php?id=159 und php?id=10
M 129: © Henry Pfeiffer/www.profiluftbild.de
M 131: Zusammenstellung nach, Forschungsgemeinschaft Urlaub und Reisen e. V. (F. U. R.): Die Reiseanalyse in Westentaschenformat. Hamburg, 1999; F. U. R.: Die Reiseanalyse RA 2000. Kiel 2001; F. U. R.: Die Reiseanalyse RA 2002. Kiel 2002 (Daten ab 14 Jahren; 1954–1989 nur Reisende aus den alten Bundesländern), aktualisiert nach Destatis, Statistisches Jahrbuch 2011
M 132: nach Daten des Deutschen Tourismusverband e.V. und dwif-Consulting GmbH, Sonnenstraße 27, 80331 München, www.dwif.de
M 134: Bernhard Harrer: Wirtschaftsfaktor Tourismus. In: Beck u. a.: Geographie der Freizeit und des Tourismus. Oldenbourg Wissenschaftsverlag, München 2007, S. 159
M 135: nach Online-Umfrage des Deutschen Tourismusverbandes (DTV) und von meinestadt.de, Fundort: www.deutschertourismusverband.de/index.php?news_id=290&pageId= 96&startId=0&schow_year=2008
M 136: Statistisches Bundesamt, Wiesbaden; Tourismus in Zahlen – Teil b, Touristische Nachfrage 2010
M 137: Magic Cities Germany, Beethovenstraße 69, 60325 Frankfurt, und statistische Landesämter
M 138: Zusammenstellung nach: Forschungsgemeinschaft Urlaub und Reisen e. V. (F. U. R.): Die Reiseanalyse im Westentaschenformat. Hamburg, 1999; F. U. R.: Die Reiseanalyse RA 2000. Kiel 2001; F. U. R.: Die Reiseanalyse RA 2002. Kiel 2002 (Daten ab 14 Jahren; ab 1990 mit neuen Bundesländern), aktualisiert nach Destatis, Statistisches Jahrbuch 2011
M 141: Albrecht Steinecke, Tourismus – eine geographische Einführung, Westermann 2006, S. 265

Der Verlag hat sich bemüht, die Urheber der in diesem Werk abgedruckten Abbildungen ausfindig zu machen. Wo dies nicht gelungen ist, bitten wir diese, sich gegebenenfalls an den Verlag zu wenden.

# Ihre Meinung ist uns wichtig!

Ihre Anregungen sind uns immer willkommen. Bitte informieren Sie uns mit diesem Schein über Ihre Verbesserungsvorschläge!

| Titel-Nr. | Seite | Vorschlag |
|---|---|---|
| | | |
| | | |
| | | |
| | | |
| | | |
| | | |
| | | |
| | | |
| | | |

Lernen ▪ Wissen ▪ Zukunft
**STARK**

Bitte hier abtrennen

21-V1T_NW

Bitte ausfüllen und im frankierten Umschlag an uns einsenden. Für Fensterkuverts geeignet.

**STARK Verlag
Postfach 1852
85318 Freising**

## Zutreffendes bitte ankreuzen!

**Die Absenderin/der Absender ist:**

- [ ] Lehrer/in in den Klassenstufen: ____
- [ ] Fachbetreuer/in
  Fächer: ____
- [ ] Seminarlehrer/in
  Fächer: ____
- [ ] Regierungsfachberater/in
  Fächer: ____
- [ ] Oberstufenbetreuer/in

**Unterrichtsfächer:** (Bei Lehrkräften)
____

- [ ] Schulleiter/in
- [ ] Referendar/in, Termin 2. Staatsexamen: ____
- [ ] Leiter/in Lehrerbibliothek
- [ ] Leiter/in Schülerbibliothek
- [ ] Sekretariat
- [ ] Eltern
- [ ] Schüler/in, Klasse: ____
- [ ] Sonstiges: ____

**Absender** (Bitte in Druckbuchstaben)

Kennen Sie Ihre Kundennummer?
Bitte hier eintragen.

Name/Vorname
Straße/Nr.
PLZ/Ort/Ortsteil
Telefon privat          Geburtsjahr
E-Mail

**Schule/Schulstempel** (Bitte immer angeben!)

✂ Bitte hier abtrennen

# Sicher durch das Abitur!

Effektive Abitur-Vorbereitung für Schülerinnen und Schüler:
Klare Fakten, systematische Methoden, prägnante Beispiele sowie Übungsaufgaben auf Abiturniveau mit erklärenden Lösungen zur Selbstkontrolle.

## Mathematik

| | |
|---|---|
| Analysis – LK | Best.-Nr. 940021 |
| Analysis mit CAS | Best.-Nr. 540021 |
| Analytische Geometrie | Best.-Nr. 940051 |
| Analytische Geometrie und lineare Algebra 2 | Best.-Nr. 54008 |
| Analytische Geometrie – mit Hinweisen zu GTR-/CAS-Nutzung | Best.-Nr. 540038 |
| Stochastik | Best.-Nr. 94009 |
| Analysis – Bayern | Best.-Nr. 9400218 |
| Analysis Pflichtteil Baden-Württemberg (Abitur 2012/13) | Best.-Nr. 840018 |
| Analysis Wahlteil Baden-Württemberg (Abitur 2012/13) | Best.-Nr. 840028 |
| Analytische Geometrie Pflicht- und Wahlteil Baden-Württemberg (Abitur 2012/13) | Best.-Nr. 840038 |
| Stochastik Pflicht- und Wahlteil Baden-Württemberg (Abitur 2013) | Best.-Nr. 840091 |
| Klausuren Mathematik Oberstufe | Best.-Nr. 900461 |
| Kompakt-Wissen Abitur Analysis | Best.-Nr. 900151 |
| Kompakt-Wissen Abitur Analytische Geometrie | Best.-Nr. 900251 |
| Kompakt-Wissen Abitur Wahrscheinlichkeitsrechnung und Statistik | Best.-Nr. 900351 |
| Kompakt-Wissen Abitur Kompendium Mathematik – Bayern | Best.-Nr. 900152 |

## Chemie

| | |
|---|---|
| Chemie 1 – Gleichgewichte · Energetik · Säuren und Basen · Elektrochemie | Best.-Nr. 84731 |
| Chemie 2 – Naturstoffe · Aromatische Verbindungen · Kunststoffe | Best.-Nr. 84732 |
| Chemie 1 – Bayern Aromatische Kohlenwasserstoffe · Farbstoffe · Kunststoffe · Biomoleküle · Reaktionskinetik | Best.-Nr. 947418 |
| Methodentraining Chemie | Best.-Nr. 947308 |
| Rechnen in der Chemie | Best.-Nr. 84735 |
| Abitur-Wissen Protonen und Elektronen | Best.-Nr. 947301 |
| Abitur-Wissen Struktur der Materie und Kernchemie | Best.-Nr. 947303 |
| Abitur-Wissen Stoffklassen organischer Verbindungen | Best.-Nr. 947304 |
| Abitur-Wissen Biomoleküle | Best.-Nr. 947305 |
| Abitur-Wissen Biokatalyse und Stoffwechselwege | Best.-Nr. 947306 |
| Abitur-Wissen Chemie am Menschen – Chemie im Menschen | Best.-Nr. 947307 |
| Kompakt-Wissen Abitur Chemie Organische Stoffklassen Natur-, Kunst- und Farbstoffe | Best.-Nr. 947309 |
| Kompakt-Wissen Abitur Chemie Anorganische Chemie, Energetik · Kinetik · Kernchemie | Best.-Nr. 947310 |

## Biologie

| | |
|---|---|
| Biologie 1 – Strukturelle und energetische Grundlagen des Lebens · Genetik und Gentechnik · Neuronale Informationsverarbeitung | Best.-Nr. 947018 |
| Biologie 2 – Evolution · Der Mensch als Umweltfaktor – Populationsdynamik und Biodiversität · Verhaltensbiologie | Best.-Nr. 947028 |
| Biologie 1 – Baden-Württemberg, Zell- und Molekularbiologie · Genetik · Neuro- und Immunbiologie | Best.-Nr. 847018 |
| Biologie 2 – Baden-Württemberg, Evolution · Angewndte Biologie | Best.-Nr. 847028 |
| Biologie 1 – NRW, Zellbiologie, Genetik, Informationsverarbeitung, Ökologie | Best.-Nr. 54701 |
| Biologie 2 – NRW, Angewandte Genetik · Evolution | Best.-Nr. 54702 |
| Chemie für den LK Biologie | Best.-Nr. 54705 |
| Grundlagen, Arbeitstechniken und Methoden | Best.-Nr. 94710 |
| Abitur-Wissen Genetik | Best.-Nr. 94703 |
| Abitur-Wissen Neurobiologie | Best.-Nr. 94705 |
| Abitur-Wissen Verhaltensbiologie | Best.-Nr. 94706 |
| Abitur-Wissen Evolution | Best.-Nr. 94707 |
| Abitur-Wissen Ökologie | Best.-Nr. 94708 |
| Abitur-Wissen Zell- und Entwicklungsbiologie | Best.-Nr. 94709 |
| Klausuren Biologie Oberstufe | Best.-Nr. 907011 |
| Kompakt-Wissen Abitur Biologie Zellbiologie · Genetik · Neuro- und Immunbiologie Evolution – Baden-Württemberg | Best.-Nr. 84712 |
| Kompakt-Wissen Abitur Biologie Zellen und Stoffwechsel Nerven · Sinne und Hormone · Ökologie | Best.-Nr. 94712 |
| Kompakt-Wissen Abitur Biologie Genetik und Entwicklung Immunbiologie · Evolution · Verhalten | Best.-Nr. 94713 |
| Kompakt-Wissen Abitur Biologie Fachbegriffe der Biologie | Best.-Nr. 94714 |

*(Bitte blättern Sie um)*

# Sicher durch das Abitur!

Effektive Abitur-Vorbereitung für Schülerinnen und Schüler: Klare Fakten, systematische Methoden, prägnante Beispiele sowie Übungsaufgaben auf Abiturniveau mit erklärenden Lösungen zur Selbstkontrolle.

## Physik

| | |
|---|---|
| Elektromagnetisches Feld und Relativitätstheorie | Best.-Nr. 943028 |
| Mechanik | Best.-Nr. 94307 |
| Abitur-Wissen Elektrodynamik | Best.-Nr. 94331 |
| Kompakt-Wissen Abitur Physik 1 – Mechanik, Thermodynamik, Relativitätstheorie | Best.-Nr. 943012 |
| Kompakt-Wissen Abitur Physik 2 – Elektrizitätslehre, Magnetismus, Elektrodynamik, Wellenoptik | Best.-Nr. 943013 |
| Kompakt-Wissen Abitur Physik 3 Atom-, Kern- und Teilchenphysik | Best.-Nr. 943011 |

## Erdkunde/Geographie

| | |
|---|---|
| Erdkunde – Atmosphäre · Relief- und Hydrosphäre · Wirtschaftsprozesse und -strukturen · Verstädterung | Best.-Nr. 94909 |
| Geographie 1 – Bayern | Best.-Nr. 94911 |
| Geographie 2 – Bayern | Best.-Nr. 94912 |
| Geographie – Baden-Württemberg | Best.-Nr. 84904 |
| Erdkunde – NRW | Best.-Nr. 54902 |
| Abitur-Wissen Entwicklungsländer | Best.-Nr. 94902 |
| Abitur-Wissen Die USA | Best.-Nr. 94903 |
| Abitur-Wissen Europa | Best.-Nr. 94905 |
| Abitur-Wissen Der asiatisch-pazifische Raum | Best.-Nr. 94906 |
| Abitur-Wissen GUS-Staaten/Russland | Best.-Nr. 94908 |
| Kompakt-Wissen Abitur Erdkunde Allgemeine Geografie · Regionale Geografie | Best.-Nr. 949010 |
| Kompakt-Wissen Abitur – Bayern Geographie Q11/Q12 | Best.-Nr. 9490108 |
| Lexikon Erdkunde | Best.-Nr. 94904 |

## Englisch

| | |
|---|---|
| Übersetzung | Best.-Nr. 82454 |
| Grammatikübungen | Best.-Nr. 82452 |
| Themenwortschatz | Best.-Nr. 82451 |
| Grundlagen, Arbeitstechniken und Methoden mit Audio-CD | Best.-Nr. 944601 |
| Sprachmittlung Deutsch – Englisch Englisch – Deutsch | Best.-Nr. 94469 |
| Sprechfertigkeit mit Audio-CD | Best.-Nr. 94467 |
| Klausuren Englisch Oberstufe | Best.-Nr. 905113 |
| Abitur-Wissen Landeskunde Großbritannien | Best.-Nr. 94461 |
| Abitur-Wissen Landeskunde USA | Best.-Nr. 94463 |
| Abitur-Wissen Englische Literaturgeschichte | Best.-Nr. 94465 |
| Kompakt-Wissen Abitur Themenwortschatz | Best.-Nr. 90462 |
| Kompakt-Wissen Abitur Landeskunde/Literatur | Best.-Nr. 90463 |
| Kompakt-Wissen Kurzgrammatik | Best.-Nr. 90461 |
| Kompakt-Wissen Grundwortschatz | Best.-Nr. 90464 |

## Deutsch

| | |
|---|---|
| Dramen analysieren und interpretieren | Best.-Nr. 944092 |
| Erörtern und Sachtexte analysieren | Best.-Nr. 944094 |
| Gedichte analysieren und interpretieren | Best.-Nr. 944091 |
| Epische Texte analysieren und interpretieren | Best.-Nr. 944093 |
| Abitur-Wissen Erörtern und Sachtexte analysieren | Best.-Nr. 944064 |
| Abitur-Wissen Textinterpretation Lyrik · Drama · Epik | Best.-Nr. 944061 |
| Abitur-Wissen Deutsche Literaturgeschichte | Best.-Nr. 94405 |
| Abitur-Wissen Prüfungswissen Oberstufe | Best.-Nr. 94400 |
| Kompakt-Wissen Rechtschreibung | Best.-Nr. 944065 |

Natürlich führen wir noch mehr Titel für alle Fächer und Stufen: Alle Informationen unter
**www.stark-verlag.de**

**Bestellungen bitte direkt an:**
STARK Verlagsgesellschaft mbH & Co. KG · Postfach 1852 · 85318 Freising
Tel. 0180 3 179000* · Fax 0180 3 179001* · www.stark-verlag.de · info@stark-verlag.de
*9 Cent pro Min. aus dem deutschen Festnetz, Mobilfunk bis 42 Cent pro Min.
Aus dem Mobilfunknetz wählen Sie die Festnetznummer: 08167 9573-0

Lernen · Wissen · Zukunft